Herbert Stemmler
USA Eisenbahn-Reiseführer

Ein kostenloses Gesamtverzeichnis erhalten
Sie beim
GeraMond Verlag
D-81664 München

Unser komplettes Programm:

www.geramond.de

Produktmanagement: Lothar Reiserer
Redaktionelle Mitarbeit: Brigitte Stuiber
Schlusskorrektur: Michael Dörflinger
Layout: BUCHFLINK Rüdiger Wagner, Nördlingen
Repro: Scanner Service S.r.l.
Herstellung: Thomas Fischer
Printed in Italy by Printer Trento S.r.l.

Alle Angaben dieses Werkes wurden vom Autor sorgfältig recherchiert und auf den aktuellen Stand gebracht sowie vom Verlag geprüft. Für die Richtigkeit der Angaben kann jedoch keine Haftung übernommen werden. Für Hinweise und Anregungen sind wir jederzeit dankbar. Bitte richten Sie diese an:
GeraMond Verlag
Lektorat
Innsbrucker Ring 15
D-81673 München
e-mail: lektorat@geramond.de

Die Deutsche Bibliothek – CIP Einheitsaufnahme
Ein Titeldatensatz für diese Publikation ist bei der Deutschen Bibliothek erhältlich.

© 2007 GeraMond Verlag GmbH
ISBN 978-3-7654-7166-7

Herbert Stemmler

USA
Eisenbahn-Reiseführer

*Reise-Infos, Bahn-Routen
und 100 Bahn-Erlebnisziele*

Inhalt

Das Eisenbahnsystem der USA 6
Die Vereinigten Staaten – Einführung 7
Geographie 7
Praktische Angaben 8
Amtrak 15
Die wichtigsten Zugverbindungen 16
Fahrzeuge 21
S-, U- und Straßenbahnen im Aufwind 23
Das Bahnsystem der Vereinigten Staaten 28

Sämtliche Eisenbahn-Fernrouten 31
California Zephyr 32
Empire Builder 40
Southwest Chief 46
Sunset Limited 51
Coast Starlight und Pacific Surfliner 56
City of New Orleans 61
Texas Eagle 64
Crescent 67
Silver Services 70
Capitol Limited 73
Cardinal 76
Pennsylvanian und Keystone-Service 78
Lake Shore Limited 80
Metroliner, Acela und Nordostkorridor-Verbindungen 83
Internationale Verbindungen USA – Kanada 89

Die 100 schönsten Bahn-Ziele 97
Übersichtskarte 98/99

Reiseziele in Neuengland 100
Conway Scenic Railroad 100
Boothbay Railway Village 101
White Mountain Central Railroad 102
Mount Washington Cog Railway 103
Green Mountain Railroad 104
Cape Cod Scenic Railroad 104
Essex Steam Train & Riverboat 105
Shore Line Trolley Museum 106

Reiseziele an der Ostküste 107
New York City Transit Museum 107
Arcade & Attica Railroad 108
Strasburg Railroad 108
Railroad Museum of Pennsylvania 109
Horseshoe Curve National Historic Landmark 110
Steamtown National Historic Site 111
New Jersey Museum of Transportation 113
Wilmington & Western Railroad 113
Black River & Western Railroad 114
Baltimore & Ohio Railroad Museum 115
Western Maryland Scenic Railroad 116
U.S. Army Transportation Museum 117
Potomac Eagle Scenic Rail Excursions 118
Virginia Museum of Transportation 118
Cass Scenic Railroad 119
Transportmuseum North Carolina 120
Great Smoky Mountains Railway 121
Tennessee Valley Railroad 122

Südstaaten-Touren 123
Southern Museum of Civil War and Locomotive History 123
Roundhouse Railroad Museum 124
Henry M. Flagler Museum 124
Gold Coast Railroad Museum 125
Seminole Gulf Railway 125
Bluegrass Railroad Museum 126
Kentucky Railway Museum 127
My Old Kentucky Dinner Train 128
St. Louis, Iron Mountain & Southern Railway 128
Age of Steam Railroad Museum 129

Inhalt

Austin Steam Train Association 130
Texas State Historical Park 131

Bahnen im Mittleren Westen 132

Henry Ford Museum und Greenfield Village Railroad 132
Cuyahoga Valley Scenic Railroad 133
Fox River Straßenbahnmuseum 133
Whitewater Valley Railroad 134
Ohio Railway Museum 134
Illinois Railway Museum 135
Museum of Science and Industry 136
Museum of Transportation, St. Louis 137
Mid-Continent Railway Historical Society 138
Minnesota Transportation Museum 139
Black Hills Central Railroad 140
Lake Superior Railroad Museum/North Shore Scenic Railroad 141
Fremont & Elkhorn Valley Railroad/Durham Western Heritage Museum 142
Cheyenne Depot Museum 143

Rocky-Mountain-Trips 144

Colorado Railway Museum 144
Forney Museum of Transportation/Platte Valley Trolley 145
Cripple Creek Narrow Gauge Railway 146
Durango & Silverton Narrow Gauge Railroad 147
Cumbres & Toltec Scenic Railroad 148
Georgetown Loop Railroad 149
Royal Gorge Route Railroad 151
Manitou & Pike's Peak Railway 152
Rio Grande Ski Train 153

Durch die Wüste 154

Utah State Railroad Museum 154
Golden Spike National Historic Site 155
Heber Valley Railroad 156
Grand Canyon Railway 157
Verde Canyon Railroad 159
Nevada Northern Railway Museum 160

Nevada State Railroad Museum 161
Virginia & Truckee Railroad Co. 163

Reiseziele an der Pazifikküste 164

Mount Rainier Scenic Railroad 164
Crooked River Railroad Company 165
Spirit of Washington Dinner Train 165
Chehalis-Centralia Railroad 166
Northwest Railway Museum 167
Waterfront Streetcar, Seattle 168
Oregon Electric Railway Museum 168
Sumpter Valley Railway 169
Cable Car und Cable Car Museum 170
San Francisco Municipal Railway 171
Golden Gate Railroad Museum 172
Sierra Railroad/Skunk Train 173
Napa Valley Wine Train 174
Niles Canyon Railway and Museum 175
Railtown 1867 – Sierra Railway Company 176
Roaring Camp & Big Trees Narrow Gauge Railroad 177
Kalifornisches Eisenbahnmuseum 178
Eisenbahnmuseum San Diego 179
Shasta Sunset Dinner Train 180
Yreka Western Railroad 181
Travel Town Museum, L.A. 181
Orange Empire Railway Museum 182
Railway & Locomotive Historical Society Südkalifornien 183
Yolo Shortline Railroad Company 184
Portola Railroad Museum 185
Yosemite Mountain Sugar Pine Railroad 186

Hawaii und Alaska 187

Lahaina Kaanapali & Pacific 187
Alaska Railroad Corporation 188
White Pass & Yukon Railway 189

Gebirgspässe in Südkalifornien 190

Tehachapi-Pass 190
Cajon-Pass 191

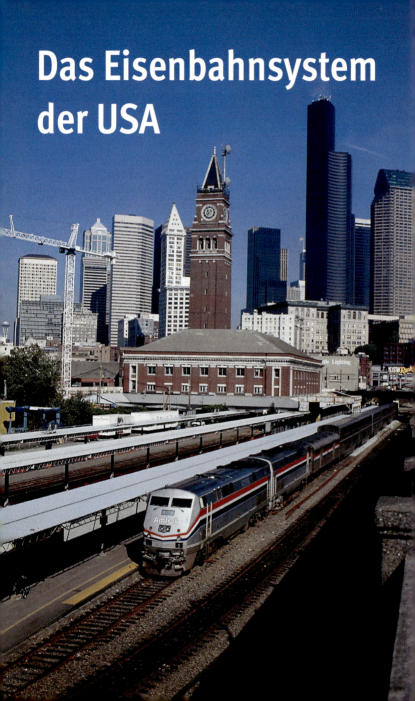

Das Eisenbahnsystem der USA

Die Vereinigten Staaten – Einführung

Das Land der unbegrenzten Möglichkeiten – auch für Eisenbahntouristen und -freunde?

Dieser Reiseführer richtet sich an Eisenbahnreisende und Eisenbahnfreunde gleichermaßen. Üblicherweise herrscht bei uns die erdrückende Meinung aus Nachrichten und Reiseliteratur, man könne überhaupt nicht oder nur sehr umständlich mit dem Zug durch die USA, das Land des Automobils und des Flugzeugs, reisen. Persönliche Erfahrungen zeigen jedoch genau das Gegenteil. Es gilt also, die Schönheit des Zugreisens durch die USA mit ihren faszinierenden Strecken, großartigen Landschaften und Städten zu vermitteln. Auch in den USA gibt es kein eindrucksvolleres Mittel, das Land und seine Bevölkerung kennen zu lernen als mit dem Zug. Vor allem soll auch der Jugend Mut gemacht werden, sich dieses Land auf eigene Faust mit dem Zug zu erschließen. Dazu werden sämtliche Fernreisestrecken vorgestellt.

Das Museums-Eisenbahnwesen hat in den USA eine große Tradition; die Bahnen sind flächendeckend über die Staaten verteilt und sehr beliebt. Die Auswahl der 100 Museen und Touristikbahnen erfolgte nach Wertigkeit, geschichtlicher Bedeutung, Repräsentanz für das Eisenbahnwesen, Erreichbarkeit und Betriebskonstanz. Der Eisenbahnliebhaber wird unvergessliche Eindrücke aufnehmen.

Reiseland USA: Der „Empire Builder" aus Chicago ist in der Nordpazifik-Metropole Seattle eingetroffen.

Geographie

Das Staatsgebiet der USA zwischen Atlantischem und Pazifischem Ozean sowie zwischen Kanada und dem Golf von Mexiko umfasst etwa 7,8 Millionen km². Das Kernland misst Ost nach West über vier Zeitzonen etwa 3800 Meilen (6000 km) und von Nord nach Süd etwa 1600 Meilen (2500 km). Die natürliche Landschaftsgliederung von Ost nach West ist folgende:
1. Atlantische Küstenebene,
2. Appalachengebirge, Großes Appalachental und Appalachenplateau,
3. Zentrales Tiefland mit weitgespannten Plateaus,
4. Große Ebenen (Great Plains),
5. Felsengebirge (Rocky Mountains) sowie
6. Kaskadengebirge, Sierra Nevada und Küstengebirge mit Kalifornischem Längstal.

Touristische Glanzpunkte sind New York mit der berühmten Wolkenkratzersilhouette von Manhattan, die traditionsreiche Neuengland-Stadt Boston, die Großen Seen mit den Niagarafällen. Weiter westlich folgt Chicago, die Metropole des Mittelwestens. Nach endlosen Ebenen gelangt man zu den nördlichen Rocky Mountains mit dem Yellowstone-Nationalpark. Dahinter erhebt sich die Kaskadenkette mit dem eisgepanzerten Mount Rainier. Der touristische Höhepunkt der Westküste ist San Francisco mit dem weinreichen Großen Kalifornischen Längstal, gekrönt von der Sierra Nevada mit dem schroffen Yosemite-Tal. Im Süden folgen Los Angeles mit der Filmstadt Hollywood und das subtropische San Diego. Über den grandiosen Grand Canyon und Indianerreservate um Santa Fé gelangt man ins Golfküstenland nach New Orleans an der Mississippimündung. Von der Blumen-Halbinsel Florida fährt man nordwärts über das Appalachengebirge zur Bundeshauptstadt Washington mit monumentalen Denkmälern und zur Wiege der Nation, Philadelphia.

Praktische Angaben

Reisezeit

Die günstigste Reisezeit ist der Frühsommer. Dann sind, kurz nach der Schneeschmelze in den Rocky Mountains, alle Museumsbahnen im Betrieb. Allerdings zahlt man bei Amtrak, in Motels und touristischen Einrichtungen Hochsaisonpreise. Florida mit seinen Seebädern dagegen ist ein ausgesprochenes Winterreisegebiet.

Anreise

Das größte emotionale Erlebnis ist die Anreise per Schiff nach New York, die immer noch bei einigen wenigen Transatlantikdiensten möglich ist. Bei der heute üblichen Flugreise ist es zweckmäßig, einen günstigen Zielflughafen mit nahem Bahnanschluss zu wählen, da es in der Regel gleichgültig ist, wo die Reise beginnt.
Von den großen deutschen Flughäfen gibt es Direktflüge nach zahlreichen Zielen in den USA, möglich ist aber auch der Abflug von kleineren Flughäfen wie Stuttgart über Paris oder Amsterdam. Sehr empfehlenswert ist die Einreise zur Ostküste nach
– New York, John-F.-Kennedy-Flughafen. Von dort AirTrain-Transfer zur Metrostation Howard Beach/JFK Airport, weiter für 2 $ zu allen Zielen im gesamten New Yorker Metronetz,
– Philadelphia, Pennsylvania. Mit Flughafen-Linie R 1 der U-Bahn „Septa" für 5,50 $ (Senioren nur 1$) ins Zentrum,
– Boston. Vom Flughafen mit Pendelbus 33 und Metro, blaue Linie, ins Zentrum.

Ungünstiger sind Flüge zu Ferienzentren wie Florida. Es fallen hohe Taxikosten an, außerdem besteht im Sommerhalbjahr oft Orkangefahr. Der billigere Flug wird durch enormen Zeitverlust erkauft.
Die Einreise in die USA ist für Mitteleuropäer zurzeit visumfrei; eine Visumspflicht wird diskutiert. Der Reisende wird durch Fingerabdrücke und Foto biometrisch erfasst. Die „grüne Karte" ist auszufüllen, auch bei Einreisen von Kanada oder Mexiko aus.

Geld

Ein US-Dollar entspricht derzeit etwa 0,80 Euro. Travelerschecks, am besten in US-$ ausgestellt, sind in den Staaten immer noch ein gängiges Zahlungsmittel und werden problemlos akzeptiert. Die üblichen Kreditkarten werden praktisch überall angenommen. Zum Mieten von

Autos ist eine Kreditkarte unumgänglich. Die Lebenshaltungskosten entsprechen etwa dem deutschen Niveau; Benzin und Mietwagen sind deutlich günstiger. An Flughäfen besteht die beste Vergleichsmöglichkeit bei Autovermietungen. Bei Vertragsabschluss sollte man sich nach dem Gesamtpreis („all inclusive") erkundigen. Vorbuchungen aus Deutschland sind in der Regel preiswerter.

Übernachtungen

Motels gibt es grundsätzlich überall. Die Preise ändern sich je nach Wochentagen, Saison und Feriengebieten. Es ist zweckmäßig, in den Ferien oder an Wochenenden spätestens ab Mittag die Zimmersuche zu beginnen oder zu reservieren. Hilfreich sind dabei die Verzeichnisse der wichtigsten Ketten wie Travelodge oder Super Eight, welche in Motels ausliegen. Die Durchschnittspreise für ein Doppelzimmer (immer mit Bad oder Dusche/WC, TV und häufig zwei Doppelbetten) liegen bei 60 bis 120 $. Mittlerweile ist auch das englische „Bed & Breakfast" verbreitet, das zwar nicht billiger ist, aber meist komfortabler und mit Familienanschluss. Hotels in Innenstädten sind wesentlich teurer oder deutlich schlechter. In New York z.B. muss man bei preiswerteren Hotels mit 100 bis 200 $ je Doppelzimmer rechnen. In den meisten Motels gibt es in der Lobby ein karges Frühstück, bestehend aus Tee/Kaffee und etwas Gebäck und/oder Toast, Marmelade, Saft und Obst. Allerdings gibt es in der Nähe oft günstige Schnellgaststätten. Die Preise in der gehobenen Fast-Food-Klasse für ein reichhaltiges Frühstück mit Kaffee, Eiern, Schinken und Toast mit Marmelade liegen bei 8,– bis 12,– $.

Auch zum Mittag- oder Abendessen sind bessere Schnellgaststätten neben chinesischen, vietnamesischen oder mexikanischen Restaurants eine preiswerte Empfehlung.

Eisenbahn

Die USA besaßen eines der engmaschigsten Eisenbahnnetze der Welt. Bereits in den vierziger Jahren vollzog sich jedoch unter dem Konkurrenzdruck des Autos der radikale Strukturwandel vom alles beherrschenden Dampfross zur Diesellokomotive. Gleichzeitig steigerten die Bahngesellschaften den Komfort ihrer schon komfortablen Züge, auch unter der Konkurrenz des beginnenden und später beherrschenden Fernflugverkehrs. In den fünfziger und sechziger Jahren erfolgte ein rascher Niedergang des Eisenbahn-Passagierverkehrs. Während das Eisenbahnnetz 1950 noch 400 000 Kilometer betrug, waren es 25 Jahre später nur noch 350 000 Kilometer, das noch dazu zu 88 % dem rentableren Güterverkehr diente und auf zahlreiche Gesellschaften zersplittert war. Nach Gründung der Staatlichen Eisenbahn-Reiseverkehrs-Körperschaft Amtrak Anfang der siebziger Jahre begann für den Fernverkehr wieder eine neue Glanzzeit. Auch der öffentliche Verkehr in Ballungsräumen nahm in den letzten Jahrzehnten landesweit einen bemerkenswerten Aufschwung.

Reisemethoden in den USA

1. Zug

Für den Eisenbahnfreund bietet sich die Bahn als bevorzugtes Reisemittel an. Man besorgt sich am besten die Amtrak-Monatsnetzkarte für das gesamte US-

Eisenbahnetz. Diese ist mit umgerechnet 15 Euro je Tag in der Hochsaison unschlagbar günstig und gilt für Zug und Bus gleichermaßen. Damit lassen sich Städte und diejenigen Museums- und Touristikbahnen und sonstigen Ziele, die mit der Kombination Zug/Bus gut erreichbar sind, bereisen – und das ist eine ganze Menge. Die Bahnhöfe liegen mit wenigen Ausnahmen immer noch in bester Citylage.

Der gemessen an Europa dünne Fahrplan der großen Überlandstrecken ist anfangs gewöhnungsbedürftig, jedoch bei entsprechender Planung kein Problem: Unterbrechungen von einem Tag sind bei vielen Städten mehr als angemessen. Die meisten US-amerikanischen Städte besitzen heute wieder ein vorzügliches modernes Nahverkehrsnetz aus S-, U- und Straßenbahnen.

Die korrespondierenden Bussysteme in den Großstädten sind im Vergleich zu Europa einfach und übersichtlich. Sie orientieren sich an den großen Durchgangsstraßen: Von Los Angeles Union Station fährt man beispielsweise ohne Umsteigen mit dem Freeway-Bus bis zum Pazifikstrand nach Santa Monica. Man braucht also auch vor Mega-Städten keine Angst zu haben; sie sind einfach zu bereisen!

Zu einigen der Nationalparks wie Grand Canyon, Glacier Park, Rocky Mountains oder Yosemitetal fährt die Amtrak direkt mit Zug oder Bus hin. Weiter entfernte Ziele sollten besser mit Zug und Mietauto (siehe Punkt 2) bereist werden. Es kann zweckmäßig sein, um Zeit zu sparen, sehr große Entfernungen mit dem Flugzeug zu überbrücken.

Vor allem für Alleinreisende und Jugendliche gibt es außer den erwähnten eher teuren Motel-Doppelzimmern ein durchaus dichtes Netz an Jugendherbergen, oft im Zentrum der Städte und vom Bahnhof aus leicht erreichbar, aber auch an landschaftlich exponierten Orten wie Niagara Falls. Qualität und Preise sind unterschiedlich, sie reichen von etwa 7 $ bis 35 $. Reist man zu mehreren, sind Motels teilweise preiswerter.

2. Zug und Mietauto

Will man seine Reise so gestalten, dass man auch Ziele abseits der Hauptverkehrsströme besucht, beispielsweise Nationalparks und Museumsbahnen, so empfiehlt sich eine kombinierte Zug-/Mietautoreise. Man besorgt sich wie im vorigen Absatz einen Amtrak National Railpass für die großen Entfernungen der Rahmenreise, steuert ein Ziel per Bahn an, unterbricht dort die Zugfahrt und besorgt sich jeweils für einige Tage einen Mietwagen, um ein begrenztes Gebiet intensiv zu erkunden.

Mietwägen sind meist an Bahnhöfen, besser noch an Flughäfen erhältlich. Diese Reisemethode ist besonders wirtschaftlich für Kleingruppen bis zu vier Personen. In diesem Fall übernachtet man in Motels. Mietautos sind in manchen Gegenden Taxifahrten vorzuziehen, da man auf Taxis nach Bestellung oft stunden(!)-lang und vielleicht vergebens wartet. Das Klima auf den Straßen ist gemessen an Mitteleuropa aufgrund gegenseitiger Rücksichtnahme und Gelassenheit sehr entspannt und angenehm.

Riesenwerbung für den Metroliner an der Sixth Avenue in Manhattan Nähe Pennsylvania Station für gestresste Autofahrer

Die Pünktlichkeit der großen Überlandzüge ist gewöhnungsbedürftig. Der sehr starke Eisenbahn-Güterverkehr genießt Vorrang, der Amtrak-Expressverkehr muss bei Bedarf auf den meist eingleisigen Strecken gleich mehrere Güterzüge vorbeilassen. Züge mit bis zu einer Stunde Verspätung gelten als „on time", darüber hinaus als „delayed". Nordostkorridor und Amtrak California sind hingegen vorbildlich pünktlich.

Fotografieren

ist im allgemeinen erlaubt. Im Zweifel sollte man sich eine örtliche Genehmigung holen. Verbote wie „No trespassing" sind unbedingt zu beachten. Abgesperrte Gelände oder Gleise dürfen nicht betreten werden. In den letzten Jahren kam es mehrfach zu Verhaftungen und Internierungen von Eisenbahnfreunden, was auf das US-amerikanische Haftungsrecht, aber auch auf verstärkte Terrorangst zurückzuführen ist. Es ist daher nicht sinnvoll, sich mit schwerem Gerät stundenlang an Bahnhofsköpfen oder strategisch bedeutsamen Orten aufzubauen.

Kursbücher

Die Amtrak gibt zweimal jährlich ein Gesamtkursbuch „Amtrak System Timetable" heraus, das allerdings im Vergleich zum deutschen Kursbuch dünn ist und zurzeit etwa 125 Seiten enthält. Es liegt an fast allen Bahnhöfen kostenlos aus. Das Frühjahr-Sommer-Kursbuch gilt von Mai bis Oktober, die Herbst-Winter-Ausgabe für den Rest des Jahres. Darin ist auch der früher getrennt erhältliche „Northeast Timetable" für den Nordostkorridor enthalten. Amtrak California gibt für den Westkorridor einen Fahrplan für die verdichteten Verkehre des kalifornischen Netzes heraus. In allen Bahnhöfen und Zügen gibt es für die betreffende Region Faltzettel für Fahrplan und Service einzelner Zugläufe. Darüber hinaus informiert die Amtrak in allen Fernzügen mit Faltblättern über die Sehenswürdigkeiten entlang dem Zuglauf. Auch die Informationsdichte für die städtischen Verkehre ist vorzüglich: Auf allen Bahnhöfen gibt es Stadtpläne, Netzübersichten, Fahrpläne und Faltblätter für einzelne Linien.

Amtrak-Fahrkarten und -Railpässe

Touristen mit Wohnsitz außerhalb der USA können mit „International Gateway Fares" ermäßigte Fahrscheine ordern. Preisbeispiele für eine einfache Fahrt zur Hochsaison (Hochsaison ist auch sonntags und freitags von 9 bis 18 Uhr):

Strecke	Sitzwagen	Inlandspreis	Acela-Express
New York – Boston (G)*	51 $	82 $	109 $, 1. Klasse + 55 $
New York – Philadelphia (G)	47 $	58 $	102 $, 1. Klasse + 51 $
New York – Washington (G)	71 $	95 $	157 $, 1. Klasse + 79 $
New York – Niagarafälle (G)	50 $		
New York – Montréal (G)	44 $		
Chicago – Los Angeles	260 $**		

* G = Gateway-Tarif   **Schlafwagen Standard 662 $, DeLuxe 1263 $

Praktische Angaben

USA-Railpässe

sind die angenehmste und preiswerteste Art des Reisens, wobei der landesweite Monatspass wiederum der günstigste ist und USA-weite Unabhängigkeit und Freiheit garantiert. Diese Netzkarten gelten entweder 15 oder 30 Tage, es gibt zwei saisonale Preiskategorien. Die Hauptsaison (Peak) beginnt Anfang Mai und endet Anfang September, sie gilt auch von Mitte Dezember bis Anfang Januar. Für den Rest des Jahres gilt die Nebensaison. Bei Saisonüberschneidungen gilt der Preis der Hochsaison. Zum Erwerb ist ein gültiger Reisepass erforderlich, der Wohnsitz muss außerhalb der USA sein. Die unten genannten Preise für die Pässe gelten für „Coach Class" (Sitzplatz zweiter Klasse). Der Übergang in höhere Klassen ist gegen entfernungsabhängigen Zuschlag möglich:

– „Custom Class": Komfortklasse einschließlich alkoholfreier Getränke und Zeitungen,
– „Club Class": Komfortklasse mit Service am Platz einschließlich Frühstück/Mittagessen/ Abendessen je nach Tageszeit samt Getränken zum Essen sowie Zeitungen.

Auf die Einzelfahrscheine und Railpässe erhalten:
- Kinder von 2 bis 15 Jahre 50 % Ermäßigung
- Senioren ab 62 Jahre 15 % Ermäßigung

Die Grenze zwischen West- und Ost-Railpass verläuft nordsüdlich von Wolf Point über Denver und Albuquerque nach El Paso. Der Nordostpass enthält alle Strecken nordöstlich der Linie Buffalo – Washington – Newport News bis einschließlich Montréal/Kanada. Der „California Rail Pass" erstreckt sich auf das gesamte Staatsgebiet Kaliforniens. Für Reisende, die Kanada und die USA bereisen wollen, bieten Amtrak und die kanadische VIA einen gemeinschaftlichen „Nordamerika-Railpass". Damit kann man innerhalb eines Monats ein Netz von 28 000 Meilen (45 000 km) bereisen. Dieses Angebot ist umso interessanter, als der kanadische Inlands-Railpass deutlich teurer ist als Amtrak und nur an 12 von 30 Tagen gilt. Der Preis wechselt und muss aktuell erfragt werden.
Bezugsadressen in Deutschland:
1. Deutsche Bahn Reise&Touristik Service-Center Neue Medien, Amtrak-Verkaufsagentur

Vorortzüge im Bahnhof Hoboken/New Jersey bei New York

Worringer Straße 16, 40211 Düsseldorf, Telefon 0211–1749 6670
email: db-scnm@t-online.de
2. Meso Amerika Kanada Reisen GmbH, Amtrak-Agentur, Wilmersdorfer Straße 94, D-10629 Berlin, Telefon 030–881 4122.

Bei der Ausstellung des Railpasses sollte man zur Vermeidung von Geltungszeit-Verlusten darauf achten, dass der erste Geltungstag offen gelassen wird und erst bei der ersten Zugfahrt eingetragen wird. Über das Internet kann man unter www.Amtrak.com die aktuellen Fahrpläne und andere Informationen einholen.

Der Amtrak-Railpass muss im Ausland besorgt werden. Er ist jedoch auch in New York Penn Station und Washington Union Station gegen Vorlage des Reisepasses sofort zum Originalpreis erhältlich. Im Gegensatz zu europäischen Netzkarten gilt der Pass nicht als Fahrausweis. Man legt ihn im Reisezentrum des Bahnhofs vor und lässt ihn zu Beginn der ersten Fahrt gültig stempeln. Dann erhält man kostenlos den Fahrschein mit Reservierung. Frühzeitige Reservierungen werden empfohlen, da die Züge in der Hauptreisezeit stark belegt sind. Kürzere Strecken sind reservierungsfrei.

– Im Railpass sind auch sämtliche Amtrak-Regional- und Überland-Busdienste inbegriffen. Das Gepäck wird, ebenfalls kostenlos, am Fahrkartenschalter aufgegeben und kann bis zum Reiseziel, auch bei Amtrak-Bustransfer, durchgecheckt werden. Frühzeitige Gepäckaufgabe mit Reservierung kann erhebliche Schließfachkosten ersparen.

– Der Amtrak-Railpass gilt auch auf den nach Kanada führenden Strecken Seattle – Vancouver (Cascades Service), New York – Toronto (Maple Leaf) und Washington – New York – Montréal (Adirondack und Vermonter), sofern Amtrak-Züge und -busse benutzt werden.

Auf regionalen Eisenbahnen, S-, U- und Straßenbahnen gelten Amtrak-Tickets nicht.

Die Railpässe gelten nicht im Acela-Express und im Auto-Train.

Alle Zugreservierungen können auch von Deutschland aus erfolgen.

Alternativ dazu kann man auch von Deutschland aus bei den genannten Bezugsadressen Schienenkreuzfahrten aller Art durch die USA buchen, beispielsweise „33 Tage Nordamerika mit Bahn": New York – Quebec – Vancouver – Glacier Park – San Francisco – Chicago – New Orleans – New York.

USA-Railpass	Dauer	Hauptsaison	Nebensaison
landesweit „National"	15 Tage	440 $	295 $
	30 Tage	550 $	385 $
Ostregion „Eastern"	15 Tage	325 $	210 $
	30 Tage	405 $	270 $
Westregion „Western"	15 Tage	325 $	210 $
	30 Tage	405 $	270 $
Nordostregion „Northeastern"	5 Tage	175 $	149 $
	15 Tage	211 $	191 $
„California"	7 von 21 Tagen	159 $	––

Amtrak

Ab 1970 wurde der Reiseverkehr schrittweise verstaatlicht. Das vom Personenverkehr benutzte Netz betrug damals 38 600 Kilometer und wurde bis 1971 von etwa 60, nach Stilllegung weiterer Linien von 20 privaten Eisenbahngesellschaften betrieben. Verwaltung, Organisation, Fahrplan- und Tarifgestaltung befinden sich bei 16 dieser Gesellschaften in den Händen der neu geschaffenen und subventionierten Dachorganisation Nationale Eisenbahn-Fernverkehrs-Körperschaft. Sie erhielt den griffigen Namen Amtrak, ein Kunstwort aus „American" und „track" (Gleis). Sitz der Amtrak ist die Bundeshauptstadt Washington D.C. Etwa zwei Drittel der Fernzüge wurden 1971 eingestellt. Folgende Bahnen behielten ihre Züge, passten jedoch ihre Einrichtungen und Tarife dem Amtrak-System an:

1. Die staatliche Alaska Railroad bis heute,
2. Rock Island-Bahn. Die beiden Züge von Chicago nach Davenport und Peoria wurden 1979 eingestellt.
3. Denver & Rio Grande Western, heute: Union Pacific. Den Rio Grande Zephyr, Denver – Salt Lake City, übernahm 1983 die Amtrak und integrierte ihn in den California Zephyr. Den Skifahrerzug Denver – Winter Park fährt die D&RGW auch heute noch selbst (siehe Bahn-Ziele).
4. Southern, heute: Norfolk Southern. Anfangs wurden noch vier Züge gefahren, die jedoch bald auf einen verringert wurden, den „Crescent" Washington – New Orleans mit Kurswagen nach New York und zeitweise Los Angeles. 1979 wurde auch er an Amtrak übergeben.
5. Georgia Railroad (heute CSX). Bis 1983 betrieb sie einen Güterzug mit Personenbeförderung von Atlanta nach Augusta.

Der „Capitol Limited" verlässt Pittsburgh in Richtung Washington.

Diese einzig erhaltene Amtrak E60 Ellok wurde vom Railroad Museum of Pennsylvania gekauft.

Amtrak sollte das lange Zeit im argen liegende Eisenbahnwesen durch den Einsatz von modernen klimatisierten Turbinen- und Dieselzügen sowie weiterer Verbesserungen und Modernisierungen wieder attraktiv machen. Das anfangs spärliche Zugangebot wurde mehrfach erhöht. Fahrzeuge und Personal wurden weiter von den privaten Bahngesellschaften gestellt.

1973 wurden Loks und Wagen angekauft. Eigenes Personal ersetzte nach und nach fremdes. 1976 erhielt die Amtrak erstmals eigene Gleise: Die staatliche Auffanggesellschaft Conrail, welche die Pleite gegangenen Güterbahnen des Ostens übernommen hatte, übertrug mehrere Streckenabschnitte an Amtrak.

Mitte der achtziger Jahre hatte sich Amtrak stabilisiert. Alte Fahrzeuge waren ersetzt oder modernisiert, eigenes Personal arbeitete überall, neue Verbindungen wurden aufgenommen.

Die wichtigsten Zugverbindungen

Nordostkorridor

Darunter versteht man die Strecke Boston – New Haven – New York – Philadelphia – Washington mit den Zweigen Springfield – New Haven und Philadelphia – Harrisburg. Mit Ausnahme des Abschnitts New Haven – New York, der dem Staat Connecticut gehört, sind diese Strecken seit 1976 im Eigentum von Amtrak. Die Strecke zwischen Boston und Washington ist elektrifiziert. Im Nordostkorridor fährt für US-Verhältnisse eine fast unglaubliche Vielzahl von Zügen. Am schnellsten sind die zuschlagpflichtigen Acela-Expresse, die New York mit Washington im Stundentakt verbinden.

Daneben verkehren die Züge des North East Direct Service ebenfalls im Stundentakt zwischen New York und Washington, wobei die meisten auch den Abschnitt Boston – New York bedienen. Im Zweistundentakt wird die Strecke Springfield – New Haven befahren. Dort werden diese Züge an die von Boston angekuppelt.

Die drei „Clocker" verstärken den Abschnitt New York – Philadelphia in der Hauptverkehrszeit. Den Namen Keystone tragen die zehn werktäglichen und sechs sonntäglichen Verbindungen New York – Philadelphia – Harrisburg.

Der „Twilight Shoreliner" ist der einzige Nachtzug zwischen Boston, Washington und Newport News. Einige Züge des Nordostkorridors sind nach Süden verlängert. Neun Züge fahren nach Richmond, von denen zwei weiter auf der Strecke der CSX nach Newport News fahren.

Nach Westen ist, über Conrail-Gleise, der „Pennsylvanian" New York – Harrisburg – Pittsburgh integriert. Im Norden bedient einer der Springfield-Züge auch die Conrail-Strecke Springfield – Boston. In Richtung Süden sind die „Silberzüge" nach Florida eingebunden. Der „Vermonter" fährt über Springfield bis St. Albans.

Empire Service

Unter diesem Sammelbegriff versteht man die Strecke New York – Albany-Rensselaer mit Verlängerungen. Auf der Stammstrecke verkehren etwa neun Züge täglich. Zusätzlich fährt der „Maple Leaf" weiter nach Toronto. Der „Adirondack" zweigt in Schenectady nach Norden über die Delaware & Hudson (jetzt Canadian Pacific) nach Montréal ab. Seit Dezember 1996 verkehrt der „Ethan Allen Express" auf der Route des Adirondack bis Whitehall und fährt dann über die Clarendon & Pittsford nach Rutland. Der „Lake Shore Limited" New York – Chicago nutzt ebenfalls diese Route.

Fernverbindungen Nordosten – Süden

Hier sind zunächst die Verbindungen nach Florida zu nennen. „Silver Star" und „Silver Meteor" verbinden New York und Washington mit Miami, teilweise über verschiedene Strecken: ersterer über Columbia, letzterer über Charleston, ab Savannah wieder gebündelt.

Der einzige Autoreisezug der Amtrak ist der „Auto Train" von Lorton bei Washington D.C. nach Sanford in Florida.

Der „Carolinan" verbindet New York mit Charlotte, North Carolina.

Den Abschnitt Raleigh – Charlotte bedient seit 1995 zusätzlich der „Piedmont" als Anschlusszug zu den Florida-Zügen. Die Fahrzeuge stellt das Verkehrsministerium des Staates North Carolina.

Der „Crescent" fuhr früher täglich zwischen Washington und Atlanta, sowie dreimal wöchentlich weiter nach New Orleans. Er hatte Kurswagen nach New York und zeitweise nach Los Angeles, was damals die einzige direkte Verbindung von Küste zu Küste bedeutete. Im Amtrak-Zeitalter verkörpert er die tägliche Verbindung von New York nach New Orleans.

Die Vereinigten Staaten – Einführung

Fernverbindungen Nordosten – Westen

Die nördliche Verbindung zwischen New York und Chicago über Buffalo, Cleveland und Toledo über Conrail-Gleise ist der „Lake Shore Limited". Der „Cardinal" verkehrt dreimal pro Woche von New York nach Chicago über die südliche Route Washington – Charleston – Cincinnati – Indianapolis. Er fährt abschnittsweise auf Strecken der Norfolk Southern, CSX und Conrail.

Chicago – Michigan

Hier gibt es täglich drei „Wolverine"-Züge von Chicago nach Detroit.

Der „Bluewater Limited", Chicago – Port Huron, wurde 1982 als „International" in Zusammenarbeit mit VIA Rail Canada nach Toronto verlängert. Inzwischen endet er wieder am Grenzbahnhof Port Huron.
Der „Pere Marquette" verkehrt täglich zwischen Chicago und Grand Rapids, MI.

Chicago – Carbondale – New Orleans

Die gesamte Illinois Central-Hauptstrecke durchfährt der „City of New Orleans". 1995 wurde er auf fünf Züge pro Woche reduziert, inzwischen fährt er täglich. Zwischen Chicago und Carbondale verkehrt außerdem täglich der „Illini".

Der „California Zephyr" nahe Reno, Nevada

Chicago – Springfield – St. Louis – Kansas City

Hier verkehrt der „State House" Chicago – St. Louis und der „Kansas City Mule" St. Louis – Kansas City. Die gesamte Strecke durchfährt der „Ann Ruthledge". Die Züge fahren täglich.

Chicago – Texas

Der „Texas Eagle" verkehrt täglich auf der Strecke Chicago – St. Louis – Little Rock – Dallas – Fort Worth – San Antonio. In San Antonio werden dreimal pro Woche Kurswagen an den „Sunset Limited" nach Los Angeles übergeben.

Fernverbindungen Kalifornien – Osten

Los Angeles – New Orleans – Florida

Im April 1993 wurde der „Sunset Limited" Los Angeles – New Orleans über Mobile und Jacksonville nach Miami, auf CSX-Gleisen, verlängert. Er verkehrt dreimal pro Woche.

Los Angeles – Kansas City – Chicago

Seit Gründung der Amtrak gibt es ununterbrochen einen Zug in dieser Relation. Der Name änderte sich von „Super Chief" in „Southwest Limited" und schließlich in „Southwest Chief". Seit der Fusion der Santa Fé mit der Burlington Northern 1996 wird der „Chief" zwischen Chicago und Galesburg über die Burlington Northern geführt. Er verkehrt täglich.

Westküste – Denver – Chicago

Nachdem der „Rio Grande Zephyr" 1983 von der Denver & Rio Grande Western übernommen worden war, wurde er mit Amtraks „San Francisco Zephyr" zum „California Zephyr" zusammengefasst. Er fährt täglich von Chicago über Galesburg und Omaha über die Burlington Northern nach Denver und dann über Grand Junction nach Salt Lake City.
Der weitere Weg führt über die Union Pacific nach Nevada und die Southern Pacific, jetzt auch Union Pacific, über Reno und Sacramento nach Oakland, gegenüber von San Francisco. Die Fahrzeiten sind günstiger Weise so ausgerichtet, dass die landschaftlich interessantesten Abschnitte bei Tag zurückgelegt werden. Der „Illinois Zephyr" fährt täglich von Chicago über Galesburg nach Quincy.

Fernverbindungen Chicago – Nordwesten

Der heute einzige Zug in dieser Richtung ist der tägliche „Empire Builder". Bis St. Paul-Minneapolis wird die Milwaukee- bzw. Canadian Pacific-Strecke benutzt, danach die Burlington Northern. Die Route führt nahe der kanadischen Grenze nach Spokane, wo der Zug geteilt wird in je eine Sektion nach Seattle und Portland.
Auf dem Abschnitt Chicago – Milwaukee entlang dem Ufer des Michigansees besorgen außerdem sieben Zugpaare den täglichen Bezirksverkehr des „Hiawatha Service". Sie verkehren über die Chicago,

Milwaukee, St. Paul & Pacific – heute Canadian Pacific Railroad.

Fernverbindungen im Nordwesten

In der Pazifikregion Eugene – Portland – Seattle – Vancouver/Kanada wurde der Verkehr ausgeweitet. Der „Mt. Rainier" wurde 1995 in „Cascades" umbenannt und nach Süden über die Southern Pacific bis nach Eugene verlängert. 1994 wurde mit einer aus Spanien geliehenen Talgo-Garnitur der Northwest Talgo zwischen Seattle und Portland eingeführt. Nach einer Demonstrationsphase wurde er zum regulären Zug mit dem Namen „Mount Adams". Zwischen Seattle und Vancouver nahm auf der Burlington Northern der „Mount Baker International" im Mai 1995 mit einer weiteren Talgo-Garnitur den Betrieb auf. Inzwischen haben diese Züge keine Namen mehr. Vier Zugpaare verkehren täglich zwischen Eugene und Seattle, eines sowie drei Amtrak-Busse fahren nach Vancouver.

Fernverbindungen Nordwesten – Kalifornien

Bereits bei der Gründung von Amtrak wurde ein neuer und zum ersten Mal durchgehender Zug von Seattle nach Los Angeles eingeführt, der „Coast Starlight". Südlich von Portland benutzt er die Southern Pacific, heute Union Pacific. Das landschaftlich interessanteste Stück, die Küstenstrecke zwischen Oakland und Los Angeles, wird bei Tage zurückgelegt. Die ursprünglich vorhandenen Kurswagen weiter nach Süden bis San Diego wurden nach einigen Jahren aufgegeben; es besteht jedoch weiterhin sofort Anschluss nach San Diego.

Fernverbindungen in Kalifornien

Der schienengebundene Personenverkehr innerhalb Kaliforniens war Anfang der siebziger Jahre minimal. Inzwischen besitzen Kalifornien und der pazifische Westen ebenso wie die Ostküste ein dichtes, zuverlässiges und pünktliches Zugnetz, das Amtrak California betreibt. Der städtische und Überlandbusverkehr von Amtrak und anderen Betreibern ist vorzüglich auf die Züge abgestimmt. Besonders stark entwickelte sich der Verkehr südlich von Los Angeles. Hier rollen täglich neun Bäderzüge „Pacific Surfliner" von Los Angeles auf einer ehemaligen Santa-Fé-Strecke nach San Diego; zwei davon beginnen bereits in Santa Barbara, einer sogar schon in San Luis Obispo.

Der „Capitol Corridor" ist benannt nach dem Staatskapitol der kalifornischen Hauptstadt Sacramento und umfasst die Strecke San José – Oakland – Sacramento – Auburn, die auch „Coast Starlight" und „California Zephyr" befahren. Die Züge dieser Relation waren erst im Dezember 1991 eingeführt worden, wurden jedoch 1995 wieder eingestellt. Heute verkehren auf dem Kernstück Oakland – Sacramento wieder täglich zwölf komfortable Doppelstock-Tagesschnellzüge, von denen acht nach San José und einer nach Auburn weiterfahren.

Auf der San-Joaquins-Route Oakland – Sacramento/Bakersfield wurde in den neunziger Jahren die Zugdichte von zwei auf sechs Zugpaare erhöht. Amtrak-Busverbindungen bestehen von den kalifornischen Bahnhöfen aus unter anderem nach Reno, Carson City, Yosemite und Las Vegas.

Fahrzeuge

Vom kalifornischen Emeryville fahren Amtrak-Anschlussbusse ins Zentrum von San Francisco.

Fahrzeuge

Bis 1973 war Amtrak nur Verwalterin der Fahrzeuge der einzelnen Bahngesellschaften. Dann wurden diese in Besitz genommen und neue beschafft. Im Folgenden sind die wichtigsten Bauarten kurz beschrieben.

Diesellokomotiven

Alle Diesellokomotiven haben elektrische Kraftübertragung. Den Grundstock bildeten die 1973 übernommenen gut 200 E-Units und etwa 30 F-Units, die von General Motors gebaut worden waren. Die ersten Neulokomotiven waren die 150 Stück SDP40F von General Motors, die sich jedoch nicht bewährten und bald ausgemustert wurden. Schwerpunkt der Beschaffungen waren 210 neue und sechs gebrauchte vierachsige F40PH.
1993 erschien zum ersten Mal seit langer Zeit eine Bauart für den Reisezugdienst, die P40–8PH. Sie wurde von Krupp entwickelt, teilweise auch in Essen hergestellt und hatte Drehgestelle von MaK (Maschinenbau Kiel) in Kiel. Die Serie P32AC-DM hat 1998 die letzten Altbauloks abgelöst. Die P42DC, eine verstärkte P40–8PH, wurde 1996 bis 2001 beschafft. Der Staat Kalifornien besitzt dreizehn F59PHI, Nachfolgerin der F40PH, die von Amtrak eingesetzt werden. Schließlich besitzt die Amtrak auch eine kleine Anzahl Rangier-Diesellokomotiven der Baureihen SSB1200, MP15, SW1500, SW1001, GP15D, GP38, SW1 und SW1000R.

Elektrolokomotiven

Mitte der siebziger Jahre sollten die Baureihen E60CH und E60CP von General Electric die älteren Elloks ersetzen. Sie bewährten sich nur bedingt; einige Lokomotiven wurden verkauft. Zwischen 1979 und 1988 wurde die AEM-7 beschafft, die aus der schwedischen Rc4 abgeleitet wurde. Vorausgegangen waren

Probefahrten mit französischen und schwedischen Lokomotiven. Die ursprünglich 54 Lokomotiven bilden heute das Rückgrat des Nordostkorridors.

Schnelltriebzüge

Für den Schnellverkehr auf dem elektrifizierten Nordostkorridor zwischen Boston und Washington wurden ein schwedischer X2000 und ein deutscher ICE getestet. Man entschied sich dann aber für die neue Bauart „Acela", die Bombardier auf Basis des TGV, jedoch mit Neigetechnik und normalen Drehgestellen, zwischen 2000 und 2003 lieferte. Acela besteht aus zwei mehrsystemfähigen Triebköpfen mit je 9200 kW Leistung und sechs Wagen einschließlich Konferenzabteil und Bistro. Die Höchstgeschwindigkeit beträgt 265 km/h, das Regeltempo 240 km/h. Mit seiner Kapazität für 304 Reisende legt er die Strecke New York – Washington in 2:50 Stunden zurück. 20 Züge sind derzeit im Expressverkehr im Einsatz.

Wagen

1. Einstockwagen

Von den ursprünglich vorhandenen Heritage-Wagen wurden 450 modernisiert. Sie laufen heute nur noch an der Ostküste. 1975 bis 1977 wurden 492 Amfleet-I-Wagen nach dem Muster der Metroliner-Triebwagen bei Budd beschafft. Sie verkehren im Nordostkorridor. 1981 bis 1983 folgten 150 Amfleet-II-Wagen mit größeren Fenstern und größerem Sitzabstand. 1989/90 lieferte Bombardier 104 Horizon-Wagen, die auf kürzeren Strecken außerhalb des Nordostkorridors laufen. 1993/94 schließlich folgten die Viewliner. Nach drei Prototypen wurden 50 Schlafwagen von Morrison-Knudson gebaut.

2. Doppelstockwagen

Auf den Transkontinentalstrecken setzt Amtrak ausschließlich „Viewliner"-Doppelstockwagen ein. 1993–94 entstanden 140 Wagen, die 1994/95 von Bombardier geliefert wurden.

Amtrak-Lokomotiven

Baureihe	Serie	im Dienst	Leistung HP	max V km/h	Baujahre	Hersteller
Elloks						
AEM7	901–953	20	7000	125	1979–1988	EMD
AEM7AC	901–953	29	7000	125	2000–2002	Amtrak/Alstom
HHP-8	650–664	14	8000	125	1998–2001	Bombardier/Alstom-Konsortium
Diesel-Streckenloks						
P42	1–207	197	4250	110	1996–2001	GE
F59PHI	450–470	21	3200	110	1998	EMD
P32-8	500–519	18	3200	100	1991	GE
GP38H-3	520–527	8	3000	100	1966;2004/5	EMD, NS
F59PHI	2001–9	7	3200	110	1994	EMD
	2010–15	6	3200	110	2001	EMD
P40	833–843	8	4000	110	1993	GE

(1 Horse Power = 1,1 PS = 0,81 kW)

S-, U- und Straßenbahnen im Aufwind

Commuter Rails, Metros, Light Railways

Der Stadt- und Vorortverkehr in Ballungsräumen, im Autoland USA zwischenzeitlich mal fast völlig vergessen, erlebt gegenwärtig eine ungeahnte Renaissance. Die Verstopfung der Innenstädte und die Überlastung der Schnellstraßen machten den Ausbau der lange vernachlässigten öffentlichen Verkehrsmittel unumgänglich. Im ganzen Land schießen neue Nahverkehrssysteme förmlich aus dem Boden.

1. Zahlreiche Unternehmen, vor allem in den Nordoststaaten, verbinden mit ihren **Vorortzügen** (Commuter Trains) das Umland von Großstädten mit der jeweiligen Metropole, indem vorhandene Eisenbahnstrecken als S-Bahnen betrieben werden. Im Gegensatz zu europäischen Nahverkehrssystemen sind die räumlichen Dimensionen größer: Strecken von mehreren hundert Kilometern sind keine Seltenheit. Fahrgastzuwächse lassen die Betriebe schwarze Zahlen schreiben und die Verwirklichung neuer Projekte in greifbare Nähe rücken.

2. In fast allen Großstädten bewältigen **Schnellbahnen** (Rapid Transit) den Massenverkehr. Dazu gehören die älteren Untergrundbahnen (Subways) in New York, Boston und Philadelphia sowie Hochbahnen (Elevated) in New York und Chicago, aber auch neuere Systeme wie die U-Bahn Washington oder das vollautomatische BART (Bay Area Rapid Transit) in San Francisco.

3. Vor allem **Straßenbahnen** (Trolleys, Streetcars) erleben, meist in Form von **Stadtbahnen** (Light Railways), eine neue Blüte auch in mittleren und kleinen Städten. Gemeinsam ist allen neuen Systemen, dass sie ihre Vorgän-

Bay Area Rapid Transit (BART) im Großraum San Francisco

gersysteme qualitativ weit übertreffen und mit großer Liebe in die Innenstädte eingepasst sind. Fußgängerzonen und ästhetisch ansprechende Haltestellen wurden gemeinsam entworfen. Oft fahren die Straßenbahnen zur optimalen Verknüpfung bis in den Bahnsteigbereich der Fernbahnhöfe, zum Beispiel in Los Angeles, San Diego, Saint Louis oder Dallas. Moderne und bequeme Wagen, meist niederflurig und mit großen Fenstern, machen das Fahren zu einem Erlebnis. Einige Städte haben auch historische und nostalgische Straßenbahnfahrzeuge in den regulären Verkehr eingebunden.

Alle drei Systeme haben kurze Taktzeiten, eine übersichtliche, farbliche Gestaltung der einzelnen Linien (red line, blue line usw.), gute Verknüpfungen und Informationssysteme gemeinsam.

Im Folgenden werden die Nahverkehrssysteme einiger Städte alphabetisch skizziert.

Atlanta, Georgia, besitzt ein bis 1979 zurückreichendes U-Bahn-Netz von 51 Kilometer Länge.

In **Baltimore**, Maryland, gibt es seit 1992 eine 22 Kilometer lange S-Bahn „Marc" und 47 Kilometer Nord-Süd-Stadtbahnlinie in Normalspur. Das vorherige Straßenbahnnetz hatte Breitspur 1626 Millimeter.

Die heutige **Bostoner** „Massachusetts Bay Transport Authority", MBTA, die aus drei Vorgängergesellschaften hervorgegangen ist, umfasst 69 Kilometer U-Bahnen und 56 Kilometer Light Railway sowie die „Green Line" Straßenbahn. Außerdem gibt es Vorortlinien in zehn Richtungen. Der Personenverkehr auf den „Old Colony Lines" in Richtung Südosten wurde reaktiviert und der Verkehr nach Westen wurde von Framingham bis Worcester erweitert. Streckenausbau und Elektrifizierung des „Nordostkorridors" der Amtrak haben inzwischen ebenfalls Boston erreicht.

Chicago, Illinois, besitzt ein sehenswertes, 157 Kilometer langes Netz elektrischer Hoch- und Untergrundbahnen, die als Radiallinien auf einer gemeinsamen Hochbahnschleife in Form eines 1000 x 600 Meter großen Rechtecks, genannt „Union Loop", den Stadtkern durchziehen. Auf der viergleisigen Nordstrecke verkehren Normal- und Expresszüge! Den Großraum Chicago bedienen die Metropolitan Rail „Metra" in Illinois und die Northern Indiana Commuter Transprotation District „NICTD" im Staate Indiana, deren 137 Kilometer lange Strecke nach South Bend elektrifiziert ist. Auf der Wisconsin Central-Güterlinie besteht Personenverkehr nach Antioch mit Anschluss zum Flughafen. Amtrak betreibt die Strecken nach Milwaukee, Wisconsin, und Valparaiso, Indiana. Zur Rushhour quellen die „Metra"-Dieselzüge, teilweise in Doppeltraktion, im Fünf-Minuten-Takt aus dem unterirdischen Bauch der Innenstadt gen Nordwesten. Von Randolph Street Station starten die elektrischen Züge der Metra-Süduferbahn nach South Bend. Die im LaSalle Street-Bahnhof beginnende Express- und Vorortlinie führt bis Joliet. Auch die übrigen Richtungen werden bestens bedient. Derzeit laufen fünf Modernisierungsprojekte.

Cleveland, Ohio, hat 31 Kilometer U- und 21 Kilometer Stadtbahnen.

Denver, Colorado, besitzt seit 1994 ein ausgedehntes Stadtbahnnetz. 31 Kilometer Neubaustrecken sind geplant.

S-, U- und Straßenbahnen im Aufwind

In **Houston**, Texas, verkehrt seit 2003 eine 11 Kilometer lange Stadtbahn, eine Verlängerung um 35 Kilometer ist geplant.

In **Las Vegas**, Nevada, verkehrt seit 2004 eine 6,4 Kilometer lange fahrerlose vollautomatische Einschienenbahn entlang der Vergnügungsmeile Las Vegas Strip.

In **Los Angeles**, Kalifornien, sind die Metro und Stadtbahn im Aufwind: Das System umfasst momentan den Bereich San Fernando Valley – Stadtmitte L.A. – Pasadena – Redondo Playa – Long Beach – Norwalk. In einem 30-Jahres-Plan soll in der Stadt des Autos ein 400 Meilen (640 km) umfassendes Netz aufgebaut werden!

Der „Loop", Herzstück des Hochbahnsystems, umrundet die Innenstadt Chicagos.

Die Vereinigten Staaten – Einführung

Empfangshalle in Hoboken, New Jersey

L.A. besitzt erst seit einigen Jahren wieder eine Vorortbahn. Seit dem Erdbeben vom Januar 1994 hat sich ihr Verkehr verzehnfacht. Das noch immer wachsende Streckennetz der „Metrolink" wurde im Frühjahr 1994 nach Oceanside erweitert, danach erfolgte die Aufnahme des Verkehrs auf Santa-Fé-Gleisen von San Bernardino über Riverside nach Irvine und auf zwei Linien östlich von Los Angeles nach Riverside und Oceanside sowie zwei Linien westlich nach Santa Clarita und Ventura. Seit 2004 besitzt **Minneapolis-St. Paul**, Minnesota, einen 19 Kilometer langen Stadtbahn-Korridor zwischen beiden Städten zusätzlich zur vorhandenen Straßenbahn.

In **New Orleans**, Louisiana, gibt es zwei Straßenbahnsysteme, die St.-Charles- und die Riverfront-Linie, beide in Breitspur 1588 Millimeter. Die geräumigen grünen beziehungsweise roten Wagen stammen aus den zwanziger Jahren. Vor kurzem wurde die Canal-Street-Linie mit neuen Fahrzeugen in Betrieb genommen.

New York besitzt ein 388 Kilometer langes Metronetz, das in Manhattan vollständig unterirdisch geführt ist. Nur in Brooklyn gibt es noch eine klassische Hochbahnstrecke.

Die New Yorker Metropolitan Transportation Authorithy (MTA) ist hinsichtlich Beförderungsleistungen der größte US-Regionalbahnbetrieb. Sie vermittelt den Nahverkehr auf den Linien der früheren New York Central im reizvollen Hudsontal nach Poughkeepsie und der New Haven Railroad nach New Haven, New Canaan, Danbury und Waterbury. Die Harlemlinie führt nordwärts bis Dutchess. Long Island wird von der Port Washington-, Oyster Bay-, Port Jefferson, Hempstead-, West Hempstead-, Far Rockaway-, Long Beach-, Ronconcoma und Babylonzweiglinie erschlossen. Zusammen mit der New Jersey Transit Corporation fährt die MTA nach Orange und Rockland. Die New Jersey Transit stellt ihrerseits eine Verbindung zwischen den Zügen aus Hoboken und dem Nordost-Korridor her. Auf der Hudsonlinie der Metro North verkehren zehn umgebaute Budd RDC-Triebwagen.

Philadelphia, Pennsylvania, besitzt mehrere Schnellbahnsysteme: 62 Kilometer U-Bahnen, 39 Kilometer „SEPTA"-Linien der „Southeastern Pennsylvania Transportation Authority", die zusammen 23 Kilometer langen Nord-Süd- und die Ost-West-„PATCO"-Durchmesserlinien, außerdem stehen in Philadelphia sieben Straßenbahnlinien zur Verfügung.

Pittsburgh, Pennsylvania, besitzt ein nach Süden ausgerichtetes Untergrund- und Stadtbahnsystem sowie zwei Standseilbahnen zu Aussichtspunkten hoch über der Stadt.

In **Portland**, Oregon, fahren moderne und nostalgische Straßenbahnwagen auf einem neuen, 33 Kilometer langen Stadtbahnnetz.

Sacramento, Kalifornien, hat seit 1987 ein modernes Stadtbahnsystem.

Die New Yorker Metro donnert über die Williamsburg-Brücke von Manhattan nach Brooklyn.

San Diego, Kalifornien, besitzt seit 1980 ein nunmehr 82 Kilometer langes Stadtbahnnetz mit drei Linien. Direkt vom Gleisbereich des Bahnhofs San Diego fährt die Straßenbahn zur mexikanischen Grenze. – Die 1995 eröffnete Eisenbahn-Küstenstrecke Oceanside – San Diego („Coast-Liner") bildet den Mittelpunkt des neu eingerichteten Nahverkehrsnetzes um San Diego. Neben einer Zweigstrecke Oceanside – Escondido soll das Netz im Endzustand auch die Städte San Ysidro und Santee mit San Diego verbinden.

San Francisco, Kalifornien, besitzt ein altes Straßenbahnnetz im Bereich Embarcadero – Marktstraße – Universität und ein neues Stadtbahnsystem Portrero Hill – Fisherman's Wharf, dazu ein vier Linien umfassendes Kabelbahnsystem. Das Gebiet der San-Francisco-Bucht zwischen Daly City, Richmond, Pittsburg/ Bay Point und Fremont wird durch das vollautomatische U-Bahn-System „Bay Area Rapid Transit" (BART) mit über 160 Kilometern Länge erschlossen. Dabei wird die Pazifikbucht unterquert.

Zwischen San Francisco, San José und Gilroy verkehren die „CalTrain"-Halbinselzüge in dichtem Takt. Seit 2000 ist Stockton mit San José mit je zwei Zügen des Altamont Commuter-Express verbunden.

Seattle, Washington, besitzt seit 2004 ein 22 Kilometer umfassendes Stadtbahnnetz.

Washington D.C. hat ein sehr modernes U-Bahn-Netz von etwa 120 Kilometer Länge.

Die MARC-Linien nach Perryville, Martinsburg und Baltimore erhielten neue Fahrzeuge; die 1992 eröffnete Virginia Railway Express-Gesellschaft erweiterte ihre Strecken nach Manassas und Fredericksburg.

Weitere Städte in den USA haben in letzter Zeit neue Stadtbahnsysteme installiert. Die wichtigsten darunter sind: Buffalo NY, Columbus OH, Dallas TX, Detroit MI, Galveston TX, Memphis TN, Miami FL, Newark NJ, Phoenix AZ, Salt Lake City UT, San José CA, San Juan/ Puerto Rico und St. Louis MO.

Der Güterverkehr spielt in den USA eine ganz große Rolle: Güterzug der BNSF bei Caliente.

Das Bahnsystem der Vereinigten Staaten

Mergers, Regional Roads und Short Lines

In den Vereinigten Staaten herrscht ausschließlich das Privatbahnsystem. Bestrebungen zur Einführung des Staatsbahnprinzips scheiterten mehrmals in der Geschichte. Dem Europäer fällt als Erstes die Vielzahl amerikanischer Bahngesellschaften auf. Die wenigsten amerikanischen Bahnen können auf eine über Jahrzehnte stetige Geschichte zurückblicken.
Gegen Ende des 19. Jahrhunderts nahmen Transportleistungen über größere Entfernungen ständig zu, ebenso die Kapitalkraft der Bahnunternehmen. Es kam zu Kooperationen und Zusammenschlüssen, wodurch immer größere Bahngesellschaften entstanden. Verschmelzungen („Mergers"), Aufteilungen, Verkäufe und Pleiten waren und sind an der Tagesordnung. Besonders aktive Zeiten waren die 1890er, die 1960er sowie die 1990er Jahre. Kleine Bahnen (Short Lines) waren als Übernahmekandidaten weniger interessant und überlebten oft.

Aktuelle Entwicklung

Die wichtigsten Entwicklungen seit 1990 werden hier dargestellt. 1990 gab es folgende Gesellschaften:

Große Bahnen im Westen:
- Burlington Northern (BN)
- Union Pacific (UP)
- Santa Fé (AT&SF)
- Southern Pacific (SP)
  Denver & Rio Grande Western (D&RGW)

Große Bahnen im Osten:
- Conrail (CR)
- Norfolk Southern (NS)
- CSX Transport (CSX)

Seither wurden folgende Veränderungen vollzogen: Die D&RGW übernahm 1995 die SP, der Betrieb wurde aber unter dem Namen SP weitergeführt. im Juli 1996 erfolgte die Fusion der SP mit der UP. Im gleichen Jahr schlossen sich AT&SF und BN zur Burlington Northern Santa Fé (BNSF) zusammen. Damit gab es im Westen der USA nur noch zwei große Bahngesellschaften.

Im Osten wurden 1999 Conrail auf CSX und Norfolk Southern aufgeteilt.

Die 1977 als Waggonverleih gegründete Firma Railtex stieg 1986 in das Short Lines-Geschäft ein. Heute betreibt sie über 20 Bahnen in den USA und Kanada. Die größten sind die Missouri & North Arkansas mit etwa 500 Meilen ehemaliger UP-Strecken, Central Oregon & Pacific (400 Meilen Ex-SP-Strecken) und New England Central (330 Meilen Ex-Central Vermont = Canadian National-Strecken).

Nach dem vorläufigen Ende der großen Fusionswelle dominieren im Wesentlichen vier große Bahngesellschaften den Güterverkehr der USA:

– Burlington Northern Santa Fé
  Streckenlänge: 33 500 km
– Union Pacific   33 000 km
– CSX   23 500 km
– Norfolk Southern   22 000 km

Weitere vier Gesellschaften folgen mit großem Abstand: Soo Line (Teil der Canadian Pacific, 3500 km), Kansas City Southern (2800 km), Illinois Central (2500 km) und Grand Trunk Western (600 km Streckenlänge). Daneben gibt es über 500 regionale und lokale Bahngesellschaften für die Zubringerdienste.

Güterverkehr in Arizona: Fünf Lokomotiven ziehen einen Behälterzug gen Osten.

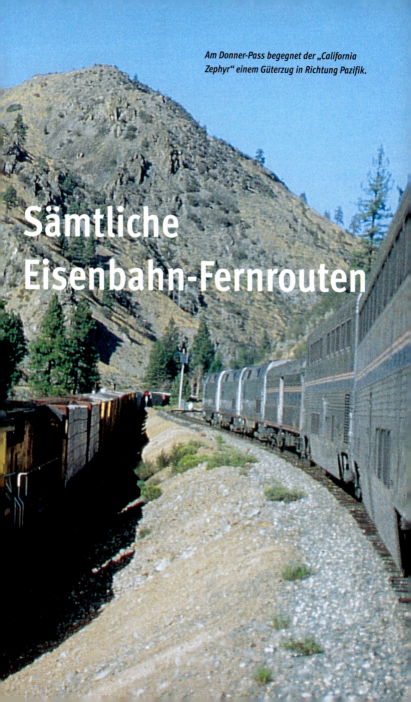

Am Donner-Pass begegnet der „California Zephyr" einem Güterzug in Richtung Pazifik.

Sämtliche Eisenbahn-Fernrouten

Der „California Zephyr" im Coloradotal bei Colorado Springs ...

Info: Zahlen und Daten

Verkehrstage und Fahrplan
Seit 1997 verkehrt der California Zephyr täglich

13.50	Chicago	15.20
8.05	Denver	19.25
23.19	Salt Lake City	3.45
16.40	Emeryville CA	9.15

Streckenlänge und Fahrtdauer
2438 Meilen (3923 km) in 51 Stunden westwärts, Reisegeschwindigkeit 77 km/h, in 54 Stunden ostwärts, Reisegeschwindigkeit 73 km/h

Zugbildung
Ausschließlich Superliner-Wagen: Schlafwagen (De-Luxe-, Economy-, Familienabteile), Speisewagen, Aussichtswagen mit Bar, Coach (Sitzwagen). Gepäckservice an den größeren Stationen

Verpflegung
Speisewagenservice für Schlafwagenpassagiere. Imbiss- und Getränkeservice in der Bar des Aussichtswagens für alle Passagiere

California Zephyr
Chicago – San Francisco

In den fünfziger und sechziger Jahren galt der Vorgänger des heutigen California Zephyr als einer der besten Züge der USA. Dem heutigen Zephyr gebührt zweifellos dieselbe Ehre, bietet er doch seinen in zeitgemäß komfortabler Superliner-Ausstattung reisenden Fahrgästen viel von Amerikas schönster Szenerie: von den grünen Feldern des nördlichen Illinois über eine herrliche Fahrt durch das zerklüftete Felsengebirge von Colorado bis zur Überwindung des großartigen Donner-Passes der Sierra Nevada. Zephyr ist in der griechischen Sage der Gott des West- oder Abendwindes, einer der vier Hauptwinde. Er ist stürmisch und regnerisch, bald rau, bald lieblich. Benannt nach diesem Westwind, rollt der California Zephyr auf einer der reizvollsten Fernstrecken der Amtrak. (Hinweis: Kurzbeschreibung von Chicago siehe unter „Capitol Limited".)

California Zephyr

Streckenbeschreibung

Mile 0.0 Chicago Union Station, Illinois
Der Zug verlässt den am westlichen Rand des Stadtkerns liegenden Bahnhof südwärts und passiert die Wagenwerkstätte der Burlington Northern-Vorortbahn links und das Amtrak-Wagenwerk rechts.

Mile 162,4 Galesburg, Illinois
Galesburg ist Knotenpunkt der Burlington Northern und Mittelpunkt aller ihrer Linien östlich des Missouriflusses. Südlich der Stadt erstreckt sich der Rangierbahnhof entlang der Strecke.

Mile 205,4 Burlington, Iowa
Das indianische Wort „Iowa" bedeutet „jenseitiges Land" und meint das Land jenseits des Mississippi. Die Wurzeln des Pelzhandelsplatzes Burlington reichen in indianische Zeiten zurück. Seit der Dampfschifffahrt auf dem Mississippi orientiert sich Burlington am Flusshandel. Nach dem am Flussgestade gelegenen Bahnhof verlässt die Strecke das Mississippital und erklimmt die Berge westlich Burlingtons. In diesem Gefälleabschnitt erprobte George Westinghouse die Wirksamkeit seiner neuen durchgehenden Druckluftbremse – der wichtigste Fortschritt seit Erfindung der Eisenbahn.

Mile 496,1 Omaha
Die größte Stadt Nebraskas, am Missouri gelegen, wurde 1854 gegründet und war einst eines der Haupttore zum „Goldenen Westen". Die Amtrakzüge bedienen eine neue Station am östlichen Rand der Altstadt. Nicht weit vom Bahnhof entfernt liegt die alte Union Station, heute Western-Museum, und wenige Minuten weiter das Union Pacific-Eisenbahnmuseum (siehe Bahn-Ziele). Obwohl Omaha der Punkt ist, zu welchem die Union Pacific Railroad ihre Strecke gegen Osten hin baute, folgt der heutige San Francisco Zephyr westlich Omaha der südlicheren Route der Burlington Northern. Während die UP dem North-Platte-Tal folgt, durchquert die BN das südliche Nebraska, führt durch die Hauptstadt Lincoln, Hastings, und weiter durch Holdrege und McCook. Dieser Streckenabschnitt wird heute in beiden Richtungen bei Nacht befahren.

Mile 1033,8 Denver
Denver wurde 1858 während des Goldrausches und gleichzeitig mit dem Bau der ersten transkontinentalen Eisenbahn gegründet. Die größte Stadt und Hauptstadt des Staates Colorado liegt auf einer 1600 Meter hohen Ebene direkt am Ostfuß der steil aufragenden „Front Range" des Felsengebirges und hat angenehmes Kontinentalklima. Die Stadt ist wichtiger Verkehrsknoten und bedeutendes Kultur-, Verwaltungs- und Handelszentrum.
Der eindrucksvollste Streckenabschnitt beginnt in Denver (ab hier neue Meilenzählung). Die Gleise erklimmen in riesigen Kehren den Steilanstieg der Rocky Mountains, erreichen den Sout Boulder Canyon. Sie winden sich an steilen Felsen und Spalten entlang und durch 29 Tunnel, um schließlich im 9980 Meter langen

... und kurz hinter dem Moffat-Scheiteltunnel, der auf 2816 m liegt.

Sämtliche Eisenbahn-Fernrouten

Moffat-Scheiteltunnel mit seinen monumentalen Portalen die Große Kontinentale Wasserscheide zu überwinden. Dieser Tunnel war zu seiner Bauzeit der längste Nordamerikas. Ab hier folgt die Strecke dem Fraser River bis Granby, dann gelangt sie ins Tal des Coloradoflusses und folgt diesem bis Bond.

Im Einzelnen:

Mile 3,3 Utah Junction

Ursprünglich Werkstätten-Standort der Moffatschen Strecke, bis diese Bestandteil der Rio Grande wurde. Hier biegt die Strecke nach Westen ab und steigt zur Überwindung einer Höhendifferenz von 1219 Metern mit 20 ‰ auf einer Länge von 75 Kilometern bis auf eine Höhe von 2816 Metern hin zum Moffat-Tunnel an.

Die Stadtbahn von Denver, hier ein Wagen am Broadway

Mile 17,8 Arena

Hier beschreibt die Bahn zur Höhengewinnung vor dem eigentlichen Erklimmen der Bergwände eine eineinhalbfache hufeisenförmige Schleife, „Big Ten" genannt, die sich zuerst nach Süden und anschließend zurück nach Norden windet. Zum Schutz vor Höhenwinden, die früher gelegentlich Züge zum Entgleisen brachten, sind hier auf einem Seitengleis Ballastwagen aufgestellt. Nicht weit von Big Ten öffnet sich der Schlund des Coal Creek Canyon, zu breit und tief für eine Überbrückung. Die Strecke benützt ihn deshalb als künstliche Längenentwicklung zum weiteren Anstieg und schwenkt auf eine Länge von etwa 1,6 Kilometern in das schroffe Seitental, überquert es an einer höheren Stelle und kehrt am anderen Talhang zurück zur Hauptrichtung. Hier liegt der erste der insgesamt 29 Tunnel. Obwohl einige von diesen inzwischen durch Streckenverlegung umgangen oder gesprengt wurden, durchquert der California Zephyr immer noch eine Menge dieser 18 bis 530 Meter langen Löcher.

Mile 24,3 Plainview

Der Name sagt es: Die Strecke verläuft hier schon so hoch an der Gebirgswand, dass sich an klaren Tagen spektakuläre Ausblicke von weit über hundert Meilen in Richtung Osten auf Denver und die weiten „Great Plains" ergeben. Etwa 5 Kilometer hinter Plainview schwenkt die Bahn, 150 Meter hoch über dem Fluss, in den South Boulder Canyon ein und klettert nun mit 20 ‰ Steigung an dessen Südrand aufwärts.

Mile 31,5 Crescent

Hier passiert der Zephyr den 2450 Meter hohen südlich der Trasse sich erhebenden Crescent Mountain. Es ergibt sich ein Ausblick auf einen großen Stausee, Teil des Wasserversorgungssystems von Denver. Hinter Crescent führt eine Reihe von Tunneln die Bahn durch riesige Granitsporne an der Canyonwand entlang. Bei Pine Cliff ist die steiler als die Bahn ansteigende Talsohle erreicht und die Gleise verlaufen nun durch eine seichte Senke. Ab Rollinsville, Mile 41,7, führt die Strecke entlang dem Boulder Canyon durch ein breites Tal, immer noch mit der zur Hauptkette der Rockys hinaufführenden gleichmäßigen Steigung von 20 ‰.

Mile 46,9 Tolland

Hier stand einst ein Betriebswerk für die Schiebelokomotiven der alten Denver, Northwestern and Pacific-Trasse über den Rollins-Pass, die heute als Forststraße genutzt wird. Dieser Abschnitt ist immer noch gut in drei übereinander verlaufenden Linien zum Pass zu erkennen. 24 Jahre lang nahmen die Züge ihren Weg über dieses Provisorium zum „Dach des Kontinents", den höchsten jemals gebauten Punkt einer Normalspurbahn in Nordamerika!

Mile 50,5 Moffat-Tunnel

Technische Daten des Tunnels: Bauzeit 5 Jahre, Eröffnung im Februar 1928, Länge 6,2 Meilen (9,98 km) , drittlängster der Westhalbkugel. Der Tunnel verläuft auf 2816 Meter Höhe unter der Großen Kontinentalen Wasserscheide hindurch.

Mile 56,9 Winter Park

Nach Verlassen des Moffat-Tunnels hält der Zug in Winter Park inmitten eines der beliebtesten Skigebiete Colorados und rollt kurze Zeit später ins Fraser-Tal, einem Zuflusstal des Colorado River.

Mile 65,9 Tabernash

Tabernash war der Name eines örtlichen Indianerhäuptlings. Vor dem Bau des Moffat-Tunnels 1928 war hier die westliche Lokstation für die Schiebelokomotiven zur Überwindung des Rollins-Passes. Die Strecke folgt nun dem Fraser River bis zu dessen Mündung in den Colorado.

Mile 75,5 Granby

Hier biegt der California Zephyr in das majestätische Tal des Rio Colorado (spanisch: „Roter Fluss") ein und folgt diesem für die nächsten 238 Meilen, dem gesamten Weg bis Utah. Der Amtrak-Bahnhof ist Ausgangspunkt für den Besuch des 25 Kilometer nördlich gelegenen Rocky-Mountains-Nationalparks.

Mile 86,1 Hot Sulphur Springs

In diesem Schwefel-Warmbad aus Vor-Eisenbahnzeiten wechselt die Bahn an das Nordufer des Colorado. Zwischen Hot Sulphur Springs und Parshall liegt der enge, dunkle und gewundene Byers Canyon. Hier musste die Trasse an einigen Stellen aus der steilen Talwand und durch mehrere Tunnel gesprengt werden.

Mile 91,6 Parshall

Westausgang des Byers Canyon.

Kathedrale des Verkehrs: Das Innere von Chicagos Union Station

Mile 103,2 Kremmling

Kurz hinter dieser Station biegt die Bahn in den wildromantischen Gore Canyon ein, ein enges Felsental mit bis zu 300 Meter hoch aufragenden Steinwänden. Das Sonnenlicht erscheint nur für kurze Zeit mittags auf dem Talgrund.

Mile 185,0 Glennwood Springs

An der Mündung des Roaring Fork River in den Colorado gelegen, ist dies ein seit Indianerzeiten bekanntes Thermalbad. Die heutige Stadt wurde 1883 gegründet, das elegante Hotel Colorado, gegenüber der Bahnstation auf der anderen Flussseite, einige Jahre später. Glenwood Springs ist auch Ausgangspunkt für die historische Silberminenstadt Aspen.

Sämtliche Eisenbahn-Fernrouten

Mile 274,5 Grand Junction
1881 gegründete und nach dem Zusammenfluss von Rio Grande (jetzt: Colorado) und Gunnison River benannte Stadt. Sie ist Ausgangspunkt der Southern Pacific-Strecken gegen Südosten nach Oliver und Montrose, die heute nur noch Güterstrecken sind. Von Montrose aus führt die Straße weiter zum Black Canyon, einem dem Grand Canyon ebenbürtigen Naturwunder. Weiter südlich liegen der Red Mountain Pass und hinter diesem Silverton, Durango und der Mesa-Verde-Nationalpark (siehe Bahn-Ziele). Die Abfahrt des California Zephyr in Grand Junction erfolgt am späten Nachmittag. Bald taucht der Zug im Abendlicht in die in allen Farben leuchtenden bizarren Felsgebilde des weiträumigen Ruby-Canyons ein.

Mile 285,4 Fruita
Auf der anderen Seite des Flusses liegt der westliche Eingang zum Colorado National Monument.

Mile 313,3 Westwater, Utah
Nach Überquerung der Grenze zwischen Colorado und Utah verlässt die Bahnstrecke nach 238 Meilen das Tal des Colorado River. Von Westwater bis Green River durchquert die Bahn eine gespenstische Mondlandschaft.

Mile 380,1 Green River
Von Wyoming kommend, bietet der Green River eine willkommene Abwechslung zur eben durchfahrenen Wüstenlandschaft. Die Bahn wendet sich jetzt nach Norden und beginnt den langen Anstieg zum Soldier Summit. Green River ist der tiefste Punkt der Strecke zwischen Denver und Salt Lake City.

Mile 455,2 Castle Gate
Eine Felsformation, die an eine mittelalterliche Burg erinnert, bewacht das „Tor", das sich an diesem Punkt in die Berge öffnet.

Mile 476,3 Soldier Summit (2230 m ü.d.M.)
Eine der steilsten Passstrecken der USA mit Abschnitten von bis zu 2,4 % Steigung. Auf der westlichen Seite des Passes verläuft die Strecke in einer großen S-Kurve.

Mile 526,1 Provo
Die drittgrößte Stadt des Staates Utah ist Sitz der Brigham Young University, der Eliteuniversität der Mormonen, deren Heimat Utah ist. Provo liegt am südlichen Ende eines 100-Meilen-Korridors, in dem fast die gesamte Bevölkerung Utahs sich angesiedelt hat. Das Zentrum ist Salt Lake City, nördlichste Stadt Brigham City.

Im Aufstieg zum Soldier Summit

Mile 570,0 Salt Lake City (Salzseestadt)

Die Hauptstadt des Staates Utah, geographisches Zentrum der Staaten des Hohen Westens, ist benannt nach dem 27 Kilometer nordwestlich gelegenen Großen Salzsee. Dieser ist von den Panoramahügeln der Stadt aus als grelles silbernes Band am Horizont sichtbar. Der kulturelle Mittelpunkt Utahs ist das religiöse Zentrum der Mormonen und Sitz der University of Utah.

Ab Salt Lake City neue Meilenzählung

Der „California Zephyr" beim Zwischenhalt in der kalifornischen Hauptstadt Sacramento

Mile 15,3 Garfield

Die Strecke erreicht das südliche Ufer des Großen Salzsees und folgt bis Lago (Mile 20,2) der Uferlinie. Der „California Zephyr" durchquert nun, in beide Richtungen bei Nacht, die Große Salzwüste, die 60 Meilen lang, 8 Meilen breit und bis zu 4 Meter dick ist – ein riesiges Salzlager.

Mile 113,2 Salduro

Salduro (spanisch: „hartes Salz") liegt mitten in der Großen Salzwüste.

Mile 214,5 Alazon, Nevada

Von Alazon bis Weso nutzen Union Pacific und Southern Pacific ihre Strecken auf 183 Meilen gemeinsam. Westwärts fahrende Züge nutzen das Gleis der UP, ostwärts fahrende das der SP.

Mile 291,9 Elko

Zwischen Elko und Carlin führt die Strecke durch den Carlin Canyon, eine enge Schlucht und einst ein Zentrum der Goldsuche.

Mile 400,8 Winnemucca

Winnemucca war ein Indianerhäuptling, der daran glaubte, dass Indianer und Weiße in Frieden miteinander leben könnten und daher von allen geachtet wurde. Zu seinen Ehren benannten die weißen Siedler ihre Stadt nach ihm.

Mile 571,9 Sparks

Hier endet die lange Fahrt durch die wenig abwechslungsreiche Wüstenlandschaft, und es beginnt der Anstieg in die Bergwelt der Sierras am Donner-Pass. In Sparks sind Lokomotiven für die Steilstrecke zum Donner-Pass und Schneepflüge für die harten Wintertage stationiert.

Mile 575,2 Reno

Reno steht in Konkurrenz zu Las Vegas und ist ein Spiel- und Unterhaltungszentrum sowie Sitz der University of Nevada. Die Bahnlinie führt mitten durch die Stadt und das Spielviertel. Reno ist Ausgangspunkt für Abstecher in die 48 Kilometer südlich an der Südwestecke Nevadas liegende Hauptstadt dieses Staates, Carson City und weitere ehemalige Bergbaustädte in der Gebirgswelt der Sierra Nevada (siehe Bahn-Ziele, S. 161-164). Westlich von Reno folgt die Strecke dem gewundenen Lauf des Truckee River und steigt zur Sierra Nevada an. Sierra Nevada, spanisch, bedeutet „schneebedecktes Felsengebirge".

Mile 609,9 Truckee, California

Truckee ist der Aussteigebahnhof für Reisende zu den Erholungsgebieten am nahe gelegenen Lake Tahoe, einem stattlichen Gebirgssee, der von Ausflüglern aus Kalifornien sommers wie winters gerne besucht wird.

Sämtliche Eisenbahn-Fernrouten

Begegnung mit einem typischen amerikanischen Güterzug

Mile 625,8 Norden
Zwischen Truckee und Norden fährt der Zug am Donner Lake entlang. Auf 6887 Fuß (2100 m) Meereshöhe überschreitet die Strecke im Bahnhof Norden den Kamm der Sierra Nevada. Die Bahnlinie wird abschnittsweise durch Lawinengalerien geschützt, denn die Schneehöhe kann hier bis zu 10 Meter betragen.
Die 85 Meilen von Norden nach Roseville ist eine der aufregendsten Bergstrecken der USA. Eisenbahner nennen sie einfach „The Hill". Kurvenreiche Abschnitte und Tunnels bieten einen ständig wechselnden Ausblick. Erbaut wurde die Strecke vor 110 Jahren in nur knapp drei Jahren mit Hilfe von 13 000 Chinesen, deren Nachkommen heute in San Franciscos Chinatown leben.

Mile 710,6
Ab dem Eisenbahnknotenpunkt Roseville benützen der „California Zephyr" und der von Norden her kommende „Coast Starlight" dieselbe Strecke bis San Francisco.

Mile 728,3 Sacramento
Die am gleichnamigen Fluss gelegene Hauptstadt von Kalifornien beherbergt nicht nur eines der weltweit schönsten Eisenbahnmuseen, sondern verfügt auch über ein hervorragend ausgebautes Nahverkehrssystem samt einem neuen Stadtbahnnetz, so dass eine Unterbrechung der Reise hier immer empfehlenswert ist.
Von Sacramento bis San Francisco verdichtet sich die Besiedlung immer stärker; zahlreiche bekannte Orte liegen entlang der Amtrak-Route.

Mile 741,7 Davis
Davis ist Sitz von acht Campussen der Universität von Kalifornien und ökologische Musterstadt des Landes.

Mile 779,3 Bahia
Auf der linken Seite erscheint die Bucht von Suisun. Kurz vor Martinez überquert

die Bahn die Meerenge von Carquinez über eine riesige, mehr als eine Meile lange Gitterbrücke, die erst 1930 vollendet wurde. Bis dahin mussten alle Züge trajiziert werden!

Mile 787,7 Martinez
Von Martinez nach Bakersfield und Fresno verkehren die San-Jaoquins-Züge von Amtrak, die zwischen San Francisco und Martinez die gleiche Trasse benützen wie der California Zephyr. Die Strecke führt nun entlang der Pazifikbucht von San Pablo.

Mile 805,3 Richmond
Richmond ist ein Zentrum von Ölraffinerien und Umsteigepunkt von Amtrak auf das hervorragend ausgebaute Nahverkehrssystem der BART (Bay Area Rapid Transit). Nun verläuft die Strecke direkt an der San-Francisco-Bucht entlang. In der Ferne erkennt man durch das „Goldene Tor" den offenen Pazifik.

> **TIPPS**
>
> 1. Die Strecke Reno – Sacramento über den Donner-Pass bietet für Eisenbahnfreunde zahlreiche Fotostandpunkte in romantischer Hochgebirgsumgebung. Außer dem „California Zephyr" nutzen zahlreiche Güterzüge die wichtige Ost-West-Verbindung.
> 2. 40 Kilometer nördlich von Reno überwinden Union-Pacific-Güterzüge der Relation Ogden – San Francisco auf dem Beckwourth-Pass die Sierra Nevada. Anschließend passieren sie Portola mit seinem Eisenbahnmuseum (s. Kap. Bahn-Ziele) und schlängeln sich hinter Quincy kilometerlang durch die herrliche Felsenschlucht des Feather River mit zahlreichen Fotopunkten.

Mile 811,1 Berkeley
Hier befindet sich der Hauptcampus der Universität von Kalifornien.

Mile 811,8 Emeryville
Zur Verwunderung vieler Amtrak-Reisender endet der California Zephyr nicht etwa im Zentrum von San Francisco, sondern im Vorortbahnhof in Emeryville jenseits der San-Francisco-Bucht. Ein Amtrak-Anschlussbus bringt die Fahrgäste auf den letzten 10 Meilen über die Oakland-Bay-Brücke ins Stadtzentrum.

San Francisco
San Francisco liegt traumhaft schön am Nordende einer 48 Kilometer langen hügeligen Halbinsel. Ihre Spitze bildet mit dem gegenüberliegenden Festland das „Goldene Tor", das seit 1937 von der Golden-Gate-Hängebrücke überspannt wird. San Francisco ist ein Touristenzentrum mit kosmopolitischer Atmosphäre. Die größte Hafenstadt des nordamerikanischen Pazifiks ist als Sitz der University of San Francisco zusammen mit der Stanford-Universität in Palo Alto auch ein bedeutendes Forschungszentrum. Der Großraum San Francisco ist zusammen mit Oakland ein vielseitiges Industriezentrum.

Halt einer Amtrak-Lokomotive im Bahnhof Ogden

Der „Empire Builder" unterwegs bei Berne

Empire Builder
Chicago – Seattle/Portland

Einer der besten Amtrak-Züge, benannt nach James J. Hill, dem „Empire Builder" genannten Erbauer der Great Northern Railroad, durchquert auf der nördlichsten Überlandbahn der Vereinigten Staaten die schönsten nordamerikanischen Landschaften: Der „Empire Builder" passiert auf seinem 2200 Meilen langen Weg zum nördlichen Pazifik zuerst das fruchtbare Farmland Zentral-Wisconsins, gleitet dem Oberlauf des Mississippi entlang, durchmisst die endlosen Great Plains von Norddakota und Montana und überwindet die Rocky Mountains im Bereich des Glacier-Nationalparks. In Spokane teilt sich der Zug; der vordere Zugteil erreicht nach Durchstoßen der Kaskadenkette Seattle, der hintere Zugteil gelangt durch das majestätische Columbia-Tal nach Portland.

Vor der Amtrak-Ära benutzte der „Empire Builder" die Burlington Northern-Route über Aurora und Savannah. Seit 1971 verkehrt er über Milwaukee.

Streckenbeschreibung
Hinweis: Kurzbeschreibung von Chicago siehe unter „Capitol Limited", S. 75.
Mile 0,0 Chicago
Der „Empire Builder" verlässt die Chicagoer Union Station in Richtung Norden und passiert die jenseits des Chicago Rivers sich erhebende Skyline des Stadtkerns. Bei Mile 2,9 biegt er dann nach Norden ab und kreuzt die Chicago and North Western-Strecke nach Omaha.
Mile 85,0 Milwaukee, Wisconsin
Nach Trennung von der Güterumgehungsbahn passiert der Zug eine Schwenkbrücke über den Menomoneefluss und läuft in die Amtrak-Station ein, die unmittelbar am Südrand der beschaulichen, etwas teutonisch wirkenden

Industrie- und Handelsstadt am Westufer des Michigansees liegt.

Mile 87,0 Cut Off
Die Güterumgehungsbahn fädelt wieder ein. Zur Linken befinden sich auch Lokomotivdepot und Werkstatt West Milwaukee.

Mile 88,2 Grand Avenue
Drei Meilen westlich von Milwaukee wendet sich das Menomoneetal nach Norden. An diesem Punkt teilt sich die Strecke: Ein Ast verläuft nach Norden zur Green Bay und zum oberen Michigansee, der „Empire Builder" dagegen überquert den Fluss und benutzt die Strecke nach La Crosse an der Westecke Wisconsins.

Mile 194,8 Wisconsin Dells
Hier bricht sich der Wisconsin River seinen Weg gemeinsam mit der Bahn durch hohe Felswände.

Mile 280,8 La Crosse
Eisenbahnknoten und wichtigste Station zwischen Milwaukee und St. Paul-Minneapolis. Die Stadt liegt am Mississippi knapp unterhalb der Mündung des Black River. Nach Verlassen des Bahnhofs überquert der Zug den Mississippi und gelangt somit nach Minnesota. Er folgt dann dem Fluss aufwärts in nordwestliche Richtung.

Mile 416,7 St. Paul-Minneapolis
Nach Überquerung der University Avenue, welche die Doppelstadt verbindet, läuft der „Empire Builder" am späten Abend in die zwischen beiden Stadtzentren angelegte neue Midway Station des bedeutenden Eisenbahnknotens ein.
Die Doppelstadt mit 16 Kilometer voneinander entfernten Zentren liegt zu beiden Seiten des Mississippi, der hier die St. Antony-Fälle bildet. Saint Paul, die Hauptstadt von Minnesota, liegt am terrassenförmig ansteigenden Ostufer

Info: Zahlen und Daten

Verkehrstage und Fahrplan
Der „Empire Builder" verkehrt täglich

Westwärts		Ostwärts
14.15	Chicago	15.40
23.15	St. Paul-Minneapolis	7.35
18.45	East Glacier Park	9.54
10.20	Seattle	16.45
10.10	Portland, Oregon	16.45

Zugbildung
Ausschließlich Superliner-Wagen: Schlafwagen (Luxus-, Economy- und Familien-Abteile), Speisewagen, Aussichtswagen mit Bar, Coach (Sitzwagen)

Verpflegung
Speisewagenservice für Schlafwagenpassagiere. Imbiss- und Getränkeservice in der Bar des Aussichtswagens für alle Passagiere

Streckenlänge und Fahrtdauer
Chicago – Seattle 2206 Meilen (3550 km) in 44 Stunden. Reisegeschwindigkeit 81 km/h. Chicago – Portland 2257 Meilen (3632 km) in 44 Stunden. Reisegeschwindigkeit 83 km/h

des ab hier schiffbaren Flusses. Minneapolis auf der südlichen Flussseite ist eine freundliche Messestadt mit zahlreichen Parks und 22 Seen.
Ab St. Paul-Minneapolis neue Meilenzählung.
Nach Ausfahrt aus der Midway Station gegen Mitternacht verlässt der „Empire Builder" bei Mile 1,1 (St. Anthony) die durch die Zwillingsstadt führende „Minnesota Transfer Railroad" und folgt nordwestwärts der Burlington Northern-Route.

Mile 2,4 Union
Hier, etwas oberhalb der St. Anthony-Fälle, überquert die Strecke auf einem langen Steinbogenviadukt den Mississippi, dem sie auf den nächsten 160 Kilometern bis Little Falls weiter folgt. Durch das seenreiche Zentrale Tiefland von Minnesota gelangt der Zug in der Nacht auf den Gleisen der früheren „Northern Pacific Railroad" über Detroit Lakes nach Fargo.

Mile 247,0 Fargo
Westlich von Fargo überquert er die Grenze zu Norddakota und benutzt ab hier auf 1850 Kilometer Länge die Route der „Burlington Northern", die ihn zunächst bis Grand Forks, Mile 322,6, nach Norden führt.

Mile 1066,0 Shelby
ist Ausgangsbahnhof für
- Helena, die Hauptstadt von Montana am Ostfuß der Rocky Mountains,
- Butte, eine Bergbaustadt an der Kontinentalen Wasserscheide und
- Great Falls, eine Industriestadt am Missouri, der hier fünf insgesamt 105 Meter hohe Wasserfälle bildet.

Mile 1137,1 Glacier Park (East Glacier)
Am Fuße der eindrucksvollen Rocky-Mountains-Kette liegt dieser Ort am Osteingang zum Nationalpark.

Mile 1148,7 Summit
Hier, auf dem Gipfel des Marias-Passes, überwindet die Eisenbahn die Kontinentale Wasserscheide in einer Höhe von 1718 Metern über dem Meeresspiegel. Dies ist der niedrigste Gebirgsübergang zwischen Kanada und Neu Mexiko. Es folgt die Station Marias Pass, Mile 1150,7. Ab hier windet sich die Strecke nach Westen mit 18 ‰ Gefälle in einem 20 Kilometer langen schwierigen Abschnitt, geschützt durch Lawinengalerien, in Schleifen am Berghang entlang zu Tal.

Mile 1166,9 Essex
Hier erhalten Güterzüge Schiebelokomotiven zur Fahrt ostwärts über die Rocky Mountains.

Mile 1193,4 Belton (West Glacier)
Der Zug verlässt wieder den Glacier-Nationalpark. Der Bahnhof ist Ausgangsstation zum McDonald-See und diversen Gletscherhotels.

Mile 1216,2 Whitefish
Im Stil eines Schweizer Chalets gestalteter Bahnhof inmitten anmutiger Umgebung mit wunderbar reiner Gebirgsluft. Ausgangsstation zum Whitefish- und Flathead-See sowie zum Big-Mountain-Skigebiet.

Mile 1317,9 Libby
Der 1830 Meter hohe Blue Mountain thront über der von hohen Bergen umgebenen Stadt am Kootenai River, dem die Bahn westwärts Richtung Idaho folgt. Bei **Bonners Ferry, Idaho, Mile 1367,4**, wendet sich die Strecke nach Süden und passiert bei Sandpoint, Mile 1402,2, das Westufer von Idahos größtem See, Lake Pend Oreille. Die Ausläufer des Felsengebirges verschwinden langsam, man erreicht allmählich das Columbiaplateau und passiert die Grenze zum Staat Washington.

Mile 1468,7 Spokane
Größte Stadt zwischen Minneapolis und der Pazifikküste zu beiden Seiten des gleichnamigen Flusses, der hier zwei Wasserfälle von insgesamt 46 Metern Höhe bildet. Spokane ist wichtiger Bahnknoten in reichem Agrar- und Bergbaugebiet. Hier teilt sich der „Empire Builder" mitten in der Nacht in zwei Teile: der nördliche steuert Seattle an, der südliche Portland/Oregon; beide werden ihr Ziel zur gleichen Zeit vormittags erreichen. Ab Spokane Neustationierung

Empire Builder

A. Zugteil Spokane – Seattle

Dieser Zugteil setzt seine Fahrt in westliche Richtung über den Stevens-Pass und durch den Kaskadetunnel nach Seattle fort.

Mile 1,1 Sunset Junction

Einmündungsstelle der von Portland und Pasco kommenden Strecke für die ostwärts fahrenden Züge.

Mile 1,9 Latah Junction

Hier überquert der Zug den Latah-Fluss auf einer 1972 errichteten 1176 Meter langen und 64 Meter hohen Brücke. Mitten auf der Brücke liegt die Abzweigung der nach Portland abgehenden Strecke für die westwärts fahrenden Züge. Der „Empire Builder" durchquert nun das regenarme vulkanische Columbiaplateau.

Mile 155,7 Columbia River

Ab hier verläuft die Strecke für die nächsten 50 Kilometer entlang dem Columbia River, der in Britisch Kolumbien entspringt und durch den Staat Washington zum Pazifik fließt. Bei

Mile 171,6 Wenatchee

hat die Bahn den Ostfuß des Kaskadengebirges erreicht und steigt auf den nächsten 35 Kilometern entlang dem Wenatchee-Fluss bis

Mile 193,6 Leavenworth

am Fuß des Stevens-Passes. Ab hier beginnt der eigentliche Gebirgsanstieg mit einer Neigung von 22 ‰ auf 43 Kilometer durch die Tumwater-Schlucht bis zum Kaskadetunnel.

Mile 220,7 Berne (Cascade Tunnel)

Beim Bau der ursprünglichen Great Northern-Linie schreckte man zunächst vor der jahrelangen Bauzeit eines Tunnels unter dem Kaskadengebirge zurück und verlegte die Strecke provisorisch über die Passhöhe, was sechs Spitzkehren und Steigungen von 4 % erforderte und die Leistungsfähigkeit der Dampflokomotiven auf fünf bis sechs Wagen begrenzte. Im Jahr 1900 konnte endlich der lang geplante, vier Kilometer lange Tunnel eröffnet werden, der Spitzkehren und einige der Steigungen beseitigte. Dennoch machten die verbliebenen Steigungen und alljährlichen Schneeverwehungen bis zu neun Meter Höhe der Bahn das Leben schwer. Die Lösung lag schließlich im Bau eines neuen Kaskadetunnels, der im Jahr

Der mit drei Lokomotiven bespannte „Empire Builder" Chicago – Seattle in Havre.

1929 eröffnet wurde. Dieser mit 12,54 Kilometern längste Tunnel der westlichen Halbkugel erspart den Zügen mit einer Höhe von 880 Metern über dem Meer 152 Höhenmeter Anstieg und verkürzt die Strecke um 14,4 Kilometer.

Mile 229,7 Scenic
Ab dieser Betriebsstelle am Westportal des Kaskadetunnels fällt die Strecke mit 22 ‰ auf 21 Kilometer und führt weiter abwärts bis auf 11,9 Meter Höhe im Pazifikhafen Everett.

Mile 242,5 Skykomish
Im Dampflok-Zeitalter war dies eine geschäftige Eisenbahnerstadt. Ab hier zogen kräftige Elektroloks die Züge durch den Kaskadetunnel, der wegen der Rauchentwicklung nicht für Dampftraktion zugelassen war. Der elektrifizierte Abschnitt erstreckte sich bis Wenatchee (114 Kilometer). Die Elektrotraktion wurde 1956 zugunsten von Dieselloks wieder aufgegeben. Die Strecke verläuft nun durch das tief eingeschnittene und waldige Skykomishtal abwärts.

Mile 291,6 PA Junction
Hier vereinigt sich die Kaskade-Bergstrecke mit der aus Vancouver entlang der Puget-Meerenge kommenden Burlington-Northern-Linie (früher: Great Northern).

Mile 293,0 Everett
Farbenfrohe Hafenstadt und Holzverladeplatz. Ab hier verläuft die Strecke bis Seattle unmittelbar an der dünn besiedelten malerischen Steilküste des Puget-Sundes entlang südwärts. Die „Olympische Halbinsel" mit dem schneebedeckten Mount Olympic ist dunstig im Westen erkennbar und versperrt den Blick auf den offenen Pazifik.

Mile 324,7 North Portal
Ein 1,5 Kilometer langer Tunnel unter der hügeligen Innenstadt Seattles bringt den „Empire Builder" von Norden her zur Endstation King Street Station.

Mile 325,8 Seattle
Der in englischem Stil erbaute King-Street-Bahnhof liegt direkt am Südrand der geschäftigen Innenstadt, wenige Minuten von der Strandpromenade der Elliot Bay. Seattle, vor 100 Jahren noch ein Holzfäller- und Fischerdorf, hat sich zur geschäftigen Metropole des pazifischen Nordwestens mit über 1,5 Millionen Einwohnern entwickelt und ist heute das Tor für den Schiffsverkehr nach Alaska und Ostasien sowie kulturelles und industrielles Zentrum. Seattle liegt reizvoll an einer Meeresbucht mit zahllosen vorgelagerten Inseln, umgeben von Zedern- und Kiefernwäldern.

> **TIPPS**
> - Eine historische Straßenbahn verkehrt regelmäßig zwischen der King Street Station und dem Alaskan Way direkt an der Elliot Bay entlang der Innenstadt (siehe Kapitel 3).
> - Eine Einschienenbahn „Monorail" pendelt zwischen dem Terminal Westlake Mall (zwischen 4. und 5. Straße) und dem Seattle Center.
> - Seit 2004 besitzt Seattle ein 22 Kilometer langes Stadtbahnnetz.

B. Zugteil Spokane – Portland
Zwischen Spokane und Pasco verkehren alle westwärts fahrenden Züge über Kahlotus auf der früheren Spokane, Portland and Seattle Railroad, während der ostwärts rollende Verkehr komplett auf der früheren Northern-Pacific-Linie über Ritzville abgewickelt wird. Durch einen

Empire Builder

Im Kaskadengebirge

Tunnel gelangt der Zug von der Ebene nahe Kahlotus in die „Teufelsschlucht" (Devil's Canyon) und in acht Kilometer langem Gefälle zu einem zweiten, 800 Meter langen Tunnel, der ihn ins Tal des Schlangenflusses (Snake River) führt.

Mile 145,4 Pasco
Pasco liegt im Mündungskeil zwischen dem Columbia River und seinem wichtigsten Zufluss, dem Snake River. Der Stadtname ist eine Kontraktion aus „Pacific Steamship Company". Der Columbia River ist bis hierher schiffbar. Für westwärts fahrende Züge ist ein Zurücksetzen in den Bahnhof erforderlich. Westlich der Station wird der Columbia River auf einer langen Brücke überquert.
Die Fahrt durch das fruchtbare Trogtal des majestätischen Columbia River im Bereich seines Durchbruches durch die Kaskadenkette ist der Höhepunkt der Reise und von unvergleichlicher Schönheit. In Aufstaubereichen des breiten Flusses schneidet die Strecke Seitenarme durch Dämme und Brücken ab und durchstößt bizarre Felsenvorsprünge und schroffe hellrote oder braungelbe Talfelsen.

Mile 301,1 Bingen-White Salmon
Diese beiden Nachbarstädte liegen gegenüber Hood River auf der südlichen, zu Oregon gehörenden Flussseite. Über den südlichen Talhängen erhebt sich der meist schneebedeckte Vulkan Mount Hood, mit 3427 Metern der höchste Berg Oregons.

Mile 327,9 North Bonneville
Der Zug passiert hier den zwischen 1937 und 1943 erbauten, über 800 Meter langen Bonneville-Staudamm.

Mile 366,7 Vancouver, Washington
In diesem kleinen Trennungsbahnhof mündet von rechts die Strecke Seattle – Portland der „Burlington Northern" ein. Knapp hinter der Station überquert der Zug den Columbia River auf einer langen Stahlbrücke und gelangt in den Staat Oregon.

Mile 376,7 Portland. Oregon
Am mittleren Vormittag läuft der „Empire Builder" in den einen Kilometer nördlich des Stadtkerns gelegenen schönen alten Bahnhof ein.
(Kurzbeschreibung von Portland siehe unter „Coast Starlight", S. 59.)

Der „Southwest Chief" mit drei Lokomotiven in Flagstaff in den Rocky Mountains

Southwest Chief
Chicago – Los Angeles über Albuquerque

Von all den Bahngesellschaften, die vor der Amtrak-Ära Personenverkehr betrieben, ragte eine einsam heraus: die Santa Fé. Sie umsorgte ihre Kundschaft in vorbildlicher Weise und bot in ihrem Paradezug „Super Chief" höchsten Komfort bis zum Ende des Reisezugverkehrs. Der „Super Chief" heißt heute „Southwest Chief" und befährt immer noch die Santa-Fé-Route auf seinem Weg von Chicago nach Los Angeles über Kansas City und Albuquerque. Nicht ganz so schnell und elegant wie in früheren Zeiten, ist der „Southwest" immer noch ein schöner Zug, der den Reisenden den zentralen Teil des „Alten Westens" zwischen Chicago und der Pazifikküste mit seinem Panorama von Ebenen, Bergen und Wüsten auf angenehme Art vermittelt.

Streckenbeschreibung
Mile 0,0 Chicago, Union Station
Vor der Amtrak-Ära benützten die Fernzüge der Santa Fé die beengte alte Dearborn Station im Süden des Stadtkerns. Heute beginnt die Reise des „Southwest Chief" an der Union Station. An der 21. Straße überquert der „Southwest" den Südarm des Chicago River und wendet

Info: Zahlen und Daten

Verkehrstage und Fahrplan
Der „Southwest Chief" verkehrt täglich

Westwärts	Ostwärts	
15.15	Chicago	15.15
22.55	Kansas City	7.45
14.24	Lamy (Anschluss nach Santa Fé)	14.00
21.33	Williams (Grand Canyon)	4.20
8.15	Los Angeles	18.45

Wagenmaterial Superliner-Wagen
Verpflegung Kompletter Speise- und Getränke-Service im Bord-Restaurant. Imbiss und Getränke in der Bar des Aussichtswagens
Schlafwagen Superliner-Schlafwagen mit Luxus-, Familien-, Economy- und Spezialabteilen
Gepäck Gepäckservice an den größeren Stationen.
Streckenlänge und Fahrtdauer
Chicago – Los Angeles 2256 Meilen (3621 km) in 41 Stunden. Reisegeschwindigkeit 88 km/h

sich sodann scharf nach rechts. Bei Corwith, sechs Meilen hinter der Union Station, wird der Chicagoer Hauptgüterbahnhof der Santa Fé passiert.
Bei McCook, 12,7 Meilen nach Chicago, quert der Zug die Gleise der Indiana Harbor Belt und den Güterterminal der Baltimore & Ohio Eisenbahn, zwei der zahlreichen Güterlinien, die in Chicago zusammenlaufen.

Mile 177,5 Galesburg
Galesburg ist eine typische Kleinstadt des mittleren Westens, Knotenpunkt der „Burlington Northern" und Mittelpunkt aller ihrer Linien östlich des Mississippflusses.

Mile 183,3 Surrey
Auf den knapp drei Meilen zwischen Surrey und Cameron fand eines der berühmtesten Rennen der Eisenbahngeschichte statt: der „Coyote Special" von Death Valley Scotty im Jahre 1905 legte die Distanz in 95 Sekunden zurück, was einer Geschwindigkeit von 171 km/h entspricht. Seine Gesamtfahrzeit von Chicago nach L.A. betrug damals knapp 45 Stunden gegenüber 57 Stunden der normalen Reisezüge.

Mile 234,6 Fort Madison, Iowa
Kurz vor diesem Städtchen überquert der Zug den Mississippi auf einer 970 Meter langen doppelstöckigen Stahlbrücke für Eisenbahn (oben) und Straße (unten). Der alte Bahnhof im Geschäftsviertel am Mississippiufer ist heute ein Museum. Die heutige Amtrak-Station liegt drei Kilometer westlich davon. Das Fort Madison wurde 1908 zum Schutz vor Indianerangriffen und zur Herrschaft über den Mississippi errichtet.

Mile 451,1 Kansas City, Missouri
Benannt nach den Kansas-Indianern, ist Kansas City heute eine Handels- und Kulturstadt mit vielen Parks. Mit über einer halben Million Einwohnern ist sie die größte Kommune zwischen Chicago und Kalifornien. Die Amtrak-Station liegt in der Stadtmitte (Main Street/ Pershing Road).
Ab Kansas City folgte die „Atchison, Topeka & Santa Fe" (ATSF), deren Gleise der „Southwest Chief" auf fast seinem ganzen Laufweg benutzt, dem Südufer des Kansas River bis Topeka.

Mile 516,9 Topeka
Nach Topeka – Hauptstadt und drittgrößte Stadt von Kansas – verlässt nun der Zug das Zentrale Tiefland und erreicht die Great Plains, ein ödes trockenes Tafelland aus flach lagernden Kalk- und Sandsteinschichten, das gegen Westen in mächtigen nordsüdlich verlaufenden Geländestufen ansteigt und nur von wenigen tief eingeschnittenen Flusstälern strukturiert wird.

Mile 1006,7 La Junta
Nach einer Nachtfahrt über die Great Plains ist der Zug nunmehr am Fuß der

Der „Southwest Chief" in Albuquerque

Rocky Mountains angelangt. Die Stadt La Junta ist mit der Santa-Fé-Eisenbahn gewachsen. Hier trennt sich die „Southern Pacific" nach Salt Lake City von der Santa Fé. An klaren Tagen kann man vom Zug aus den 160 Kilometer nordwestlich aufragenden Pike's Peak sehen (Zahnradbahn, siehe Bahn-Ziele).

Mile 1088,1 Trinidad
Die Stadt liegt am Fuße des Sangre der Cristo-Berge, dem Ostrand des Felsengebirges. Ab hier steigt die Strecke bis zum Gipfel des Raton-Passes um 1530 Meter auf 26 Kilometer. Mit 3,5 % ist die Steigung eine der größten im Zuge einer US-Hauptbahnlinie.

An der Cajon-Passhöhe

Mile 1110,9 Raton
Raton liegt am Fuße des gleichnamigen Passes. Das Landschaftsbild ändert sich. Auf den nächsten 180 Kilometern bis Las Vegas quert die Bahn eine von hohen Bergen gesäumte Hochebene.

Mile 1220,7 Las Vegas, Neu Mexiko
Der spanische Name bedeutet „Wiesengrund" und ist nicht zu verwechseln mit der gleichnamigen Spieler-Metropole in Nevada. Hinter Las Vegas steigt die Strecke zum Glorieta-Pass an. Diese 100 Kilometer bis Lamy sind die landschaftlich beeindruckendsten der ganzen Fahrt.

Mile 1275,2 Glorieta
Nach Erklimmen der Passhöhe von 2255 Metern fällt die Bahn auf 16 Kilometern Länge bis Lamy. Die Trasse schlängelt sich durch den engen Apachencanyon an zerklüfteten Talwänden entlang.

Mile 1284 Lamy
Das gottverlassene Nest wie aus dem Wildwest-Bilderbuch ist Anschlussstation für das 28 Kilometer nördlich hoch in den Bergen liegende Santa Fé (Amtrak-Buszubringer).

Bei Domingo, Mile 1315,3 erreicht der „Southwest Chief" das Tal des in den Coloradobergen entspringenden Rio Grande, dem er nach Süden bis Isleta folgt.

Mile 1352,1 Albuquerque
Die größte Stadt Neu Mexikos ist auch Heimstatt der University of New Mexico. Ihre Amtrak-Station liegt zentral an der 1. Straße.

Mile 1378,7 Dalies
Hier mündet die von Texas kommende Güterstrecke in die vom Raton-Pass kommende Santa Fé-Linie. Ab hier wird auf der nunmehr doppelgleisigen Strecke ein sehr dichter Güterverkehr bis Barstow, Kalifornien, abgewickelt.

Sieben Kilometer westlich von

Mile 1480,4, Thoreau
ist der Campbell-Pass erreicht, 2281 Meter hoch gelegen. Er bildet die kontinentale Wasserscheide. Die Landschaft ist jedoch hier weniger dramatisch. Man bemerkt es kaum, über das Dach des Erdteils zu fahren! Die Steigungen sind mäßig, die Zuggeschwindigkeit ist hoch.

Mile 1512,4 Gallup, Neu Mexiko
Eine vorwiegend von Navajo- und Hopi-Indianern bewohnte Stadt, inmitten verschiedener Indianer-Schutzgebiete gelegen. Ausgangspunkt für Reisen in die Berge des südlichen Colorado, nach Durango, zum Mesa-Verde-Nationalpark, zum „Petrified-Forest"-Nationalpark (= „Versteinerter Wald") in der „Painted Desert" (= Bunte Wüste), zum Canyon de Chelly und zum Canyon del Muerto.

Mile 1607,3 Holbrook, Arizona
Nördlich der Strecke liegen Navajo- und Hopi-Reservate, südlich Apachengebiete. In Holbroke zweigt eine 115 Kilometer lange „Apachen-Eisenbahn" zum Reservat von McNary nach Süden von der Santa-Fé-Hauptlinie ab.

Mile 1639,6 Winslow
Hier ist der Endpunkt des Gefälles von der Wasserscheide. Die Strecke steigt nun wieder in Richtung Bellemont, dem Berggipfel westlich von Flagstaff. In Winslow gibt es daher Betriebswerk und Verschiebebahnhof.

Mile 1665,9 Canyon Diablo (Teufelsschlucht)
Hier überquert der „Southwest Chief" die Talschlucht auf einer 166 Meter langen Stahlbrücke und passiert einige Meilen südlich den „Meteor-Krater". Westlich des Canyon Diablo wechselt das Landschaftsbild. Anstelle der bisher hauptsächlich

durchqueren Artemisiensteppe tauchen nun baumbestandene Berghänge auf.

Mile 1698,1 Flagstaff
Der 2100 Meter hoch gelegene hübsche Kurort Flagstaff ist das Zentrum des nördlichen Arizona. Er ist Ausgangspunkt für erlebnisreiche Ausflüge. Gleich nördlich der Stadt erheben sich die San Francisco-Gipfel bis zu 3600 Meter hoch, und hinter diesen liegt der Grand-Canyon-Nationalpark; man erreicht ihn mit dem Amtrak-Bus. Südlich von Flagstaff liegen der Oak Creek Canyon, der Verde Canyon (siehe Bahn-Ziele) und die alte Silberminenstadt Jerome. Einen Amtrak-Bus gibt es auch nach Süden in die 200 Kilometer entfernte Wüstenstadt Phoenix, Arizona.

Mile 1728,4 Williams Junction
Das Wildweststädtchen in reizvoller Umgebung ist Anschlusspunkt zum Dampfzug der Grand-Canyon-Eisenbahn (siehe Bahn-Ziele)!

Mile 1918,4 Topock, Arizona
Hier erreicht der „Southwest Chief" mit Überquerung des Grenzflusses Colorado Kalifornien.

Mile 1930,8 Needles, Kalifornien
Zwischen Needles und Barstow durchfährt die „Santa Fé" das Herz der fast bis nach Los Angeles reichenden Mojave-Wüste, 260 Kilometer nichts als Felsen, Sand und Schlangen, eine der unwirtlichsten Gegenden der Erde, die im Amtrak-Zug in beiden Richtungen bei Nacht durchquert wird.

Mile 2089,6 Daggett
Hier vereinigt sich die Union-Pacific-Strecke von Salt Lake City und Las Vegas mit der Santa-Fé-Hauptstrecke. Beide Eisenbahngesellschaften teilen sich das Gleis von hier bis San Bernardino.

Mile 2098,4 Barstow
In der Eisenbahnerstadt, benannt nach dem früheren Santa-Fé-Präsidenten William Barstow Strong, teilt sich die Santa-Fé-Hauptstrecke: Eine Linie führt über den Tehachapi-Pass nach San Francisco, die andere, von Amtrak genutzte, wendet sich nach Süden über den Cajon-Pass nach Los Angeles. Der Platzbedarf für die Bahn war hier so groß, dass die Eisenbahn 1920 das gesamte Geschäftsviertel aufkaufen und in die Berge verlegen musste, um Raum für die Gleise der neuen Güteranlagen zu gewinnen.

Mile 2154,3 Summit
Von Barstow ab erklimmt die Bahn über Victorsville in sanfter Steigung durch eine monotone Hochwüste den 1165 Meter hohen Cajon-Pass. Dieser ist eines der beiden Tore durch das San-Gabriel-Gebirge in das Becken von Los Angeles. Auf der Passhöhe beginnt eine andere Welt: Ein weiter Ausblick tut sich auf. In der Ferne schimmert der Pazifische Ozean. Die Gleise schlängeln sich in 3 %, später 2,2 % Gefälle an den steilen Berghängen entlang zu Tal. Vom Scheitel bis San Bernardino fällt die Trasse um 850 Meter auf 40 Kilometer.

Mile 2179,7 San Bernardino
1910 von Missionaren gegründet und nach Sankt Bernard von Siena benannt, erhielt die Stadt ihre Bedeutung als Eisenbahn-Zentrum durch den Bau der Bahn über den Cajon-Pass.
Hier zweigt die bisher nach Süden verlaufende Strecke nach Westen ab und nimmt Kurs auf Los Angeles.

Mile 2225,7 Fullerton
Hier mündet die „Surf-Linie" aus San Diego von Süden her ein.

Mile 2250,0 Los Angeles, Union Passenger Terminal
Die Union Station in Los Angeles, 1939 in heiter-südländischem Stil erbaut, ist Endpunkt des „Southwest Chief".

Einchecken der Fahrgäste im sonnigen Orlando

Sunset Limited
Orlando – New Orleans – Los Angeles

Seit 1894 verkehrt der „Sunset Limited" unter immer demselben klangvollen Namen. Passagiere des westwärts fahrenden Zuges können oft zwei spektakuläre Sonnenuntergänge unterwegs erleben, einen über der louisianischen Ebene und einen in den Bergen von Neu Mexiko. Und es gibt keine eindrucksvollere Art, die ungeheure Weite von Texas zu erfahren als mit dem Zug.

Der „Sunset Limited" startet in Orlando in der subtropischen Halbinsel Florida, durchquert das flache Atlantische Küstenland und das Golfküstenland. Nach einem Aufenthalt in New Orleans setzt er seine Fahrt fort über die Great Plains, das Hochland von Mexiko und überquert das Felsengebirge im Bereich der Sierra Madre, um nach Durchfahren der Gila-Wüste nach knapp drei Tagen das Häusermeer von Los Angeles zu erreichen.

Streckenbeschreibung
Mile 0,0 Orlando
Orlando, Ausgangspunkt des „Sunset Limited", ist der Mittelpunkt Floridas und eine schnell wachsende Metropole, nahe Kap Canaveral, mit zahlreichen Attraktionen wie Walt Disney World oder das Kennedy-Weltraumzentrum.
Mile 22,3 Sanford
Erholungsort und südlicher Endpunkt des „Auto Train" aus Washington. Ausgangsbahnhof für Besuche des Kennedy Space Center (64 km). Ab hier bis Jacksonville folgt die Strecke dem St. Johns River, dem Hauptfluss Floridas.
Mile 91,7 Palatka
Nach Überquerung des St. Johns River hält der Zug in Palatka, dem Bahnhof für Punkte der Ostküste Floridas zwischen St. Augustin (1565 gegründete älteste Stadt der USA, malerische Gassen, spanische Häuser, Festung) und Ormond Beach.
Mile 149,8 Jacksonville
Das „Tor zu Florida" ist führendes Handels- und Industriezentrum des Staates.

An diesem Eisenbahnknoten zweigt die Strecke des „Silver Meteor", des „Silver Star" und „Silver Palm" nach Norden Richtung Washington – New York ab. Für den Rest des Tages und die Nacht hindurch gleitet der Zug durch die Ebene nördlich des Mexikanischen Golfs über Mobile, wo er den Alabama-Fluss übersetzt, und weiter bis

Mile 796, New Orleans.

(Kurzbeschreibung von New Orleans siehe unter „City of New Orleans", S. 63.) Ab New Orleans neue Meilenzählung

Mile 5,8 East Bridge Junction

Hier beginnt die Rampe zur Huey Long Bridge, dem sechs Meilen langen großartigen Bauwerk mit Hochseeschiff-Profil zur Überquerung des Mississippi. Es stellt die Verbindung New Orleans' mit dem Westen her. Vor dem Bau der Brücke brachten Fährschiffe Passagiere und Güter zum Westufer des breiten Stromes. Heute genießen Amtrak-Fahrgäste von der Hochbrücke aus eine herrliche Aussicht auf die große Flussschleife im Süden. Nach Verlassen der Brücke durchzieht der Zug das endlose subtropische Golfküstenland. Baumwolle, Reisfelder und Zuckerrohrplantagen, Wasserläufe mit Sumpfzypressen und Erdölfelder prägen das Landschaftsbild der „Golden Coast".

Mile 145,1 Lafayette

Lafayette, benannt nach dem bekannten französischen Unabhängigkeitskämpfer, ist Ausgangspunkt für Reisen nach Baton Rouge, der Hauptstadt von Louisiana.

Mile 252,5 Echo, Texas

Mit Überquerung des Sabine River gelangt der „Sunset Limited" von Louisiana nach Texas.

Mile 363,6 Houston

Das erst 1836 gegründete Houston ist die fünftgrößte Stadt der USA. Es beherbergt

Info: Zahlen und Daten

Verkehrstage und Fahrplan
Der „Sunset Limited" verkehrt dreimal pro Woche in beide Richtungen. Abfahrten von Orlando sonntags, dienstags und donnerstags, Abfahrten von Los Angeles sonntags, mittwochs und freitags

Westwärts		Ostwärts
13.45	Orlando	20.03
9.20 – 11.55	Aufenthalt	16.00 – 22.30
	New Orleans	
17.55	El Paso/Ciudad Juarez	9.00
10.10	Los Angeles	14.30

Streckenlänge und Fahrtdauer
2760 Meilen (4444 km) in 68 Stunden.
Reisegeschwindigkeit 65 km/h

Zugbildung
Ausschließlich Superliner-Wagen: Schlafwagen (Luxus-, Economy-, Familienabteile), Speisewagen, Aussichtswagen mit Bar, Coach (Sitzwagen)

Verpflegung Speisewagenservice für Schlafwagenpassagiere. Imbiss- und Getränkeservice in der Bar des Aussichtswagens für alle Passagiere

das Lyndon B. Johnson Raumfahrt-Zentrum, den drittgrößten Hafen des Landes und ist Hauptstandort der amerikanischen Ölindustrie. Houston erhielt 1858 Eisenbahnanschluss. Die Amtrak-Station liegt nordwestlich des Stadtzentrums in der Washington Avenue.

Von Houston aus gelangt man mit dem Amtrak-Bus zur Hafenstadt Galveston am Mexikanischen Golf (75 km) mit Eisenbahnmuseum und altertümlicher Diesel-Straßenbahn.

Mile 574,1 San Antonio.

Die am Südrand des texanischen Tafellandes am San Antonio River gelegene "spanische" Stadt, 1718 gegründet, liegt inmitten eines reichen landwirtschaftlichen Gebietes und ist heute auch ein bedeutendes Handels- und Industriezentrum. Die Amtrak-Station liegt einige Blöcke westlich des Stadtzentrums. Der „Sunset Limited" macht hier frühmorgens eine Stunde lang Station. Im Frühsommer oder mit etwas Glück bei Verspätung kann man den Zug in der Morgensonne vor dem stilvollen alttexanischen Empfangsgebäude samt 1D1-Denkmallokomotive SP 794 fotografieren.

Hinter San Antonio wird die Landschaft hügeliger und karger, und es gibt bis zu 2400 Meter hohe Berge. Westlich von

Mile 665,9, Uvalde
beginnt die Bahn den Anstieg über die Anacacho-Berge.

Mile 743,3 Del Rio
Hier erreicht die Strecke den Rio Grande, der auf etwa 1950 Kilometer die Grenze zwischen den USA und Mexiko bildet. Jenseits des Flusses liegt Ciudad Acuna im mexikanischen Staat Coahuila.

Mile 929,2 Marathon
Ab hier folgt die Bahn auf 50 Kilometer Länge einem Pass zwischen dem Cathedral Mountain im Norden und dem Mount Ord im Südwesten.

Mile 973,3 Paisano
Hier überwindet die Bahn den Del-Nortes-Pass der Sacramento-Berge, des südlichsten Ausläufers der Rocky Mountains. Sie erreicht dabei mit 1546 Metern ihren höchsten Punkt zwischen New Orleans und Los Angeles. Ab hier fällt die Strecke beständig bis El Paso.

Mile 1090,1 Sierra Blanca
Hier trifft die Texas & Pacific Railroad aus Dallas auf die von Amtrak benutzte Southern-Pacific-Strecke aus San Antonio. Beide Bahnen teilen sich die Gleise für die nächsten 140 Kilometer bis El Paso. Der 2125 Meter hohe Sierra-Blanca-Gipfel erhebt sich nördlich der Stadt.

Mile 1178,6 El Paso, Texas
Die Stadt, eine spanische Gründung von 1598, liegt zwischen dem südlichen Ausläufer der San-Andres-Berge und der mexikanischen Sierra Madre. Südlich gegenüber von El Paso auf dem rechten Ufer des Rio Grande liegt die sehenswerte mexikanische Stadt Ciudad Juarez (30 Minuten Fußweg über den Rio Grande von

Fahrt westwärts in den Sonnenuntergang mit dem „Sunset"

Sämtliche Eisenbahn-Fernrouten

Zentrum zu Zentrum oder Besichtigungsfahrt mit Bus).

Die Amtrak-Station befindet sich im südwestlichen Altstadtbereich.

Ab El Paso folgt der Amtrak-Zug heute der Southern-Pacific-Linie über Deming und Lordsburg. Vor Jahren jedoch nahm er die Route der früheren El Paso and Southwestern Railroad über Columbus, Neu Mexiko, die dem ursprünglichen Plan einer „Südlichen Pazifischen Eisenbahn" folgte, jedoch nunmehr schon seit vier Jahrzehnten stillgelegt ist.

Mile 1267,8 Deming, New Mexico
Hier passiert der Zug die kontinentale Wasserscheide an ihrer niedrigsten Stelle zwischen Mexiko und Kanada.

Das Herz des historischen Los Angeles: Missionskirche „Nuestra Señora de los Angeles"

Mile 1488,9 Tucson
Die zweitgrößte Stadt Arizonas am Santa Cruz River wurde im Jahr 1776 von mexikanischen Spaniern gegründet und ist heute Handelszentrum eines ausgedehnten Viehzuchtgebietes mit vielseitiger Industrie. Der „Sunset Limited" läuft am Abend des zweiten Tages in den schmucken, etwas ländlichen Amtrak-Bahnhof nächst der Altstadt ein.

Mile 1536,1 Picacho
Picacho ist Verzweigungsbahnhof. Seit einigen Jahren fährt die Amtrak ab hier nicht mehr über Phoenix, sondern die direkte Strecke über Casa Grande nach Wellton, Mile 1702,8, wo sich beide Strecken wieder treffen.

Mile 1739,9 Yuma, Arizona
Hier, 40 Kilometer nördlich der mexikanischen Grenze, überquert die Bahn den Colorado River, der die Grenze zu Kalifornien bildet. Auf den nächsten 100 Kilometern bis Nidland befährt der „Sunset Limited" eine der desolatesten Landschaften Nordamerikas, die Sand-Hill- und Chocolate-Berge – nichts als Felsen und Hitze! Zum Glück wird dieser Abschnitt bei Nacht durchquert.

Mile 1804,3 Nidland, California
Nidland ist das Tor zum südlich gelegenen Imperial Valley, einer einst unfruchtbaren Wüste, die beim Bau des panamerikanischen Kanals um die Jahrhundertwende mit Colorado-Wasser versorgt wurde. Der Zug passiert nun den durch Flut-Einbrüche des Colorado River entstandenen Salton See, 72 Meter unter dem Meeresspiegel.

Mile 1861,7 Indio
Indio ist Ausgangsstation für Ausflüge zu den Little-San-Bernardino-Bergen im Osten und den Santa-Rosa-Bergen im Westen.

Mile 1890,1 West Palm Springs
Palm Springs ist vielbesuchter eleganter Kurort und Rentnerparadies östlich von Los Angeles mit Dattelpalmen und heißen Quellen mitten in der Wüste. Jenseits des Ortes erhebt sich der San Jacinto (2596 m, Luftseilbahn), im Norden der San Gorgonio (3350 m). Zwischen diesen Gipfeln fährt der Zug durch den San Gorgonio-Pass, vorbei an den Städten Cabazon und Banning zum letzten Pass seines Laufwegs bei Beaumont.

Sunset Limited

Ankunft des „Sunset Limited" (rechts) in Los Angeles

Mile 1910,6 Beaumont
Von hier ab durchmisst der „Sunset Limited" die San-Timoteo-Schlucht und gelangt in ständigem Gefälle schließlich in das Becken von Los Angeles. Orangenhaine und Gemüsefarmen bestimmen das Bild.

Bei Colton, Mile 1933,6 beginnt der weitreichende wuchernde Stadtbereich von Los Angeles. Hier befinden sich, sechs Kilometer östlich, die Güterverkehrsanlagen der Southern Pacific Railroad.

Mile 1952,4 Ontario,
im Speckgürtel von L.A., besitzt einen hübschen blumenverzierten Bahnhof unter Palmen.

Mile 1958,3 Pomona
Die Stadt ist benannt nach der römischen Göttin der Fruchtbäume und Gärten. Amtrak hat hier zwei Bahnhöfe: Der Santa-Fé-Bahnhof an der North Garey Avenue wird von Zügen benutzt, die durch San Bernardino fahren, während durch Colton fahrende Züge den Southern Pacific-Bahnhof an der Commercial Street durchfahren.

Mile 1989,8
Am mittleren Vormittag läuft der „Sunset Limited" in seinem Zielbahnhof Los Angeles, Union Passenger Terminal, ein. Die im heiter südländischen Stil erbaute baumgesäumte Amtrak-Station liegt am nordöstlichen Rand des Stadtkerns. In fünf Gehminuten gelangt man zum Pueblo, dem historischen Herz der Stadt, und in 15 Minuten zum Broadway in Downtown.

Los Angeles weist neben den doppelstöckigen Metrolink-Vorortzügen ein gutes Metro- und Straßenbahnnetz auf, daneben ein übersichtlich strukturiertes Busnetz.

Los Angeles. Die zweitgrößte Stadt der USA und flächengrößte der Welt, Zentrum der Flug- und Filmindustrie, liegt im paradiesischen Sonnenwetter Kaliforniens in zauberhafter Umgebung zwischen dem San-Gabriel-Gebirge, den malerischen Santa-Monica-Bergen und dem tiefblauen Pazifischen Ozean. Hervorgegangen aus einer Missionsstation, ist die Stadt heute pulsierender Mittelpunkt eines multikulturellen Lebens mit lateinamerikanischem Schwerpunkt. Den Sonnenuntergang am Strand von Venice nördlich L.A. zu beobachten, gehört zu den eindrücklichsten Erlebnissen.

Der „Coast Starlight" nordwärts hält im sonnigen Pazifik-Badeort Santa Barbara

Coast Starlight und Pacific Surfliner
Los Angeles – Seattle und Los Angeles – San Diego

Bei der ursprünglichen Planung des Amtrak-Systems im Jahr 1970 blieb die Pazifikküsten-Route von Los Angeles nach Seattle unberücksichtigt. Als Ergebnis intensiver Lobbyarbeit wurde sie später doch noch ins Amtrak-Grundschema aufgenommen und erwies sich in der Folgezeit als erfolgreichste aller Fernstrecken.

Vor dem Amtrak-Zeitalter musste man auf der Strecke Los Angeles – Seattle zweimal umsteigen, in einem Fall sogar einen Transfer-Bus über die Bucht von San Francisco benutzen. Heute durchfährt der „Coast Starlight" die ganze Strecke durchgehend und bietet seinen Gästen unterwegs eine großartige Szenerie: 180 Kilometer Fahrt entlang der Pazifikküste und die herrliche Kaskadenkette mit ihren Vulkanbergen zwischen San

ℹ Info: Zahlen und Daten

Verkehrstage und Fahrplan
Der „Coast Starlight" verkehrt täglich in beide Richtungen

Nordwärts		Südwärts
10.15	Los Angeles	21.00
21.47	Oakland (San Francisco)	9.16
20.30	Seattle	10.00

Zugbildung
Ausschließlich Superliner-Wagen: Schlafwagen (Luxus-, Economy- und Familienabteile), Speisewagen, Aussichtswagen mit Bar, Coach (Sitzwagen)

Verpflegung
Speisewagenservice für Schlafwagenpassagiere. Imbiss- und Getränkeservice in der Bar des Aussichtswagens für alle Passagiere

Streckenlänge und Fahrtdauer
1390 Meilen (2238) km in 34 Stunden. Reisegeschwindigkeit 65 km/h

Coast Starlight und Pacific Surfliner

Francisco und Portland. Zudem bietet der Zug heute einen Direktanschluss an die kalifornische Hauptstadt Sacramento und ständige Anschlüsse in Los Angeles nach San Diego.

Streckenbeschreibung

Los Angeles ist südlicher Ausgangspunkt des „Coast Starlight".

Mile 0,0 Los Angeles, Union Passenger Terminal

Der „Coast Starlight" benutzt auf seinem Weg bis Portland die Southern-Pacific-Strecke. Er folgt zunächst dem alten „Camino Real" („Königsweg"), der ab 1769, zwölf Jahre vor der Gründung von Los Angeles, die Missionsstationen San Gabriel Arcángel und San Fernando Rey de España verband. An dessen Kreuzung mit dem Rio Los Angeles wurde 1781 die gleichnamige Stadt gegründet.

Mile 11,2 Burbank Junction

Hier verlässt der „Coast Starlight" die Strecke durch das San-Joaquin-Tal. Beide Routen treffen sich wieder in Oakland.

Mile 24,1 Northridge

Das Herz des San-Fernando-Tales, von Hollywood und Beverly Hills durch eine niedere Bergkette getrennt, ist politisch Teil von Los Angeles, aber eine eigene Welt mit über einer Million Einwohnern, eigenen Tageszeitungen und Radiostationen und distinguierter Weltsicht.

Mile 28,4 Chatsworth

Obschon ländliche Umgebung, wuchert die Bebauung von Los Angeles bis hierher. Die Bahn steigt jetzt zum Santa-Susanna-Pass, der das San-Fernando-Tal abschließt, und durchfährt ihn in einem 2,4 Kilometer langen Tunnel.

Mile 75,7 Ventura

Der Name stammt von der Ende des 18. Jahrhunderts gegründeten und heute noch existierenden Mission. Buenaventura. Für die nächsten 180 Kilometer bis San Luis Obispo verläuft die Bahn an der eindrucksvollen und fast unbewohnten Pazifik-Steilküste entlang mit Blick auf die Inseln Santa Cruz, Santa Rosa und San Miguel.

Mile 103,2 Santa Barbara

Das mondäne Seebad in herrlicher Umgebung entstand aus der 1786 gegründeten Mission Santa Barbara, der schönsten entlang dem „Königsweg".

Mile 221,8 San Luis Obispo

San Luis Obispo ist benannt nach der Mission „Bischof San Luis de Tolosa". Hier beginnt der 25 Kilometer lange Anstieg zum Santa-Margarita-Pass durch fünf Tunnel und über eine Kehrschleife.

An den Kanälen von Klamath Falls

Wie eine Straßenbahn durchquert der „Coast Starlight" Oaklands Innenstadt.

Mile 235,0 Cuesta
Im nahen Tunnel Nr. 6 liegt der Kulminationspunkt, gleichzeitig etwa die Mitte der Strecke nach Oakland. Die Bahn folgt nun dem Salinas-Tal abwärts.

Mile 355,7 Salinas
Salinas ist Amtrak-Station für die Halbinsel Monterey (Amtrak-Busanschluss).

Mile 423,6 San José, 1777 gegründet und erste Hauptstadt Kaliforniens, ist Ausgangspunkt für Ausflüge ins Santa-Clara-Tal und zur Steilküste nach Santa Cruz (Amtrak-Bus). Die Stadt verfügt über ein modernes Stadtbahnnetz. In San José besteht Anschluss mit den CalTrain-„Halbinsel-Zügen" über Palo Alto und San Mateo direkt bis San Francisco.

Mile 466,6 Oakland
Der „Coast Starlight" fährt nun die Bucht von San Francisco entlang über Santa Clara und Newark bis zum industriell geprägten Oakland gegenüber von San Francisco. Der Anschluss nach San Francisco über die Bay Bridge erfolgt durch einen Amtrak-Bus. Der Zug durchquert nun die Stadt mitten auf der Hauptstraße.

Mile 471,6 Emeryville
(Hinweis: Informationen über San Francisco und den Streckenabschnitt Emeryville – Sacramento – Roseville siehe unter „California Zephyr", S. 39)

Ab Oakland neue Meilenzählung

Mile 138,4 Marysville ist auch Station für Yuba City und Oroville („Goldstadt").
Mile 209,3 In Tehama vereinigt sich die Strecke mit der von Oakland über Williams kommenden Route.

Mile 255,8 Redding
Das Nordende des Sacramento-Tales ist erreicht. Von hier steigt die Bahn über die Kaskadenkette, um Oregon zu erreichen. Nördlich von Redding passiert der Zug den Shasta-Damm und den Shasta-Stausee.

Mile 275,2 O'Brien
Hier überquert die Bahn den Pit River auf der welthöchsten Doppelstockbrücke und biegt anschließend ins enge Defilé des Rio Sacramento ein. Der Fluss wird auf 50 Kilometern 18-mal überquert; am nördlichen Ende des Canyons beschreibt die Strecke eine Haarnadelkurve („Cantara Loop").

Mile 312,8 Dunsmuir
Ab dieser Bahnstation der Southern Pacific Railroad beginnt der schwierige und 314 Kilometer lange Aufstieg zum Kaskadengebirge.

Mile 327,4 Mount Shasta
Der von ewigem Schnee weiß schimmernde Mount Shasta, 4316 Meter hoch und erloschener Vulkan, beherrscht das Kaskadengebirge.

Coast Starlight und Pacific Surfliner

Mile 335,4 Black Butte
Der Bahnhof Black Butte, im Schatten eines 1933 Meter hohen Vulkans, ist Trennungsstation: Der westliche Ast führt über Grants Pass, die östliche „Cascade Line" des „Coast Starlight" über Klamath Falls nach Eugene und Portland.

Mile 358,7 Grass Lake, Kalifornien
Mit 1543,2 Metern höchster Punkt zwischen Oakland und Portland.

Mile 418,3 Klamath Falls, Oregon
Die von hohen Bergen umrahmte Personalwechsel- und Servicestation ist Ausgangspunkt für zahlreiche Feriengebiete.

Mile 492,1 Chemult
Der Ort ist Ausgangspunkt für Bend und das Crooked-River-Tal samt Erholungsgebieten (Amtrak-Anschlussbus).

Mile 525,5 Cascade Summit
Nach Passieren des Crescent Lake quert der Zug am Kamm des Willamette-Passes den Gipfel der Kaskadenkette. Ein weiter Blick tut sich auf über die Kaskadeberge bis zum Salt Creek Canyon. Hinter dem Pass fällt die Strecke in einer Doppelkehrschleife auf 70 Kilometer Länge bis Oakridge, Mile 167,8, in einem Gefälle von 1,7 % um 1097 Meter ab und passiert dabei 19 Tunnel mit einer Gesamtlänge von 6,4 Kilometern.

Mile 613,4 Eugene
Die zweitgrößte Stadt Oregons ist Heimstatt der University of Oregon. Von hier bis Portland folgt die Bahn dem durch die Küstenkette vom Pazifik getrennten dicht besiedelten Willamette-Tal.

Mile 737,1 – Mile 0,0 Portland, Oregon
Nach Vereinigung mit der Columbia-River-Linie in East Portland, die der von Salt Lake City kommende „Pioneer" benutzt, überquert der Zug den Willamette-Fluss auf einer doppelstöckigen Straßen- und Bahn-Stahlbrücke und läuft dann in einer Rechtskurve in den Bahnhof Portland, einen Kilometer nördlich vom Stadtzentrum, ein.

Die 1845 gegründete größte Stadt Oregons, anmutig am schiffbaren Columbia River gelegen, ist eine bedeutende Hafenstadt mit vielen imposanten Brücken. Portland weist ein modernes Straßenbahnnetz und daneben auch hübsche alte Straßenbahnwagen auf.

Ab Portland neue Meilenzählung
Nach Abfahrt in Portland folgt der „Coast Starlight", nun im Staat Washington, dem Columbia River Richtung Norden bis Mile 49,0 Kelso-Longview, wo der Fluss nach Osten abschwenkt.

Mile 146,3 Tacoma
Die drittgrößte Stadt des Staates Washington verdankt ihren Aufstieg zu einem bedeutenden Industriezentrum dem Bau der Nordpazifischen Eisenbahn über den Stampede-Pass, die im Jahre 1883 für den transkontinentalen Verkehr eröffnet wurde.

Mile 186,4 Seattle
Nach gut 34 Stunden läuft der „Coast Starlight" abends in Seattle ein. (Kurzbeschreibung Seattle siehe unter „Empire Builder", S. 44)

Los Angeles – San Diego
Will man die gesamte Pazifik-Küste der Vereinigten Staaten per Zug bereisen, so empfiehlt sich ab Los Angeles ein Abstecher nach Süden.

Die wichtigste Anschlusslinie des „Coast Starlight" ist die in die Südwestecke Kaliforniens und der USA führende Strecke von Los Angeles nach San Diego, eine der am stärksten frequentierten amerikanischen Personenlinien. Wegen der vielen Fahrgäste zu den Pazifikstränden wird sie oft auch „Surf Line" genannt. Verkehrten hier noch 1970 nur drei Zugpaare täglich, so sind es heute sechs. Einige ihrer Züge beginnen schon in Santa Barbara und San Luis Obispo. Alle Züge der „Amtrak California" führen Sitzwagen erster und zweiter Klasse und haben Imbiss- und Getränke-Service.

Kurzbeschreibung
Nach Verlassen der Union Station von Los Angeles passiert der „Surf Liner" Los Angeles' Hauptgüterbahnhof der BNSF (Hobart, Mile 6,3) und verlässt in Fullerton (Mile 25,8) die nach Osten führende Güterbahn. Sodann hält der

Ankunft eines „Surf Liners" in San Diego

Zug in Anaheim Stadium, Mile 29,5, nahe dem bekannten, 1955 von Walt Disney gegründeten Themenpark „Disneyland". Der neu erbaute Bahnhof Santa Ana (Mile 36,3) ist Zubringerstation für die Strände von Huntington und Newport und andere Wohngebiete von Orange County.

Mile 57,9 San Juan Capistrano
Unter den wie an einer Perlenkette aufgereihten Missionen entlang „El Camino Real" ist San Juan Capistrano die berühmteste.

Mile 60,5 Serra
Hier kreuzen die Gleise den San Juan River und erreichen die Pazifikküste.

Mile 65,6 San Clemente
Die liebliche Stadt liegt in den Hügeln nahe dem Strandbahnhof.

Mile 86,9 Oceanside
Von diesem Bahnhof des Marinestützpunkts Camp Pendleton erstreckt sich bis San Diego ein ununterbrochener Gürtel von Seestädten.

Mile 98,6 Encinitas
Einer der anmutigen Badeorte, in denen die Bahn mitten über den Strand fährt.

Mile 104,6 Del Mar
Hinter diesem Ort verlässt die Bahn den Meeresstrand, schwenkt in die Berge gegen Osten und windet sich durch Schluchten bergauf, um dann wieder nach San Diego hin um 60 Meter abzufallen. Dieser Abschnitt könnte demnächst im Rahmen einer geplanten Schnellstrecke durch einen Tunnel ersetzt werden.

Mile 124,7 Old Town
Dies ist die ursprüngliche und heute restaurierte Siedlung San Diego.

Mile 128,0 San Diego.
Die Amtrak-Station in traditioneller repräsentativer Architektur liegt ideal am Broadway zwischen Innenstadt und Hafen. San Diego besitzt seit 1980 ein attraktives modernes Stadt- und Straßenbahnsystem. Die Straßenbahnen erschließen direkt vom Bahnsteigbereich des Bahnhofs aus Innenstadt und Vororte. Eine Linie führt direkt vom Bahnhof südwärts zur mexikanischen Grenze! Das aus einer Missionsstation hervorgegangene San Diego, im subtropischen Südwesten der USA in paradiesischer fruchtbarer Umgebung gelegen, ist Kongress- und Forschungszentrum, aber auch größter Kriegshafen der USA.

Der „City of New Orleans" Richtung Süden in Jackson

City of New Orleans
Chicago – New Orleans

Der „City of New Orleans", wichtigster Nord-Süd-Zug der Amtrak, verbindet die Goßen Seen mit dem Golf von Mexiko. Der „City" war ein All-Klassen-Tageszug, bevor Amtrak ihn im Jahr 1971 von der Illinois Central Railroad übernahm. Den Nachtverkehr versah damals der Luxus-Stromlinienzug „Panama Limited".
Die interessante Route des „City of New Orleans" führt zuerst durch das reiche Farmland von Illinois, dann durch zerklüftetes Hügelland, durch die Moorlandschaft Kentuckys und die Baumwollfelder von Tennessee und Mississippi. Nach der Fahrt durch das subtropische Louisiana ist das zauberhafte New Orleans erreicht.

Streckenbeschreibung
Mile 0,0 Chicago Union Station

Vor Amtrak-Zeiten begannen die New-Orleans-Züge gewöhnlich in der altertümlichen Central Station an der Seefront, die zur Chicagoer Weltausstellung 1893 gebaut worden war. Heute benutzen alle Amtrak-Züge die modernere Union Station am Westrand der Innenstadt, was eine längere Fahrzeit und gleich nach wenigen Minuten ein umständliches Kopfmachen an der 21st Street Station zur Folge hat.

ℹ Info: Zahlen und Daten

Verkehrstage und Fahrplan
Der „City of New Orleans" verlässt Chicago täglich um 20 Uhr und läuft am folgenden Tag um 15.32 Uhr in New Orleans ein. Der Gegenzug startet in der Jazzmetropole täglich um 13.45 Uhr und erreicht die ehemalite Gangsterstadt am nächsten Morgen um 9 Uhr

Zugbildung
Ausschließlich Superliner-Wagen, Schlafwagen (Luxus-, Economy- und Familienabteile), Speisewagen, Aussichtswagen mit Bar, Coach (Sitzwagen)

Verpflegung
Speisewagenservice für Schlafwagenpassagiere. Imbiss- und Getränkeservice in der Bar des Aussichtswagens für alle Passagiere

Streckenlänge und Fahrtdauer
934 Meilen (1504 km) in 19 Stunden. Reisegeschwindigkeit 77 km/h

Sämtliche Eisenbahn-Fernrouten

Mile 1,6 21st Street
Nach Verlassen der Union Station in südliche Richtung gleitet der „City of New Orleans" zunächst in Rückwärtsfahrt an Lokomotivdepot und Wagenwerkstätte der Amtrak vorüber und überquert danach eine große Hubbrücke über den südlichen Ast des Chicago River. In Vorwärtsfahrt gleitet er über die St. Charles Air-Line-Verbindungsbahn, die die westlichen und östlichen Eisenbahnen auf Höhe der 21. Straße verknüpft. Sie führt ein kleines Stück den Fluss entlang, wendet sich sodann nach Osten, überquert die Gleise der Rock Island-Bahn, während der Fahrgast die Skyline von Downtown zur Linken vorüberziehen sieht. Nun erreicht die Strecke die Seefront und mündet auf Höhe der 16. Straße in die Trasse der Illinois Central Gulf-Hauptlinie. Jetzt nimmt der Zug Kurs nach Süden, den Michigansee für die nächsten 6 Kilometer zur Linken. Auf Höhe der 111. Straße kann man einen flüchtigen Blick nach links auf die Stadt Pullman werfen, eine 1880 von dem Schlafwagenmagnaten Pullman gegründete Siedlung und Waggonfabrik.

Mile 23,3 Markham
Standort des größten und wichtigsten Rangierbahnhofs der Illinois Central Gulf Railroad.
Nach Verlassen des Großraumes Chicago durchmisst der Zug auf Gleisen der Illinois Central Railroad den „Maisgürtel", ein wohlhabendes Bauernland, der auch „Fleischtopf der Vereinigten Staaten" genannt wird.

Mile 216,0 Edgewood
Hier trennt sich eine 272 Kilometer lange 1920 gebaute Güter-Direktstrecke nach Fulton/ Kentucky von der Zentralbahn von Illinois, die den ab Du Quoin, Mile 289,9, beginnenden kurvenreichen Steigungsabschnitt ins kohlenreiche Hügelland des südlichen Illinois, auch „Ägypten" genannt, umgeht.

Mile 309,6 Carbondale
Der Eisenbahnknoten „Kohlental" liegt inmitten mehrerer weiterer Kohleminen-Städte. Hier besteht eine Amtrak-Busverknüpfung mit St. Louis.

Mile 362,9 Cairo, Illinois
Die zu Dampfschiffzeiten bedeutende Stadt am Zusammenfluss von Mississippi und Ohio im Dreistaateneck von Illinois, Missouri und Kentucky liegt heute im Verkehrsschatten. Amtrak-Züge fahren ohne Halt durch den Nordbahnhof und wenden sich dann nach Osten, um den Ohiofluss auf einer langen eindrucksvollen Brücke zu überqueren und damit das Golfküstenland zu erreichen. Südlich der Brücke, nunmehr in Kentucky, durchquert die Strecke sehr lange Moorland, bevor sie höheres Terrain erreicht. Von Wickliffe, Mile 372, bis Memphis verläuft die Route abseits des Mississippi-Tieflandes.

Mile 407,5 Fulton, Kentucky
Eisenbahnknoten mit großem Rangierbahnhof an der Grenze zu Tennessee. 15 Kilometer westlich liegt das Städtchen Cayce, Heimat des legendären Lokführers Casey Jones.

Mile 529,9 Memphis, Tennessee (Central Station)
Memphis liegt am östlichen Steilhang des vom Zug aus sichtbaren Mississippi. Der „City of New Orleans" hält am frühen Morgen in der Amtrak-Station an der Main Street im Zentrum der Altstadt. Die 1818 gegründete Stadt mit Lageähnlichkeit zu ihrer ägyptischen Namensgeberin am Nil ist heute wichtiges Industrie- und vor allem Baumwollzentrum.

Südlich von Memphis erreicht der Zug den Staat Mississippi, durchfährt nun endlose Baumwollfelder und gelangt über Greenwood und Yazoo City nach Jackson.

Mile 750,9 Jackson
Die 1821 gegründete und nach dem 7. US-Präsidenten Andrew Jackson benannte Hauptstadt des Staates Missouri ist dessen größte Stadt und wichtigstes Handels- und Industriezentrum inmitten von Erdöl- und Erdgasfeldern. Sie liegt anmutig am Steilufer des Pearl River.

Mile 881,0 Hammond, Louisiana
Nächste Amtrak-Station für Baton Rouge am Mississippi, die Hauptstadt Louisianas. Der Zug durchquert nun ab Manchac, Mile 896,5, auf einer Serie von Dämmen und Brücken die Moore der Mississippi-Niederung zwischen dem Maurepas- und dem Pont-Chartrain-See. Das von Kanälen durchzogene feucht-heiße Marschland ist ein Reisanbau- und Viehzuchtgebiet.

Mile 934,3 New Orleans
Nach knapp 20-stündiger Fahrt läuft der „City of New Orleans" in der schillernden Hafenstadt im Mississippidelta ein. Der Amtrak Union Passenger Terminal (1001 Loyola Ave.) liegt am südwestlichen Rande der Altstadt, zehn Gehminuten vom „Französischen Viertel".
New Orleans (Nouvelle Orléans), Louisiana. Amerikas ungewöhnlichste Großstadt, am Mündungsdelta des Mississippi in den Golf von Mexiko gelegen, hat eine einzigartige Kultur und Geschichte aus französischen, spanischen, englischen und afrikanischen Einflüssen. Die Jazzmetropole ist ein Mischkessel von Menschen aller Rassen und Sprachen. Ihre Geschichte spiegelt sich in den spanischen und französischen Bauten. Südländisches Leben und Treiben herrscht auf den breiten Boulevards und in den Parks. Die größte Stadt Louisianas ist nach New York die wichtigste Hafenstadt der Vereinigten Staaten.

> **TIPPS**
> 1. Flussschiffe: Restaurierte, altmodische, hoch gebaute Heckrad-Flussschiffe mit zwei nebeneinanderliegenden, verzierten Schornsteinen, darunter der noch dampfgetriebene „Natchez", kreuzen zu Ausflugsfahrten vor der Stadtkulisse auf dem Mississippi.
> 2. New Orleans besitzt zwei Straßenbahnsysteme (Breitspur 1588 mm!):
> • Die St. Charles Streetcar führt vom Stadtzentrum nach Westen zum Gartendistrikt. Uralte, dunkelgrüne vierachsige Triebwagen verkehren täglich 24 Stunden.
> • Die Riverfront Streetcar führt zu den Sehenswürdigkeiten entlang dem Mississippiufer. Die altertümlichen roten Triebwagen verkehren montags bis freitags von 6 Uhr bis Mitternacht, samstags von 8 Uhr bis Mitternacht. Kürzlich wurde die Canal Street-Linie eröffnet.

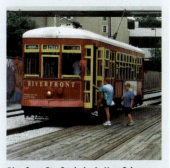

Riverfront-Straßenbahn in New Orleans

Der „Texas Eagle" nach Los Angeles macht Station in Dallas/Texas.

Info: Zahlen und Daten

Verkehrstage und Fahrplan
Der „Texas Eagle" verkehrt zwischen Chicago und San Antonio täglich, ab dort wie der „Sunset Limited" dreimal wöchentlich (siehe S. 52)

Westwärts		Ostwärts
15.20	Chicago	14.19
13.40	Dallas	16.30
5.40	San Antonio	8.00
10.10	Los Angeles	14.30

Zugbildung
Superliner-Wagen: Schlafwagen (De Luxe-, Economy-, Familienabteile), Speisewagen, Aussichtswagen mit Bar, Coach (Sitzwagen)

Verpflegung
Speisewagenservice für Schlafwagenpassagiere. Imbiss- und Getränkeservice in der Bar des Aussichtswagens für alle Passagiere

Streckenlänge und Fahrtdauer
Gesamtstrecke: 2726 Meilen (4389 km) in 67 Stunden. Reisegeschwindigkeit 66 km/h
Nord-Süd-Abschnitt Chicago – San Antonio: 1308 Meilen (2106 km) in 32 Stunden. Reisegeschwindigkeit ebenfalls 66 km/h

Texas Eagle
Chicago – Dallas – San Antonio – Los Angeles

Der „Texas Eagle" verbindet den Mittelwesten der USA mit Texas und Kalifornien. Von Chicago ausgehend, nimmt er zunächst Kurs auf St. Louis, verläuft dann am Rande des Mississippi-Tieflandes weiter nach Südwesten und gelangt über Dallas nach San Antonio, wo er dem „Sunset Limited" beigestellt wird und mit diesem gemeinsam nach Los Angeles gelangt.

Streckenbeschreibung
Mile 0,0 Chicago Union Station

Wie alle Amtrak-Züge nach Süden, Osten und Westen verlässt der „Texas Eagle" Chicagos Union Station in südlicher Richtung und passiert Amtrak-Lokdepot und -Waggonwerkstätte.
In **Brighton Park, Mile 5,2,** kreuzt die St.-Louis-Linie der Illinois Central Gulf Railroad die viel befahrene Güterzugstrecke der Baltimore & Ohio Eisenbahn zu deren Chicagoer Terminal. Ab hier verläuft die Strecke parallel zur Autobahn Chicago – St. Louis und zum Chicago Ship Canal, der den Michigansee mit dem

Mississippi verbindet und gleichzeitig durch Richtungsumkehr des Chicago River die Stadt mit Trinkwasser versorgt.

Mile 11,9 Summit
Das Dorf knapp hinter der Stadtgrenze Chicagos liegt auf der Wasserscheide zwischen Michigansee und Illinois-Tal. Hier existieren noch Reste des 1833 gebauten „Illinois and Michigan Canal", des Vorgängerbauwerks des Chicagoer Schiffskanals.

Mile 185,1 Springfield
Das 1818 gegründete Springfield ist seit 1837 Hauptstadt von Illinois und war zeitweise Wirkungsstätte des späteren Präsidenten Abraham Lincoln. Die Amtrak-Station liegt mitten in der Stadt, der Zug fährt geradewegs durch die grünen Parkanlagen und am Staatskapitol vorbei.

Mile 257,0 Alton
Der große Mississippi-Flusshafen hat seit der Verdrängung der Dampfboote durch die Eisenbahn viel von seiner einstigen Bedeutung verloren. Die Amtrak-Züge halten in der College Avenue Station und setzen ihre Fahrt auf der Illinois-Seite des Mississippi fort bis Granite City. Da die Strecke landeinwärts verläuft, ist die Mündung des Missouri in den Mississippi vom Zug aus nicht sichtbar.

Mile 274,9 Granite City, Illinois
Obwohl es in Illinois liegt, gehört Granite City zum Einzugsbereich von St. Louis. Vor Jahren, als Missouri an Sonntagen noch „trocken" war, stürmten Tausende durstiger St. Louisianer einmal pro Woche die lokale Straßenbahnlinie nach Granite City, um dort ihr geliebtes Bier zu trinken. Auf der westlichen Flussseite erscheint von weitem der riesige „Gateway Arch" von St. Louis, das symbolische Tor zum Westen. Über eine stählerne doppelstöckige Eisenbahn- und Straßenbrücke über den hier schon sehr breiten Mississippi gelangt der „Texas Eagle" nach

Mile 283,9, Saint Louis, Missouri.
Die Amtrak-Züge rollen heute nicht mehr in die repräsentative Union Station an der Market Street, einst eine der imposantesten Verkehrsanlagen der Neuen Welt, sondern halten, ebenso verkehrsgünstig, an der Poplar Street am Südrand der Altstadt. Der ehemalige Union-Bahnhof wurde zu einem Einkaufszentrum samt Hotel umgestaltet; in einem Teil der weitgespannten Bahnhofshalle ist ein kleines Eisenbahnmuseum eingerichtet. Von St. Louis aus gibt es zweimal täglich eine Zugverbindung nach Kansas City sowie einen Amtrak-Anschlussbus nach Carbondale an der Strecke Chicago – New Orleans.

St. Louis, etwas unterhalb der Missourimündung in den Mississippi gelegen, ist Sitz von vier Universitäten. An der eindrucksvollen Riverfront verkehren Fiaker, alte Mississippi-Flussschiffe legen an. Seit 1993 verfügt St. Louis über eine Stadtbahn. Ab St. Louis neue Meilenzählung

Mile 2,9 Tower Grove
Der „Texas Eagle" verlässt nun das Mississippital und erklimmt kurvenreich das sich in steiler Stufe erhebende zerklüftete Ozarkplateau. Güterzüge meiden diese schwierige Strecke der ehemaligen „St. Louis and Iron Mountain Railroad" und fahren auf der Illinois-Seite des Mississippi südwärts bis Poplar Bluff.

Mile 91,9 Ironton-Arcadia
Fünf Kilometer westlich dieser Doppelstadt erhebt sich der mit 540 Metern höchste Berg Missouris, der Taum Sauk Mountain. Ab hier fällt die Strecke beständig bis zum Tal des Black River und weiter bis Poplar Bluff, Mile 168,8, wobei sie einen beträchtlichen Teil des Mark-Twain-Nationalparks durchquert. Nach

weiterer Fahrt entlang der östlichen Ozark-Berge gelangt der Zug nach Überquerung des Arkansas River in den vorzüglich restaurierten eleganten Bahnhof von Little Rock, Mile 348,9, der Hauptstadt und größten Stadt von Arkansas.

Mile 391,9 Malvern/Hot Springs Nationalpark

Busanschluss zum 37 Kilometer entfernten Nationalpark „Hot Springs" mit dem gleichnamigen größten Thermalbad des Südens. Der „Texas Eagle" erreicht nun das Golfküstenland.

Mile 493,4 Texarkana, Arkansas-Texas

Der Name verdeutlicht die beidstaatliche Lage der Stadt, deren Bundesbehörden genau auf der Grenzlinie liegen. Nach Verlassen des Bahnhofs umfährt die Strecke die Ostecke des Texarkana-Sees und schwenkt nach Süden.

Betankung der Lokomotive am Bahnsteig in St. Louis

Mile 583,9 Longview

Wichtiger Eisenbahnknoten mit Verzweigungen nach Dallas, Austin – San Antonio – Mexiko, Houston – Galveston, New Orleans und St. Louis. Amtrak-Busanschluss nach Shreveport – Bossier City und Houston. Auf den nächsten 80 Kilometern folgt die Strecke dem Sabine River.

Mile 710,8 Dallas

Dallas, zweitgrößte texanische Stadt sowie kulturelles und industrielles Zentrum, liegt am linken Ufer des Trinity River (Dreieinigkeitsfluss) inmitten eines ausgedehnten Erdölgebiets und eines reichen Baumwollbezirks.
Der zu einem modernen Transportzentrum umgebaute Bahnhof mit monumentalem klassizistischem Empfangsgebäude liegt an der Houston Street am Südwestrand des Stadtkerns nahe dem historischen Bezirk und ist Verknüpfungspunkt mit dem 1996 eröffneten Stadtbahnsystem DART.

Mile 742,4 Fort Worth

Ölmetropole, landwirtschaftliches Zentrum und Eisenbahnknoten, im 19. Jahrhundert bekannt als „Stadt der Cowboys" und Tor zum Wilden Westen.
Von hier gibt es täglich ein Anschlusszugpaar „Heartland Flyer" nordwärts ins 332 Kilometer entfernte Oklahoma City.

Mile 945,0 Austin

Die Hauptstadt von Texas erhebt sich auf den Hügeln nördlich des Colorado River, den die Bahn nach der Abfahrt in Richtung Süden überquert.

Mile 1024,9 San Antonio

In San Antonio wird der „Texas Eagle" dem dreimal wöchentlich von Orlando nach Los Angeles verkehrenden „Sunset Limited" beigestellt, mit dem er gemeinsam seine Fahrt bis an den Pazifischen Ozean fortsetzt.
(Kurzbeschreibung von San Antonio und Fortsetzung bis Los Angeles siehe unter „Sunset Limited", S. 52-55)
In San Antonio besteht Amtrak-Busanschluss nach Laredo an der mexikanischen Grenze (246 km) und nach Brownsville am mexikanischen Golf (475 km).

Der „Crescent" ist einer der beliebtesten Züge der Amtrak.

Crescent
New York – New Orleans

Der „Crescent" ist einer der beliebtesten Züge der Amtrak. Sein südliches Ziel New Orleans, die in einer halbmondförmigen Schleife liegende „Crescent City", gab ihm den Namen. Vor der Übernahme des Reiseverkehrs durch Amtrak war der „Crescent" der beste Qualitätszug des südlichen Eisenbahnnetzes. Von New York aus bedient er die wie an einer Perlenschnur aufgereihten großen Städte an der Ostküste – Philadelphia, Baltimore, Washington D.C. – und gleitet dann über das Piedmontplateau östlich der Blue Ridge nach Südwesten. Über Atlanta und das subtropische Küstenland erreicht er die Jazzmetropole New Orleans.

Streckenbeschreibung

Beschreibung des Abschnittes New York – Washington D.C. – Alexandria siehe unter „Nordost-Korridor", S. 83ff.
Ab Washington D.C. neue Meilenzählung
Mile 8,2 Alexandria
Von Alexandria bis Atlanta fährt der „Crescent" am Ostrand des Appalachengebirges entlang, zunächst auf Gleisen der ehemaligen „Orange and Alexandria Railroad".
Mile 112,2 Charlottesville
Nach Ausfahrt aus dem in Stadtmitte gelegenen Bahnhof durchquert der Zug den Campus der von Thomas Jefferson gegründeten Universität von Virginia,

Info: Zahlen und Daten

Verkehrszeiten und Fahrplan
Der „Crescent" verkehrt täglich.
Richtung Süden: Der „Crescent" verlässt New York um 14.15 Uhr und trifft am nächsten Tag abends um 19.20 Uhr ein
Richtung Norden: Morgens um 7.20 Uhr startet der „Crescent" in New Orleans, um am folgenden Tag um 14.12 in Neu York anzukommen

14.15	New York	14.12
15.50	Philadelphia	12.25
18.40	Washington D.C.	9.50
8.48	Atlanta	20.08
19.20	New Orleans	7.20

Wagenmaterial
Amfleet-Sitzwagen und -Lounge, Heritage-Speisewagen, Viewliner-Schlafwagen
Verpflegung
Speisewagenservice für Schlafwagenpassagiere, Imbiss- und Getränkeservice in der Lounge
Streckenlänge und Fahrtdauer
1380 Meilen (2221 km) in 29 Stunden. Reisegeschwindigkeit 77 km/h

trennt sich von der nach Westen führenden Route des „Cardinal" und wendet sich nach Südwesten.

Mile 172,5 Lynchburg
Amtrak-Station für Roanoke, das 70 Kilometer westlich liegt.

Mile 323,0 Linwood
Südlich Linwood überquert die Bahn den in den Blue Ridge-Bergen entspringenden Yadkin River und passiert sodann die „Spencer Shops", ein zum Eisenbahnmuseum umgestaltetes ehemaliges Ausbesserungswerk der Southern Railway" (siehe „Bahn-Ziele" , S. 120).

Mile 333,7 Salisbury
Hübsches Provinzstädtchen Nord-Karolinas. Eisenbahnknoten, außerdem Ausgangspunkt für Statesville und das Erholungsgebiet um den Norman-See (40 km westlich) sowie zum Besuch der „Spencer Shops" (3 km).

Mile 377,1 Charlotte
Größte Stadt Nord-Karolinas und Baumwollverarbeitungszentrum.

Mile 531,6 Westminster
15 Kilometer westlich dieser Station überquert der Zug den Tugaloo River, gelangt nach Georgia und durchquert jetzt die zerklüftete Bergwildnis Nord-Georgias.

Mile 633,5 Atlanta
Am frühen Morgen läuft der „Crescent" in den Peachtree-Bahnhof, 3 Kilometer nördlich des Stadtzentrums, ein.
Die Hauptstadt von Georgia liegt im Piedmont-Hügelland vor den Südausläufern der Blue Ridge und ist wirtschaftlicher und kultureller Mittelpunkt des Staates. In seinem letzten Abschnitt fährt der „Crescent" durch das subtropische Golfküstenland.

Mile 650,9 Austell
Hier teilt sich die Southern Railway in einen nördlichen Zweig nach Chattanooga und Cincinnati und einen – von Amtrak benutzten – südlichen Zweig nach Alabama und New Orleans.

Mile 695,6 Tallapoosa
Knapp westlich dieser Stadt überquert der Zug den Tallapoosa River und gelangt nach Alabama.

Mile 799,3 Birmingham
Die Amtrak-Station der größten Stadt Alabamas liegt drei Blöcke südlich des Stadtzentrums.

Mile 951,7 Meridian („Mittagslinie")
Eisenbahnknoten mit Verzweigung in sechs Richtungen.

Mile 1124,1 North Shore
Hier beginnt der elf Kilometer lange Damm, der die Eisenbahn über einen schmalen Hals des Pontchartrain-Sees führt. Der Hauptteil des Sees liegt westlich, in Fahrtrichtung Süd rechts. Mit 1633 km^2 ist dies der größte Frischwassersee in Louisiana. Im immerfeuchten Küstenstreifen bestimmen Zypressen und Sumpfpflanzen das Bild. In subtropischen dschungelartigen Regenwäldern hängt triefendes Moos vom Geäst der Bäume.

Von Osten anreisende Amtrak-Passagiere erleben eine Passage durch weite Teile von New Orleans: Die Gleise folgen dem Südufer des Lake Pontchartrain, führen vorbei am Lakefront-Flughafen, überqueren den Schiffskanal zum Inneren Hafen, der den See mit dem Mississippi und dem Küstenkanal verbindet, und ziehen sodann am Campus der Staatsuniversität von Louisiana, New Orleans (die Zentrale befindet sich in Baton Rouge), vorüber. Danach biegt die Strecke vom Seeufer weg nach Süden und durchquert den Stadtpark, Endlich wendet sich der „Crescent" nach Südosten und mündet in Carrolton Avenue, Mile 1151,8, in die

Crescent

übrigen Eisenbahnlinien aus Richtung Osten, Norden und Westen, um sich seinem Ziel, dem Union Passenger Terminal, zu nähern.

Mile 1154,2 New Orleans
(Kurzbeschreibung von Bahnhof und Stadt sowie Tipps siehe unter „City of New Orleans", S. 63)

Der „Crescent" durchmisst ländliche Gegenden.

Der „Siver Meteor" nordwärts hält im stilvollen Bahnhof Orlando, Florida.

Info: Zahlen und Daten

Verkehrszeiten und Fahrplan
Die „Silberzüge" verkehren täglich

Südwärts			Nordwärts	
Silver Star	Silver Meteor		Silver Star	Silver Meteor
10.01	15.15	New York	19.02	13.22
14.05	19.25	Washington D.C.	14.45	9.15
4.50	8.50	Jacksonville	23.26	19.40
8.30	12.30	Orlando	19.43	15.54
10.42	--	Tampa	17.33	--
16.30	18.15	Miami	12.15	10.35

Zugbildung
Amfleet-, Viewliner-Schlafwagen, Heritage-Speisewagen und Amfleet-Lounge-Wagen

Verpflegung
Speisewagenservice für Schlafwagenpassagiere. Imbiss- und Getränkeservice in der Lounge

Streckenlänge und Fahrtdauer
1391 Meilen (2240 km) über Charleston in 27 Stunden. Reisegeschwindigkeit 83 km/h („Silver Meteor")

Silver Services
New York – Miami

Seit 1939 verkehren die „Silberzüge", Direktverbindungen von New York zu den Badestränden und Vergnügungszentren der subtropischen Halbinsel Florida:
1. „Silver Star": New York – Columbia – Savannah – Orlando – Tampa – Miami
2. „Silver Meteor": New York – Charleston – Savannah – Orlando – Miami.
Der „Silver Star" befährt also auf seinem Weg über Charleston nach Miami ab Jackson die Binnenroute Floridas über Tampa, während der „Silver Meteor" die Strecke über Columbia und die nördliche Ostküste Floridas zwischen Jackson und Winter Haven bedient. Auf dem Weg beider Züge durch das östliche Amerika liegen historisch bedeutsame Städte wie Philadelphia, Baltimore, Washington D.C., Richmond, Charleston, SC und Savannah.

Streckenbeschreibung
Von New York bis Richmond verkehren die Züge über den Nordostkorridor (Beschreibung siehe S. 83 ff.).

Hinter Richmond (ab hier neue Meilenzählung) trennt sich die Strecke vom Nordostkorridor und wendet sich südwärts.Über Petersburg, Virginia, gelangt man nach Selma, Mile 168,4. Hier trennt sich der „Silver Star" vom „Silbern"-Meteor und nimmt die westliche Route durch das Piedmontplateau über Raleigh, Hamlet, Columbia und Denmark. Letzterer rollt weiter durch das flache Küstenland auf der 68 Kilometer kürzeren Strecke direkt nach Süden. Wichtige Unterwegsstationen sind Fayetteville, der Eisenbahnknoten Florence und die atlantische Hafenstadt Charleston (Mile 393,9). Das 1680 gegründete Charleston ist die Hauptstadt von South Carolina. Die Stadt hat zwar einen direkten Bahnanschluss, die Amtrak-Züge halten jedoch 13 Kilometer westlich der Stadt.

Mile 495,6 Savannah, Georgia

Die älteste Siedlung Georgias, 1733 gegründet, ist heute eine anmutige Hafenstadt am Atlantik. Die Amtrak-Station liegt 10 Kilometer vom Stadtzentrum entfernt. Hier vereinigen sich die beiden Routen der „Silberzüge" wieder.
Ab Savannah neue Meilenzählung.

Mile 122,7 Hilliard, Florida

Kurz vor dem Ort erreicht der Zug die Staatsgrenze von Florida.

Die Halbinsel Florida, am Palmsonntag (spanisch: Pascua Florida) des Jahres 1513 von dem Spanier Juan Ponce de León entdeckt, ist der am raschesten expandierende Staat der USA. Dank seines subtropischen Klimas ist er das Freizeit- und Erholungszentrum der Nation und dient im Winter und am Lebensabend vielen Nordstaatlern als Refugium.

Mile 147,6 Jacksonville ist das Industriezentrum Floridas. Die Amtrak nutzt nicht mehr die alte Union Station in der Stadtmitte; die Züge halten vielmehr am Rande der Stadt.

Zwischen Jacksonville und Sanford folgt die frühere „Atlantikküstenlinie" jetzt dem St. Johns River, der parallel zur Küste, aber immer mit einigen Kilometern Abstand nordwärts fließt.

Mile 58,1 Palatka

Dies ist eine der älteren Städte Floridas und Ausgangspunkt für Fahrten in die Küstenstädte zwischen St. Augustin und Ormond Beach, z. B. auch dem bekannten Meeresaquarium „Marineland" mit Vorführungen dressierter Tümmler und Wale. Östlich von Palatka quert die Bahn den St. Johns River und folgt ihm an seinem Ostufer bis Satsuma.

Mile 110,4 DeLand

Hier ist die Amtrak-Station für das Seebad Daytona Beach.

Mile 127,5 Sanford

Sanford liegt im Zentrum des Erholungsgebiets von Zentral-Florida mit seinen zahlreichen Attraktionen. Es ist Endpunkt des „Auto Train" aus Lorton bei Washington sowie Ausgangspunkt für Ausflüge zum Kennedy-Raumfahrtzentrum.

Mile 149,8 Orlando

Die rasant gewachsene Metropole des mittleren Florida, eingebettet in eine Mischung aus Kunst- und Naturlandschaft von Seen und Eichenhainen, ist ein modernes Tourismuszentrum mit zahlreichen Vergnügungsstätten, wie den Themenparks Walt Disney World und Magic Kingdom oder der Big Thunder Mountain Railroad. Die hübsche palmen- und blumengeschmückte Amtrak-Station mit südlichem Flair ist ein weiterer Ausgangspunkt für Reisen zum Kennedy-Raumfahrtzentrum Kap Canaveral, aber auch nach Winter Garden, Leesburg und Eustis.

Hinter Orlando macht der „Silver Star" einen Abstecher nach Tampa, während der „Silver Meteor" direkt Miami ansteuert.

Mile 127,6 Tampa

Der „Silver Star" läuft in die 1912 im italienischen Stil errichtete Union Station im Stadtzentrum ein. Aus dem 1823 gegründeten Fort Brooke erwuchs Floridas größter Golfküstenhafen. Die „Ibor City" mit ihrer Zigarrenherstellung durch Kubaner ist eine touristische Attraktion. Eine hübsche restaurierte Straßenbahn mit Sommerwagen führt zu den Sehenswürdigkeiten der Stadt. Amtrak-Anschlussbusse verbinden Tampa mit dem Winterkurort St. Petersburg und über die Tampa-Bucht mit Sarasota und Fort Myers.

Der „Silver Star" in Tampa, Florida auf seinem Weg nach Miami

Von Tampa aus fährt der „Silberstern" zunächst zurück nach Plant City und trifft in Auburndale auf die Strecke des „Silbermeteors" von Orlando. Ab hier sind die Wege beider Züge wieder identisch. Über Winter Haven gelangt der Zug nach

Okeechobee, Mile 267,2

Der Ort liegt am Nordzipfel des gleichnamigen Sees, Floridas größtem. Über seinem Hinterland erstrecken sich die „Everglades", eine endlose Sumpfwildnis mit Schilf- und Zypressenwäldern ohne jede menschliche Behausung. Die Bahn durchquert diese auf 90 Kilometern kerzengerade.

Mile 338,4 West Palm Beach

Ab der Amtrak-Station des eleganten Palm Beach ändert sich die Szene. An die Stelle von verkümmerten Pinien und Morast tritt eine nahezu ununterbrochene städtische Zone bis Miami. Die Bahnstrecke verläuft parallel zum Strand, jedoch meist ohne Sicht zum Meer. Weitere Seebäder sind Delray Beach und Deerfield Beach.

Mile 380,8 Fort Lauderdale

Die aus einem 1830 errichteten Fort hervorgegangene Stadt ist heute ein beliebtes Seebad.

Mile 402,4 Miami

„Silver Meteor" und „Silver Star" laufen am Ziel ihrer Reise in die neue Amtrak-Station einige Meilen nördlich des Stadtkerns ein.

Die Zweimillionenstadt liegt an der Südostseite Floridas und ist durch eine Bucht vom Badeort Miami Beach und dem Atlantik getrennt. Die Stadt bietet eine Menge an Erholungs- und Vergnügungsstätten. Das „Tor zu Lateinamerika" mit 50 % spanischsprachiger Bevölkerung treibt lebhaften Handel mit Südamerika und den Bahamas.

Hinweis: Auf Teilstrecken der „Silberzüge" verkehren auch

– der „Palmetto": New York – Savannah und
– der „Carolinian": New York – Raleigh – Charlotte (North Carolina)

Chicagos Hochbahn über dem Innenstadtgewirr

Capitol Limited
Washington – Chicago

Der „Capitol Limited", benannt nach dem Washingtoner Staatskapitol, gleitet auf seiner Fahrt von Washington D.C. über das Appalachengebirge und Pittsburgh nach Chicago durch die reizvollen Landschaften des amerikanischen Ostens. Er benutzt dabei die alte Route der Baltimore & Ohio Railroad (B&O), der ältesten, schon 1830 in Betrieb gegangenen öffentlichen Eisenbahn in den USA. In Bewahrung der reichen Baltimore-&-Ohio-Tradition bietet auch die moderne Superliner-Garnitur allen erdenklichen Komfort.

Streckenbeschreibung
Mile 0,0 Washington D.C., Union Station
Die im Jahre 1907 eröffnete zentral gelegene Union Station, ein doppelstöckiger Kopf- und Durchgangsbahnhof, ist das repräsentative Tor zur Hauptstadt der

Info: Zahlen und Daten

Verkehrstage und Fahrplan
Der „Capitol Limited" verkehrt täglich

Westwärts		Ostwärts
15.55	Washington D.C.	11.59
23.33	Pittsburgh	4.15
8.25	Chicago	17.35

Zugbildung
Ausschließlich Superliner-Wagen: Schlafwagen (Luxus-, Economy- und Familienabteile), Speisewagen, Aussichtswagen mit Bar, Coach (Sitzwagen)

Verpflegung
Speisewagenservice für Schlafwagenpassagiere. Imbiss- und Getränkeservice in der Bar des Aussichtswagens für alle Passagiere

Streckenlänge und Fahrtdauer
780 Meilen (1256 km) in 16,5 Stunden. Reisegeschwindigkeit 76 km/h

Vereinigten Staaten. Das vor 15 Jahren generalsanierte, prachtvolle, lichte Empfangsgebäude aus weißem Marmor harmoniert vollendet mit der Architektur der Stadt. Seine Front an der Massachusetts- und Delaware-Avenue weist nach Süden zum acht Gehminuten entfernten Kapitol, Sitz des Repräsentantenhauses der USA und Namensgeber des „Capitol Limited".

Nach Verlassen des Union-Bahnhofs fährt der „Capitol Limited" zunächst entlang der Washingtoner U-Bahn mit ihren silberglänzenden, komfortablen „Stromlinien-Metros" vorbei an Lokomotivdepot und Abstellbahnhof in die schon zum Staat Maryland gehörenden Vororte.

Mile 20,1 Washington Grove
Von hier an durchfährt der Zug das hügelige, reiche Bauernland der Küstenebene. In Point of Rocks, einem schönen alten Bahnhof in viktorianischem Pfefferkuchen-Stil, schwenkt er in die von Baltimore kommende Original-B&O-Strecke ein und folgt nun dem Nordufer des Potomac-Flusses.

Mile 73,3 Martinsburg
Nach einer Kreuzung mit der Norfolk & Western-Güterstrecke in Shenandoah Junction (Mile 62,4) stoppt der Zug in Martinsburg, einer alten Eisenbahnerstadt mit aufgelassenem, aber noch vorhandenem Bahnbetriebswerk einschließlich Rundhaus. Danach werden langsam die sanften Erhebungen des Appalachengebirges erklommen.

Mile 145,9 Cumberland, Maryland
Cumberland ist ein Bahnknoten mit größerem Verschiebebahnhof. Hier spaltet sich die B&O in eine Zweigstrecke gegen Westen nach Cincinnati und St. Louis und in eine nach Pittsburgh auf.

Mile 179,2 Sand Patch
Von Cumberland bis zum Gipfel des Allegheny-Gebirges bei Sand Patch steigt die Bahn um 400 Meter mit einer Steigung 1 bis 2 % auf einer Länge von 53 Kilometern an. Der Kulminationspunkt liegt im 1075 Meter langen Sand-Patch-Tunnel bei einer Höhe von 688 Metern. Von nun an folgt die Bahnlinie in sanftem Gefälle dem Flaughtery Creek.

Mile 238,1 Connellsville
Ab diesem malerischen Städtchen, in dessen Mitte der Zug einen Halt einlegt, bis weit hinter Pittsburgh passiert der „Capitol Limited" das Zentrum des „amerikanischen Ruhrgebiets" mit zahlreichen, heute teilweise stillgelegten Hochöfen, Stahlwerken und Maschinenfabriken.

Mile 296,2 Pittsburgh
Tipps siehe unter „Pennsylvanian" (S. 79). Ab Pittsburgh neue Meilenzählung Nach der Abfahrt überquert der „Capitol Limited" um Mitternacht den Allegheny River und zieht langsam an der erleuchteten Skyline und dem von beiden Flüssen gebildeten „Goldenen Dreieck" der zwischen hohen, dunklen Talwänden gelegenen Stadt vorüber – ein eindrucksvolles Erlebnis (Wecker stellen, aufwachen!). Der Zug folgt nun für die nächsten 40 Kilometer bis Rochester dem Ohio River und weiter seinem Nebenfluss Beaver River.

Mile 139,0 Cleveland, Ohio
Cleveland, die größte Stadt Ohios ist eine am Eriesee gelegene Hafen- und Industriestadt. Sie ist zugleich Kulturzentrum mit mehreren Universitäten sowie Eisenbahnknoten. Der „Capitol Limited" hält spät in der Nacht in der verkehrsgünstig, jedoch etwas isoliert zwischen Innenstadt und Seepromenade liegenden Amtrak-Station mit kleiner Empfangsbaracke.

Ein Reisezug entquillt Chicagos unterirdischer Union Station.

Mile 245,0 Toledo
Betriebsame Hafenstadt am Westende des Eriesees. Ab hier fährt der Zug auf der sogenannten Air Line-Route, einem 110 Kilometer langen, ununterbrochen kerzengeraden Streckenstück.

Mile 471,8 Sputh Chicago, Ill
Der Zug überquert den Calumet River auf einer Hubbrücke, dann taucht langsam die majestätische Skyline von Chicago auf.

Mile 482,8 Chicago, 21st Street
An diesem wichtigen Eisenbahnknoten Chicagos treffen die Züge aus St. Louis und Los Angeles auf die östlichen Linien und überqueren den Chicago River auf einer Hubbrücke. Nördlich der Brücke liegen rechts Amtraks zentrale Wagenwerkstatt und Lokomotivdepot, links das Wagendepot der Burlington Northern-Vorortbahnen.

Mile 484,4 Chicago, Union Station
Am frühen Morgen rollt der „Capitol Limited" in die Union Station ein. Alle Amtrak-Züge benützen in Chicago diesen Bahnhof, so dass das Umsteigen, auch zur elektrischen South-Shore-Linie, sehr bequem ist. Er liegt unter Straßenniveau am Westufer des Chicago-River-Südarmes an Canal- und Adams-Street, einige Gehminuten westlich von Downtown.

Chicago, Illinois, das Ziel des „Capitol Limited", liegt im Herzen des Kontinents und am Ufer des Michigansees. Die zweitgrößte Stadt der USA und ihr bedeutendster Verkehrsknoten, ist eine moderne, freundliche und weltoffene Wissenschafts- und Kulturstadt ersten Ranges.

Chicago verfügt über ein beeindruckendes Arsenal an Nahverkehr:

- Die 157 Kilometer lange weltberühmte Hochbahn, deren Wagen über dem Straßenniveau zwischen Wolkenkratzern rattern, besteht aus einer „Loop" genannten Innenstadtschleife, deren Linien samt U-Bahn von dort in die Vorstädte führen. Auf den Außenstrecken verkehren Expresskurse.
- Moderne Metra-Doppelstockzüge verkehren in dichtem Takt aus der Tiefe der Union Station in nordwestliche Richtungen und vom Lasalle-Bahnhof nach Rock Island.
- Elektrische Metra-Züge der South Shore Line (Südküstenlinie mit Verzweigungen)

Der „Cardinal" Richtung Chicago in Clifton Forge im Appalachengebirge

Info: Zahlen und Daten

Verkehrstage und Fahrplan
Der „Cardinal" verkehrt dreimal wöchentlich. Die Abfahrten in New York und Washington D.C. sind sonntags, mittwochs und freitags, in Chicago dienstags, donnerstags und samstags.

Westwärts		Ostwärts
9.25	New York, Penn Sta.	23.10
13.05	Washington D.C.	19.45
5.50	Indianapolis	0.45
10.40	Chicago	19.45

Zugbildung
Ausschließlich Superliner-Wagen: Schlafwagen, Luxus-, Economy- und Familienabteile, Speisewagen, Aussichtswagen mit Bar, Coach (Sitzwagen).

Verpflegung
Speisewagenservice für Schlafwagenpassagiere. Imbiss- und Getränkeservice in der Bar des Aussichtswagens für alle Passagiere.

Streckenlänge und Fahrtdauer
Washington – Chicago 929 Meilen (1496 km) in 22 Stunden. Reisegeschwindigkeit 68 km/h.

Cardinal
New York – Washington – Chicago

Der „Cardinal" stellt die Verbindung zwischen New York, Washington und Chicago über die Blue Ridge Mountains und Cincinnati her. Sein Name entstammt dem Wappenvogel von Virginia, West Virginia, Ohio, Indiana und Illinois. Er durchquert einige der anmutigsten Landschaften des amerikanischen Ostens bei Tageslicht. Sein Fahrplan ist auf die Anschlüsse Richtung Westen und Süden abgestimmt.

Streckenbeschreibung

Abschnitt New York – Washington siehe unter „Nordostkorridor", S. 83 ff.)

Mile 0,0 Washington D.C., Union Station
Nach Verlassen der Union Station durchfährt der Zug den Capitol-Hill-Tunnel, überquert den Potomac-Fluss und gelangt über Alexandria und Manassas bald auf das Piedmontplateau.

Mile 85,0 Orange
In Orange verlässt der „Cardinal" die Gleise der Southern Railway und fährt auf der „George Washington Railroad" genannten Chesapeake-&-Ohio-Strecke.

Mile 116,0 Charlottesville
Nach Ausfahrt aus dem in der Innenstadt

gelegenen Bahnhof durchquert der Zug den Campus der von Thomas Jefferson gegründeten Universität von Virginia, verlässt die nach Atlanta und New Orleans führende Strecke des „Crescent" und wendet sich nach Westen. Hier beginnt die lange Steigung über die Blue Ridge Mountains, den ersten Rücken des Appalachengebirges. Bei Afton durchquert der Zug die Blue Ridge in der malerischen Rockfish-Schlucht.

Mile 142,0 Waynesboro
Am Südende und Oberlauf des Shenandoah-Tales liegt der Eisenbahnkreuzungspunkt der C&O-Amtrak-Strecke mit der Norfolk-&-Western-Linie durch das Shenandoah-Tal, einer Haupt-Umgehungslinie der Küstenstädte für nordwärts führende Güterzüge.

Mile 155,0 Staunton
Hinter dem Städtchen liegt der Hauptkamm der Appalachen, den die Bahn nunmehr überwindet, um in das Ohio-System zu gelangen.

Mile 212,0 Clifton Forge
Hier mündet eine von Richmond durch das James-River-Tal kommende Güterlinie ein, über die die endlosen Kohlenzüge mit ihren „schwarzen Diamanten" von Coalton und Cincinnati nach Newport News zum Verschiffen in alle Welt gelangen. Clifton Forge ist Ausgangsstation für die Orte Hot Springs, Warm Springs, Healing Springs und Falling Springs.

Mile 246,0 White Sulphur Springs
Mit 586 Metern ist dieses hübsche, malerisch gelegene Städtchen der höchste Punkt aller Eisenbahn-Appalachenübergänge. Von Charlottesville aus hat der Zug eine Höhendifferenz von 457 Metern auf 210 Kilometern überwunden.

Mile 257,0 Ronceverte
Ab hier folgt die Bahn für die nächsten 240 Kilometer den romantischen Tälern von Greenbriar und Kanawha durch die zerklüfteten Berge West Virginias abwärts. Hinter Alderson durchfährt der Zug den Great-Bend-Tunnel.

Mile 325,0 Thurmond
Im engen Tal ist gerade Platz für die Station des Städtchens Mount Hope.

Mile 388,0 Charleston
Die Hauptstadt West Virginias liegt am Kanawah River etwa 110 Kilometer oberhalb seiner Mündung.

Mile 438,0 Huntington
An diesem Eisenbahnknoten erreicht die Bahn das Ohio-Tal.

Mile 458,0 Russel
In dieser C&O-Station werden die Kohlenzüge Richtung Newport News beziehungsweise Toledo und Chicago zusammengestellt. Über South Portsmouth und Covington (Kentucky), wo die Louisville-&-Nashville-Bahn von Süden einmündet, und eine lange Stahlbrücke über den Ohio erreicht der „Cardinal" Cincinnati.

Mile 599,0 Cincinnati, Ohio
Mitten in der Nacht hält der „Cardinal" am Union Terminal der bedeutenden Industriestadt.

Ab Cincinnati neue Meilenzählung.

Mile 132,0 Indianapolis
Von Cincinnati aus wird die am White River gelegene Hauptstadt Indianas über den Umweg Connersville erreicht. Die neue Amtrak-Station ist zentral gelegen, wenige Minuten vom Monument Circle, und ist Bestandteil der neu gestalteten Innenstadt.

Mile 304,0 Dyer
Eisenbahnknoten im Südosten Chicagos.

Mile 307,0 Munster, Indiana
Der „Cardinal" verlässt hier die Louisville-&-Nashville-Gleise und rollt über die Conrail-Strecke nach Chicago.

Mile 332,0 Chicago, Union Station
Beschreibung: „Capitol Limited", S. 75.

Verknüpfung von Fern- und Nahverkehr: Philadelphias 30th Street Station

Pennsylvanian und Keystone-Service
New York – Pittsburgh

Die Reise von New York nach Pittsburgh führt durch die reizvollen Flusslandschaften des Ostens und über den Höhenrücken der Appalachen. Der Zug rollt über eine der traditionsreichsten Eisenbahnstrecken der USA, die Pennsylvania Railroad.

Streckenbeschreibung

Von New York bis Philadelphia befährt der Zug den Nordostkorridor (S. 83 ff.). Von Philadelphia bis Pittsburgh rollt er über die geschichtsträchtige Hauptlinie der mächtigen Pennsylvania Railroad, die 1912 ein Eisenbahnnetz von 18 747 Kilometern sowie Maschinen- und Wagenfabriken, Kanäle und Bergwerke besaß. Heute gehört der östliche Abschnitt bis Harrisburg der Amtrak, während die Trans-Allegheny-Linie bis Pittsburgh Eigentum der Conrail ist.

Mile 0,0 Philadelphia

Nach Verlassen der 30th Street Station rollt der Zug durch die sogenannten „Main Line"-Vororte, die von Overbrook, Mile 5,6, bis Paoli, Mile 20,0, reichen; eine Kette von eleganten Wohnrevieren, welche die Pennsylvania Railroad für ihre wohlhabenden Mitarbeiter schuf. Hinter Paoli gelangt die Strecke auf das Piedmontplateau und durchfährt das idyllische Pennsylvania Dutch Country, dessen Bezeichnung allerdings nicht auf holländische, sondern auf von William Penn veranlasste deutsche Besiedlung zurückgeht.

Mile 67,9 Lancaster

Die größte Stadt der Region und eine der ältesten Pennsylvanias ist heimliche

> **Info: Zahlen und Daten**
>
> **Verkehrszeiten**
> Ähnlich dem Nordost-Korridor (siehe dort) weist der Keystone-Service einen dichten Takt auf. Elf Tageszugpaare verkehren montags bis freitags bis Harrisburg, an Wochenenden sechs. Einer von diesen, der tägliche „Pennsylvanian", fährt bis Pittsburgh.

Hauptstadt des Dutch Country und Mittelpunkt des Amish-People-Gebietes. Eisenbahnfreunde besuchen von dort aus das Eisenbahnmuseum von Pennsylvania und die Strasburg Railroad.

Mile 103,2 Harrisburg
Die Hauptstadt Pennsylvanias ist westlicher Endpunkt der Bahn-Elektrifizierung. Hinter Harrisburg überquert der „Pennsylvanian" den Susquehanna auf einem 970 Meter langen feingliedrigen Steinbogenviadukt und folgt sodann seinem Westufer bis Duncannon, Mile 118,0. Von hier ab verläuft die Strecke 160 Kilometer lang im Juniata-Tal aufwärts, das ein natürliches Tor durch die Buffalo-, Shade- und Tuscarora-Berge, die drei östlichen Bergrücken der Alleghenies, bildet.

Mile 188,3 Mount Union
Hier schlängelt sich der Juniata durch die „Jack's Narrows"-Schlucht. Der alte Kanal, Teil eines einst riesigen Systems zwischen Eriesee und der atlantischen Chesapeake-Bucht, und die Bahn folgen dem Fluss.

Mile 234,0 Altoona
Die Eisenbahnerstadt ging aus einem Lager der Pennsylvania Railroad beim Bau des Allegheny-Gebirgsübergangs 1849 hervor. Später beherbergte sie die Hauptwerkstätten und Lokomotivwerke der Bahngesellschaft. Unmittelbar hinter der Stadt erfolgt der Gebirgsübergang mittels der berühmten „Horseshoe"-Schleife. Auf 18 Kilometer Länge werden hier über 300 Höhenmeter überwunden (siehe Bahn-Ziele, S. 120).

Mile 245,8 Gallitzin
Der 670 Meter hohe Allegheny-Kamm ist Wasserscheide zwischen Atlantik und Mississippi. Der „Pennsylvanian" passiert den Punkt in drei aufeinanderfolgenden Tunneln. Ab hier verläuft die Bahn in sanftem Gefälle bis zum Conemaugh River bei Lilly, Mile 251,5 und folgt dann dem Conemaugh River 70 Kilometer lang.

Mile 271,5 Johnstown
Am Zusammenfluss von Stony Creek und Conemaugh River, umgeben von den mächtigen Allegheny-Talwänden, entstand das Eisen- und Stahlzentrum Johnstown. Nördlich des Bahnhofs wird der Conemaugh auf einem steinernen Viadukt überquert.

Mile 290,5 Bolivar
Hier quert die Strecke die Packsaddle-Schlucht des Conemaugh-Flusses zwischen den Laurel- und Chestnut-Bergen.

Mile 347,9 Pittsburgh
Der „Pennsylvanian" nähert sich Pittsburgh entlang dem Südufer des Allegheny-Flusses. Der Bahnhof am östlichen Ende des Stadtkerns befindet sich an der Stelle, an der sich einst der westliche Endpunkt des „Main Line"-Kanalsystems befand.

Der Eisenbahnknoten Pittsburgh, ehemaliges Fort und heute bedeutende Industriestadt der USA mit Werken der Schwerindustrie, liegt anmutig am Allegheny River und Monongahela River, die sich hier zum Ohio River vereinigen. Ein modernes Stadtbahnsystem vermittelt den Vorortverkehr.

> **TIPPS**
> - Mit zwei Standseilbahnen kann man auf die die Stadt umgebenden Panoramaberge fahren.
> - Im Bahnhof der Pittsburgh & Lake Erie Railroad (P&LERR) am Monongahela-Flussufer ist direkt neben der Güterstrecke ein kleines Eisenbahnmuseum eingerichtet.

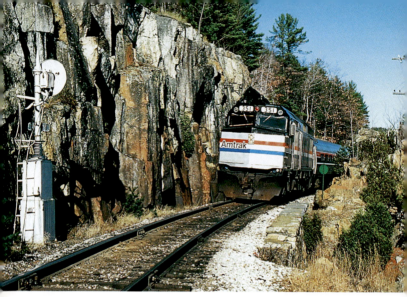

Amtrak-Garnitur auf pittoresker Strecke unterwegs

Info: Zahlen und Daten

Fahrplan
Die Abfahrt in New York ist täglich um 15.50 Uhr, die Ankunft in Chicago anderntags um 0.30 Uhr. Der Gegenzug startet in Chicago um 19.55 Uhr und trifft am nächsten Tag um 15.25 in New York ein. In Albany-Rensselaer wird er mit dem Flügelzug aus Boston vereinigt.

Zugbildung
Amfleet-Wagen: Schlafwagen (Luxus-, Economy- und Familienabteile), Speisewagen, Coach (Sitzwagen).

Verpflegung
Speisewagenservice für Schlafwagenpassagiere. Getränke- und Imbissservice.

Streckenlänge und Fahrtdauer
959 Meilen (1544 km) in 17 Stunden. Reisegeschwindigkeit 88 km/h.

Lake Shore Limited
New York/Boston – Chicago

Auf seiner Route von New York über Albany, Buffalo und Cleveland nach Chicago durchfährt der „Lake Shore Limited" das romantische Hudson-Tal, die Finger Lake-Region entlang dem alten Eriekanal und passiert den Erie- und Michigansee.

Streckenbeschreibung
Mile 0,0 New York, Penn Station
Die Hudson-Valley-Bahn, frühere Hauptlinie der New York Central Railroad, ist eine der schönsten Eisenbahnrouten der USA. 200 Kilometer weit folgt sie dem Ostufer des breiten, majestätischen Stromes und passiert zahlreiche historische Stätten.

Nach Verlassen der New Yorker Penn Station biegt die Strecke sofort nach Norden, verläuft größtenteils unterirdisch dem Hudsonfluss entlang und taucht auf

Höhe der 123. Straße wieder ans Tageslicht. Nach Durchfahren des Inwood Hill Parks verlässt sie Manhattan auf einer Brücke über den Harlem River, durchfährt die Station Spuyten-Duyvil und fährt weiter durch das romantische, an das Mittelrheintal erinnernde Hudson-Tal nordwärts.

Mile 32,7 Croton-Harmon
Nördlicher Endpunkt der vom Grand Central-Bahnhof ausgehenden elektrifizierten Strecke mit Diesellok- und Elektrolok-Werkstätten.
Hinter dem Bahnhof Poughkeepsie, Mile 72,8, unterquert der Zug die Poughkeepsie-Brücke, eine aufgelassene Gütermagistrale nach Neu-England.

Mile 141,6 Albany-Rensselaer
Albany wuchs aus einem holländischen Militärposten namens Fort Nassau aus dem Jahr 1614 und ist seit 1797 Hauptstadt des Staates New York.
Seine Bedeutung bezieht es aus der strategisch günstigen Lage am Hudson und am Eingang zum Mohawk-Tal, einer natürlichen Wasserstraße durch die nördliche Appalachenkette. Der neue Amtrak-Bahnhof mit überdachtem Querbahnsteig und Hochbahnsteigen liegt auf der anderen Flussseite im Städtchen Rensselaer.
Ab Albany neue Meilenzählung.
Der Zug verlässt nun die Süd-Nord-Richtung des Hudsons und biegt nach Westen in das Mohawk-Tal, das den ganzen Staat New York vom Hudson bis zum Eriesee durchzieht und schon zu Indianerzeiten eine Handelsschlagader war. 1825 baute der Staat New York den das Tal durchziehenden Eriekanal vom Niagara nach Albany und New York, der entscheidenden Anteil am Wachstum von New York City hatte. Sechs Jahre später ging die Eisenbahn zwischen Albany und Schenectady in Betrieb, und binnen kurzem entstand aus der Kombination mit anderen Linien die New York Central Route, die jetzt Bestandteil des Conrail-Netzes ist.

Mile 17,4 Schenectady
Die Stadt mit ihren Kolonialstilhäusern ist Hauptsitz von General Electric. Westlich des neuen Bahnhofs trennt sich die Hauptlinie nordwärts ins kanadische Montréal von den Conrail-Gleisen nach Buffalo. Parallel zur Bahn verläuft jetzt der Eriekanal 370 Kilometer weit bis Rochester.

Mile 147,9 Syracuse
Nach Passieren des Oneida-Sees einige Meilen nördlich hält der Zug in der Industrie- und Porzellanmanufakturstadt am alten Eriekanal (Kanalmuseum). Der „Lake Shore Limited" passiert nun in einiger Entfernung nördlich die Finger Lake-Region der fünf Seen Cayuga, Otisco, Owasco, Seneca und Canandaigua.

Mile 260,3 Batavia
Zwischen Batavia und Buffalo verläuft die Strecke kerzengerade. Hier stellte die Dampflokomotive # 999 mit dem „Empire State Express" den berühmten Rekord von 112,5 mph (180,3 km/h) auf

Entlang dem großartigen Hudson River führt die Fahrt nach New York.

Sämtliche Eisenbahn-Fernrouten

und wurde schnell die berühmteste Lokomotive Amerikas. Sie steht heute im Chicagoer Museum of Science and Industry (siehe Bahn-Ziele, S. 136).

Mile 297,1 Buffalo-Depew
Buffalo, eine französische Gründung von 1679, ist heute eine große Industrie- und Hafenstadt und bedeutender Eisenbahnknotenpunkt (Abzweigung ins kanadische Toronto!) am Ostende des Eriesees. Der Bahnhof Depew, im gleichnamigen östlichen Vorort Buffalos, ersetzt den früheren Central Terminal im Art-Deco-Stil. Die Strecke Buffalo – Chicago folgt dem 470 Kilometer langen Südufer des Eriesees bis Toledo und führt weiter durch Nordwest-Ohio und Nord-Indiana nach Chicago.

Ab Buffalo Neustationierung.

Mile 77,2 North East, Pennsylvania
Von hier bis Erie reicht die nördlich der Bahn verlaufende Lokomotiv-Teststrecke der General-Electric-Werke in Erie mit sechs verschiedenen Spurweiten.

Mile 91,2 Erie, Pennsylvania
Industriestadt (unter anderem General Electric) und Pennsylvanias einzige Hafenstadt an den Großen Seen.

Mile 189,3 Cleveland
Der Abschnitt Cleveland – Chicago ist unter „Capitol Limited" (S. 74/75) beschrieben.

„Lake Shore Limited" nach New York und Anschlusszug nach Boston im neu gestalteten Bahnhof Albany-Rennselaer

Acela-Express links überholt eine moderne U-Bahn in Washington D.C.

Metroliner, Acela und Nordostkorridor-Verbindungen

Der Nordostkorridor stellt eine sehr gute Eisenbahnverbindung zwischen den wie an einer Perlenschnur aufgereihten Großstädten Boston, Providence, New York, Philadelphia, Baltimore und Washington der dicht besiedelten USA-Ostküste dar.

Seine südliche Fortsetzung reicht bis nach Newport News am Atlantik.

Der Nordostkorridor weist den dichtesten Reisezugverkehr der USA auf. Die Züge verkehren mindestens stündlich (Acela-Express-, Regional- und Clocker-Service). Der „Twilight Shoreliner" bringt seine Fahrgäste über Nacht von Boston (ab 21.45 Uhr) oder New York (ab 3.00 Uhr)

i Info: Zahlen und Daten

Streckenabschnitt	
New York – Philadelphia	
Zug	**Laufweg**
Keystone-Service-Züge	New York – Harrisburg
Streckenabschnitt	
New York – Washington	
Zug	**Laufweg**
Ethan Allen Express	(Rutland – Washington D.C.)
Streckenabschnitt	
New York – Richmond	
Zug	**Laufweg**
Silver Meteor	New York – Miami
Silver Star	New York – Miami
Silver Palm	New York – Miami
Zug	**Laufweg**
Crescent	New York – Alexandria
Vermonter	Washington D.C. – New Haven
Carolinian	New York – Charlotte
Piedmont	New York – Richmond

nach Newport News. Zusätzlich befahren die in oben stehender Tabelle aufgeführten Züge Teile des Nordostkorridors.

Ausbau zur Hochgeschwindigkeitsbahn

Seit 1999 wird der Nordostkorridor zwischen Boston und Washington zur Schnellbahn mit Geschwindigkeiten bis zu 150 Meilen je Stunde (240 km/h) ausgebaut. Die Strecke Boston – New York wird nach dem Ausbau in drei Stunden, die Strecke New York – Washington in zwei Stunden zurückgelegt. Seit 1999 verkehrt neben dem Metroliner auch der Acela-Express, ein Hochgeschwindigkeitszug auf Basis des französischen TGV, der zwischen Boston und Washington fährt. Er führt einen Wagen erster Klasse, eine Bar und vier Business-Class-Wagen mit sich.

1. Nordast Boston – New York

Mile 0,0 Boston, Massachusetts

Boston, 1630 gegründete Hauptstadt von Massachusetts, ist die größte und älteste Stadt Neuenglands. Die Metropole mit einer sehenswerten Altstadt ist Sitz der weltberühmten Harvard-Universität jenseits des Charles River sowie der bekannten Technischen Hochschule (Massachusetts Institute of Technology, MIT). Sie bildet den nördlichen Endpunkt des Nordostkorridors. Boston hat ein ausgedehntes U- und Straßenbahnsystem. Die Amtrak-Züge starten vom Südbahnhof am Rand des Stadtzentrums. Er war einst einer der größten und verkehrsreichsten Amerikas, hat ein monumentales, klassizistisches Empfangsgebäude mit lichtem Innenhof und wurde 1898 eröffnet. Er ist Umsteigestation zu Vorortzügen und zur U-Bahn. Ab hier fahren die Züge elektrisch.

Die 375 Kilometer lange Strecke Boston – New York war einst die Hauptlinie der alten New York, New Haven & Hartford-Bahn, gehörte später der Penn Central-Bahn und wird heute von Amtrak selbst betrieben. Wegen ihres landschaftlich reizvollen, küstennahen Verlaufes ist sie auch bekannt als „Shore Line". Der Zug fährt durch eine waldreiche, zerklüftete Landschaft mit zahlreichen Siedlungen, kreuzt auf riesigen Brücken Flüsse und Meeresbuchten und passiert die malerischen Küstenstädtchen Neuenglands mit ihren farbenfrohen Häusern. Er durchquert dabei die Neuenglandstaaten Rhode Island und Connecticut.

Mile 44,0 Providence

Die Hauptstadt von Rhode Island ist zugleich Amtrak-Station für Newport und Fall River.

Mile 157,0 New Haven

Die 1638 gegründete, typisch neuenglische Stadt an der Mündung des Quinnipiag River ist Sitz der Yale-Universität. In New Haven beginnen die Vorortzüge nach New York.

Mile 212,7 New Rochelle, New York

Hier trennt sich die Fern- von der Vorortbahn. Hier beginnt auch die 5,5 Kilometer lange Hell Gate Bridge, die „Höllentorbrücke", eine 1917 eröffnete Verbindung hoch über die Pelham-Bucht zur Bronx. Die Brücke stellt – neben den Tunneln unter dem East River und dem Hudson River – einen der spektakulärsten Bestandteile der schon 1910 vollendeten neuen Strecke zur Pennsylvania Station in Manhattan dar. Während der Zug über eine lange Rampe langsam die Hochbrücke erklimmt, erheben sich rechts am Horizont die Wolkenkratzer von Manhattan und scheinen majestätisch vorüberzuziehen – ein einzigartiges

Metroliner, Acela und Nordostkorridor-Verbindungen

Manhattan, vom Metroliner aus gesehen!

Reiseerlebnis und wohl die schönste Art, sich zum ersten Mal New York zu nähern.

Mile 231,5 New York, Pennsylvania Station

New York, die weltoffene Kunst- und Kulturmetropole, der erste Handels- und Finanzplatz der Erde, das wichtigste Industriezentrum der USA, hat seinen Hauptbahnhof im Herzen Manhattans, unterirdisch im Bereich zwischen 7. und 8. Avenue und 31. bis 33. Straße, einen Block westlich des Broadway. Die Pennsylvania Station ist der größte Durchgangsbahnhof der USA und Bindeglied zwischen den Neuenglandstaaten auf der östlichen und Pennsylvania auf der westlichen Seite. Der Bahnhof wurde am 27. September 1910 mit klassizistischem Empfangsgebäude nach dem Vorbild der römischen Caracalla-Thermen eröffnet. Das heutige Empfangsgebäude ist ein großzügiger moderner, elliptischer Zweckbau über den Gleisanlagen und bietet alle Serviceeinrichtungen. Alle Amtrak-Züge benutzen diesen Bahnhof, außerdem die Anschlusszüge („Commuter Trains") nach New Jersey und Long Island.

2. Südost New York – Washington D.C. (– Newport News)

Die Hauptlinie ist zwei- bis sechsgleisig, elektrifiziert und kreuzungsfrei.
Nach Verlassen der Penn Station unterquert der „Silver Meteor" die Hauptpost und gelangt im Bereich der 9th Avenue kurz ans Tageslicht, bevor er im doppelgleisigen Bergen-Hill-Tunnel unter dem Hudson River verschwindet. Am Westufer des Flusses erreicht er den Staat New Jersey und unterfährt das Manhattan gegenüberliegende West Hoboken. Westlich der „Palisaden" genannten steilen Klippen

Sämtliche Eisenbahn-Fernrouten

seitlich des Hudson taucht er wieder ans Tageslicht und überquert kurz darauf den Hackensack River.

Nahe Harrison trifft die 1910 eröffnete Penn-Station-Tunnellinie auf die alte Strecke vom Jerseyer Schiffsanleger aus der Zeit vor dem Hudsontunnel. Hier war die kuriose Station Manhattan Transfer, in der die ursprünglich im Hudsontunnel verwendeten Elektrolokomotiven gegen Dampflokomotiven getauscht wurden. Heute ist die Strecke bis Washington beziehungsweise Harrisburg mit 11 000 Volt Wechselspannung elektrifiziert.

> **Info: Zahlen und Daten**
>
>
> **Streckenlänge und Fahrtdauer**
> Boston – Washington: 456 Meilen (734 km) in 6 1/2 Stunden. Reisegeschwindigkeit 113 km/h (Acela-Express) .New York – Washington: 225 Meilen (362 km) in 3 Stunden = 120 km/h (Acela-Express)

Mile 10,0 Newark
Vor Einfahrt in die Stadt passieren Züge aus New York den Passaic River auf einer langen Brücke, die sie mit den New Jersey-Pendelzügen und der Trans-Hudson-Linie nach Port Authority (PATH; früher „Hudson Tubes" genannt) teilen. Die PATH betreibt zwei Tunnelstrecken nach Manhattan: die eine zum World Trade Center im Finanzviertel, auch nach dem 11. September 2001 liebevoll „The Tradies" genannt, die andere nach Midtown. Amtrak-Passagiere haben gute Anschlüsse am selben Bahnsteig an PATH-Züge und Pendelzüge nach Zentral-New Jersey.

Mile 48,4 Princeton Junction
Von der Amtrak-Station besteht ein Pendelzug-Anschluss zur Stadt Princeton und ihrer altehrwürdigen Universität.

Mile 58,1 Trenton
Die Hauptstadt New Jerseys liegt am

New Yorker Hochbahn in Brooklyn

Ostufer des Delaware. Nach Verlassen des Bahnhofs quert die Strecke den Fluss und gelangt nach Pennsylvania.

Mile 85,9 North Philadelphia
Zwischen North Philadelphia und Philadelphia liegt Zoo Tower, einer der wichtigsten Eisenbahnknoten Amerikas. Hier teilt sich der aus New York kommende Verkehrsstrom auf die Äste nach Washington und Harrisburg auf.

Mile 90,1 Philadelphia (30th Street Station)
Die „Stadt der brüderlichen Liebe" (griechisch), große Industrie- und Handelsstadt am Ufer des Delaware River, wurde 1682 von William Penn gegründet.
Die sehenswerte „Wiege der Nation" mit ihren Konzertsälen und Museen,
Sitz der University of Pennsylvania und weiterer Universitäten, steht in den USA kulturell mit an erster Stelle.
Ihr stattlicher Bahnhof mit repräsentativem klassizistischem Empfangsgebäude liegt in West Philadelphia, von der Innenstadt durch den Schuykill River, einen Nebenfluss des Delaware, getrennt. Im Untergeschoss verkehren Fernzüge, im oberen Quergeschoss die Vorortzüge SEPTA in die nahe Innenstadt (die Amtrak-Fahrkarte ist hier gültig) und in die nördlichen und westlichen Vororte bis zum Flughafen.

Mile 102,4 Eddystone
Östlich der Gleise stehen die Gebäude der einstigen Baldwin-Lokomotivfabrik, Amerikas größtem Dampflokomotiv-Hersteller. Tausende von Dampfrössern wurden in dem von dem Uhrmacher Matthias Baldwin gegründeten Werk bis 1950 gebaut.

Mile 116,8 Wilmington
Die größte Stadt Delawares beherbergt ein Amtrak-Betriebs- und -Ausbesserungswerk.

Mile 185,2 Baltimore, Maryland
Nach einer Serie von Tunneln von 1874 läuft der Zug in die 1,5 Kilometer nördlich des Stadtkerns gelegene Penn Station ein. Hier ist die Umsteigestation zur Stadtbahn und auf die „Marc"- und „Conrail"-Vorortzüge nach Washington D.C. Die klassizistische Bahnhofsanlage mit integrierter Querbahnsteighalle von 1910 ist weitgehend im Ursprungszustand erhalten.
Baltimore spielt eine besondere Rolle in der amerikanischen Eisenbahngeschichte, eröffnete hier doch die Baltimore & Ohio Railroad (B&O) ihre erste Linie bereits im Jahre 1830. Hier fand auch das denkwürdige Rennen zwischen der Dampflokomotive „Tom Thumb" und einem Pferd statt. Das Pferd siegte damals, nachdem die Maschine einen Schaden erlitten hatte! Im ursprünglichen B&O-Bahnhof „Mount Claire" ist heute ein Transportmuseum untergebracht (siehe S. 115).

Mile 225,3 – Mile 0,0 Washington, D.C.
(Beschreibung des Bahnhofs siehe unter „Capitol Limited", S. 73)
Washington, District of Columbia. Die Bundeshauptstadt der Vereinigten Staaten am Potomac River mit Staatskapitol und Weißem Haus ist Sitz von Bundesbehörden und wissenschaftlichen Instituten. Washington weist ein luxuriöses U-Bahn-Netz auf. Ab Washington D.C. neue Meilenzählung.
Die Züge Richtung Süden verlassen den Bahnhof Washington Union Station vom tiefer gelegenen Durchgangsteil aus und tauchen sofort in den Tunnel unter dem Kapitolshügel ein. Hinter dem Tunnelausgang zieht das Panorama des Regierungsviertels zur Rechten vorüber. Kurz danach wendet sich die Strecke gen Süden und überquert das Tidal Basin (Gezeiten-

becken) und den Potomac River auf einer langen Stahlbrücke.

Mile 7,5 Potomac Yard, Virginia
Der große Rangierbahnhof östlich der Strecke ist Hauptumschlagplatz für alle vom Mittelwesten und Süden kommenden Güterzüge; diese umfahren anschließend Washington und nutzen die Route über Anacostia im südlichen Maryland. Die Strecke führt nun durch das weite atlantische Küstenland Virginias.

Mile 108,3 Richmond
Die Einwanderersiedlung von 1635 ist heute Hauptstadt Virginias. Die Amtrak-Station liegt heute an der Umgehungsbahn einige Meilen nördlich der Stadt. Ab Richmond neue Meilenzählung.

Abschnitt Richmond – Newport News
Der südlichste Ausläufer des Nordostkorridors ist die 125 Kilometer lange Zweigstrecke nach Newport News. Die Linie führt nach Südosten über die gesamte Virginia-Halbinsel zwischen York River und James River.

Mile 56 Williamsburg
Williamsburg ist ein sorgfältig restauriertes altes Städtchen mit kolonialer Atmosphäre. Die Amtrak-Station liegt nahe dem Zentrum.

Mile 83 Newport News
Der Militär- und Naturhafen Newport News am Kap der Halbinsel ist südlicher Endpunkt des Nordostkorridors. Von dort gibt es Amtrak-Anschlussbusse nach Norfolk und Virginia Beach. Newport News ist Sitz eines Marine- und Militärmuseums (siehe Bahn-Ziele, S. 117) und großer Werften.

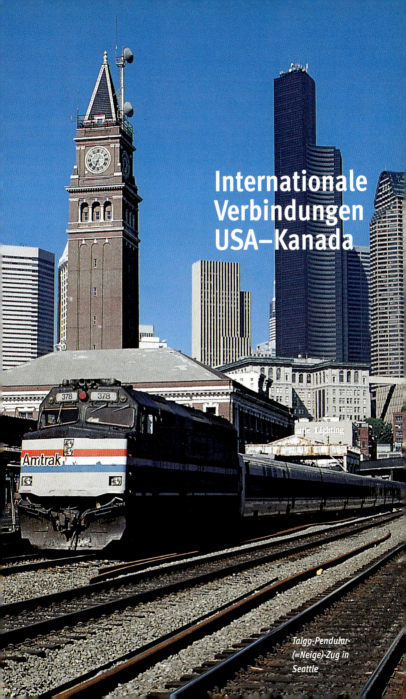

Internationale Verbindungen USA–Kanada

Talgo-Pendular-(=Neige)-Zug in Seattle

Cascades Service
Seattle – Vancouver

Der „Mount Baker International" verbindet auf einer malerischen Route entlang dem Nordwestrand des Kontinents die beiden 190 Kilometer entfernten Großstädte Seattle (USA, Staat Washington) und Vancouver (Kanada, Staat British Columbia) am nördlichen Pazifik.

Streckenbeschreibung
Kurzcharakterisierung von Seattle siehe unter „Empire Builder", S. 44.
Der „Mount Baker International" startet in der King Street Station am Südostrand der Innenstadt von Seattle, unterquert den Stadtkern in einem 1,5 Kilometer langen Tunnel nach Norden und schlängelt sich unmittelbar an der Puget-Meerenge entlang Richtung Norden auf Gleisen der Burlington Northern Railroad.
In **Everett, Mile 33**, verlässt er die nach Osten abbiegende Strecke des „Empire Builder".
Burlington, Mile 67, ist Abzweigstation der Burlington-Northern-Strecke nach Chilliwack/Kanada. Nördlich von Mount Vernon ergeben sich links Ausblicke auf die San-Juan-Inselwelt, eine Gruppe von 172 Inseln zwischen der Nordwestküste von Washington und der kanadischen Insel Vancouver.
Bellingham, Mile 98, in der äußersten Nordwestecke des Staates Washington, ist Fischereihafen und Holzverarbeitungsplatz, eine Stadt mit schönen Parkanlagen. Im Osten erhebt sich der schneebedeckte Vulkankegel des Mount Baker mit 3276 Metern Höhe aus der Kaskadenkette.
Nach Passieren der **kanadischen Grenze (Mile 110)** und Halten in Surrey (Mile 115) und Richmond (Mile 132) läuft der „Mount Baker International" in die Pacific Central Station von Vancouver ein (Mile 156). Dieser Bahnhof mit klassizistischem Empfangsgebäude ist etwa zwei Kilometer südöstlich von Downtown gelegen und mit dieser durch eine Metro-Hochbahn verbunden. Der im Herzen der Altstadt an der Pazifikfront liegende monumentale Bahnhof der „Canadian Pacific Railway" ist außer Betrieb.
Die kanadische Stadt Vancouver liegt überaus schön zwischen Bergen und Meeresarmen nahe der Mündung des Fraser River in den Pazifik an der Südwestecke Britisch Kolumbiens. Die Stadt ist Kanadas wichtigster Pazifikhafen und bedeutendster Industrieplatz des Westens.

> ### ℹ Info: Zahlen und Daten
>
> **Verkehrszeiten und Fahrplan**
> Der „Mount Baker International" Seattle – Vancouver verkehrt täglich. Er verlässt Seattle um 7.45 Uhr und erreicht Vancouver um 11.40 Uhr, der Gegenzug startet in Vancouver um 18.00 Uhr und läuft um 22.55 Uhr in Seattle ein. Die Verbindung eignet sich also vorzüglich zu einem Tagesausflug nach Vancouver
> **Zugbildung**
> Talgo Pendular-Neigezug
> **Streckenlänge und Fahrzeit**
> 156 Meilen (250 km) in 4 Stunden. Reisegeschwindigkeit 64 km/h.
> Außer dem Zug bietet die Amtrak noch drei Pendelbusse auf der Route Seattle – Vancouver an, davon einen als Anschluss zum „Coast Starlight"

Gepäckservice beim „Vermonter"

„Adirondack" und „Vermonter"
(Washington –) New York – Montréal

Zwischen der Weltstadt New York und der zweitgrößten Stadt Kanadas liegen einige der schönsten Landschaften des amerikanischen Ostens. Der Tageszug „Adirondack", benannt nach einem Gebirge südlich Montréals, gleitet durch das großartige Hudsontal und am Westufer des Champlain-Sees entlang nach Montréal. Auf dieser historischen Route folgt er dabei dem alten Indianerpfad, den auch die französischen Entdecker und später die britische Armee benutzten. Geschichtliche Orte wie Fort Ticonderoga und Saratoga liegen am Weg.
Der „Vermonter" beginnt nach Bustransfer von Montréal in St. Albans und rollt auf seinem Weg nach Süden durch einige der reizvollsten Landschaften Neuenglands, darunter das tief eingeschnittene und waldige Tal des Connecticut River, des Hauptflusses von Vermont.

Beschreibung des „Adirondack"
Zur Fahrt durch das Hudsontal empfiehlt sich ein Platz auf der linken Seite (Richtung Norden) des Zuges (Beschreibung der Strecke New York – Scenectady siehe unter „Lake Shore Limited", S. 80 f.).

Mile 159,0 Scenectady
Die Züge nach Montréal verlassen nach dem Bahnhof von Scenectady die Conrail-Hauptstrecke nach Buffalo, der alten New York Central, und schwenken nordwärts in die Trasse der Delaware and Hudson Railroad ein, eine der ältesten amerikanischen Eisenbahnen, die im frühen 19. Jahrhundert als Kanalgesellschaft begonnen hatte. Der Zug passiert nun die alte Fabrik der American Locomotive Company ALCO (zur Linken).

Sämtliche Eisenbahn-Fernrouten

> ### ℹ Info: Zahlen und Daten
>
> **Verkehrszeiten und Fahrplan**
> „Adirondack" und „Vermonter" verkehren beide täglich. Der „Adirondack" verlässt New York um 8.15 Uhr und trifft um 16.30 Uhr in Montréal ein. Der Gegenzug startet um 9.50 Uhr in Montréal und erreicht New York um 19.40 Uhr.
> Der „Vermonter" startet um 8.05 Uhr in Washington D.C. und um 11.30 Uhr in New York. Nach Umsteigen in St. Albans in einen Amtrak-Transferbus um 21.25 Uhr wird um 23.00 Uhr Montréal erreicht. – Der Transfer-Bus startet morgens um 5.45 Uhr in Montréal, nach Umsteigen in St. Albans (Ankunft um 7.15 Uhr) setzt sich der „Vermonter" um 8.30 Uhr in Bewegung und erreicht New York um 18.25 Uhr, Washington D.C. um 22.05 Uhr
>
> **Zugbildung**
> „Adirondack": Heritage-Sitzwagen und -Lounge, „Vermonter": Amfleet-Sitzwagen und -Lounge
>
> **Streckenlänge und Fahrtdauer**
> „Adirondack": 381 Meilen (614 km) in 10 Stunden. Reisegeschwindigkeit 61 km/h.
> „Vermonter" (ab/bis New York): 380 Meilen (612 km) in 10 Stunden. Reisegeschwindigkeit 61 km/h

Mile 197,1 Fort Edward
Vor der Einfahrt in den Bahnhof kreuzt der Zug zum letzten Mal den von Westen kommenden Hudson, der fünf Kilometer stromaufwärts bei Glens Falls aus den Adirondack-Bergen kommt. Hier mündet auch der vom Champlain-See kommende Champlain-Kanal, der eine durchgehende Wasserstraße von Montréal nach New York schafft, in den Hudson. Fort Edward wurde zum militärischen Schutz des südlichen Kanalendes angelegt.

Mile 208,5 Fort Ann
Fort Ann ist das nördliche Gegenstück zu Fort Edwards und sichert das Nordende des Kanals an seiner Mündung in den Half River.

Mile 219,1 Whitehall
Malerisches Städtchen auf der der Bahn gegenüberliegenden Flussseite. Nach Verlassen des Bahnhofs durchfährt der Zug einen kurzen Tunnel und schlängelt sich am waldreichen Westufer des Champlain-Sees entlang. Zur Linken erhebt sich das Adirondack-Gebirge mit dem 1628 Meter hohen Mount Marcy, dem höchsten Berg im Staat New York.

Von **Westport, Mile 269**, einer kleinen Station hoch über dem Felsenufer des Sees, windet sich der Zug in einem an Naturschönheiten reichen Abschnitt durch enge in die Steilufer gehauene Einschnitte und an den lotrechten Felswänden des Champlain-Sees vorbei nordwärts bis Plattsburgh, Mile 310,0. Von hier ab wird das Land allmählich zunehmend flach. Farmland tritt an die Stelle der Holzindustrie.

Mile 333,3 Rouses Point, New York
Einsamer Verknüpfungsbahnhof der Eisenbahnen der USA und Kanadas mit grasüberwucherten Gleisen.

Mile 338,5 Cantic, Quebec (Kanada)
Hier findet die kanadische Pass- und Zollkontrolle im Zug statt. Die Route folgt nun dem flachen Tal des Richelieu-Flusses, der vom Champlain-See zum Sankt-Lorenz-Strom fließt. Der Fluss wurde benannt nach Kardinal Richelieu, in dessen Amtszeit als französischer Premierminister Montréal gegründet wurde. Hinter **St. John, Mile 355,6**, verlässt der Zug das Richelieutal und gelangt über einen flachen Landrücken zum St.-Lorenz-Strom, den er bei St. Lambert, Mile 374,8, auf der Victoria-Brücke überquert.

Mile 378,8 Montréal, P.Q. (Central Station)

Nach Passieren des Knotens Bridge Street erreicht der „Adirondack" die moderne Central Station im Stadtzentrum, einen kombinierten Bahnhofs-, Hotel- und Geschäftskomplex mit Metro-Verknüpfung. Montréal ist eine der schönsten Städte Kanadas mit zahlreichen französischen Architekturreminiszenzen. Wegen ihrer günstigen Lage am St.-Lorenz-Strom ist die Stadt auch führender Verkehrsknoten, Hafen sowie Handels- und Industriezentrum.

Beschreibung des „Vermonter"

Für die Rückfahrt nach New York nehmen wir den „Vermonter".

Mile 0,0 Montréal, Central Station

Der Amtrak-Thruway-Bus startet frühmorgens um 5.45 Uhr vor dem Hauptbahnhof. Nach der Grenzkontrolle bei Cantic trifft der Bus vor dem Bahnhof des östlich des Champlain-Sees liegenden Städtchens St. Albans, Mile 65,7, ein. Hier werden die Fahrgäste im Empfangsgebäude mit Kaffee bewirtet.

Der „Vermonter" beginnt seine Fahrt nun in Richtung Süden durch das Hügelland am Westfuß der Blue Mountains, immer in einiger Entfernung zum westlich gelegenen Champlain-See.

Mile 89,5 Essex Junction

Amtrak-Station für das acht Kilometer westlich am Seeufer gelegene Burlington. Ab hier folgt die Bahn dem Winooski-Tal und überquert die Blauen Berge.

Mile 121,4 Montpellier Junction

Hauptstadt Vermonts seit 1808. Ab hier schwenkt die Strecke nach Süden, überquert den Gebirgskamm und verläuft nun talwärts entlang dem dritten Ast des White River. Bei South Royalton laufen die drei Äste des Flusses zusammen.

Mile 182,9 White River Junction

Dieses malerische Neuengland-Städtchen mit idyllischer Bahnstation an der Mündung des White River in den Connecticut River ist gleichzeitig wichtiger Verkehrsknoten des oberen Neuengland, wo Eisenbahnen und Fernstraßen von New York, Boston, Montréal und Quebec zusammenlaufen. Im waldigen, schwach besiedelten Gebirgstal des Connecticut-Flusses geht die Fahrt nun beständig nach Süden. Hinter Windsor, Mile 197,0, überquert der „Vermonter" den Connecticut und gelangt vorübergehend nach New Hampshire.

Mile 222,1 Bellows Falls

Hier überquert der Zug abermals den Connecticut und kehrt nach Vermont zurück. Bellows Falls ist Standort der dieselbetriebenen Ausflugsbahn „Green Mountain Railroad" (Bahn-Ziele, S. 104).

Mile 331,5 Hartford

Hartford ist Hauptstadt von Connecticut und größte Stadt des Staates.

Mile 368,1 New Haven, Connecticut

Hier trifft der „Vermonter" auf die Nordostkorridor-Strecke aus Boston. (Beschreibung des Abschnitts New Haven – New York – Washington siehe unter „Nordostkorridor", S. 84.)

Im Hudson-Tal

Der „Maple Leaf" schängelt sich hinter der Niagarabrücke Richtung New York.

Maple Leaf und Empire Service

Mit zwei Zugpaaren zwischen New York und Niagara Falls und dem durchgehenden Zugpaar „Maple Leaf" von New York nach Toronto, Kanada, und weiteren Verdichtungszügen zwischen New York und Albany bietet der Empire Service einen komfortablen Weg, die prachtvolle Landschaft des Nordostens mit dem Zug zu erfahren. Das wundervolle Hudson-Tal, die Niagara-Wasserfälle und der Ontario-See sind die Glanzlichter dieser Tagesfahrt.

Streckenbeschreibung

Der Abschnitt New York – Buffalo ist unter „Lake Shore Limited", S. 80f. beschrieben.

Mile 0,0 Buffalo-Exchange Street
Buffalo verdankt seine Bedeutung der günstigen Lage am östlichen Ende des Eriesees. Der Bau des Wellandkanals zwischen Ontario- und Eriesee und der Bau

Info: Zahlen und Daten

Verkehrstage und Fahrplan
Der „Maple Leaf" verkehrt täglich. Er verlässt New York um 7.15 Uhr, passiert am späten Nachmittags die Niagarafälle und rollt um 19.44 Uhr in Toronto ein. Der Gegenzug startet dort um 8.30 Uhr, quert die Niagarabrücke kurz vor Mittag und gelangt um 21.45 Uhr nach New York. Die Fahrplanlage ermöglicht einen schönen Tagesausflug von Toronto zu den Niagarafällen

Zugbildung
Amfleet Coach und Amfleet Lounge

Streckenlänge und Fahrtdauer
546 Meilen (879 km) in 12 Stunden. Reisegeschwindigkeit 73 km/h

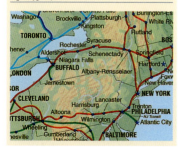

Internationale Verbindungen USA–Kanada

des Eriekanals machten die Stadt zum Umschlagplatz zwischen Seedampfern und Kanalschiffen. Der Bahnhof liegt nahe dem Geschäftszentrum.

Die Strecke folgt nun dem Ostufer des Niagara, der vom Erie- zum Ontariosee fließt und die Grenze zu Kanada bildet. Die zu den USA gehörende Insel Grand Island versperrt die Sicht zum kanadischen Ufer. Kurz hinter Tonawanda quert der Zug den anstelle des alten Eriekanals entstandenen New York State Barge Canal knapp vor seiner westlichen Mündung in den Fluss.

Mile 29,3 Niagara Falls, New York

Der US-Bahnhof des beschaulichen Städtchens ist etwas abseits des Wasserfalls gelegen.

Mile 31,1 Internationale Brücke

Der Zug überquert auf einer doppelstöckigen Stahlbrücke (oben Eisenbahn, unten Straße, Fußgänger und Zollstation) den Niagara und die Grenze zu Kanada. Eine weitere Eisenbahnbrücke dient dem Güterverkehr.

Mile 31,7 Niagara Falls, Ontario

In diesem hübschen ländlichen Bahnhof mit backsteinernem Empfangsgebäude der gepflegten kanadischen Stadt hält der Zug eine Stunde für die Pass- und Zollkontrolle. Er bietet den besten Zugang zu den Wasserfällen (Spaziergang drei Kilometer südwärts dem Niagara entlang). Die „Niagara"- (indianisch: „Wasserdonner") Fälle sind eine der großartigsten Naturerscheinungen Nordamerikas. Der 54 Kilometer lange Niagara vom Erie- zum Ontariosee stürzt an dieser Stelle knapp 60 von insgesamt 100 Metern ab. An einer Flussbiegung von West nach Nord liegen die hufeisenförmigen Kanadischen Fälle und parallel dazu, durch Goatland Island getrennt, die Amerikanischen Fälle. Sehenswert ist das Niagara Falls Museum.

Mile 42,9 St. Catherines

Hier quert der Zug den alten und kurz darauf den neuen Wellandkanal, eine der wichtigsten künstlichen Wasserstraßen des Kontinents. Über eine Treppe von acht Schleusenwerken überwindet dieser die 100 Höhenmeter zwischen Ontario- und Eriesee im Verlauf der 45 Kilometer breiten Landbrücke und ermöglicht Hochseeschiffen den Weg vom Sankt-Lorenz-Strom zu den Großen Seen.

Bis Hamilton, Mile 74,8, folgt die Strecke dem dicht besiedelten Südufer des Ontariosees und biegt dann um die westliche Seespitze. In Adlershot mündet die Strecke von Windsor (gegenüber von Detroit) und London ein.

Mile 114,1 Toronto Union Station

Am See entlang nähert sich der „Maple Leaf" seinem Ziel. Die monumentale klassizistische Union Station, beherrscht vom 533 Meter hohen CN-Tower (Fernsehturm), liegt am Südrand des Stadtkerns nahe der Hafenfront.

Toronto wurde 1834 gegründet. Die blühende Provinzhauptstadt von Ontario ist Sitz der größten Universität des britischen Commonwealth und besitzt prächtige Parkanlagen am Seeufer sowie eine nostalgische Straßenbahn.

Halt im kanadischen Grenzbahnhof Niagara Falls

Die 100 schönsten Bahnziele

*Im Aussichtswagen der Durango & Silverton
Bahn durch die schroffe Rio-Animas-Schlucht*

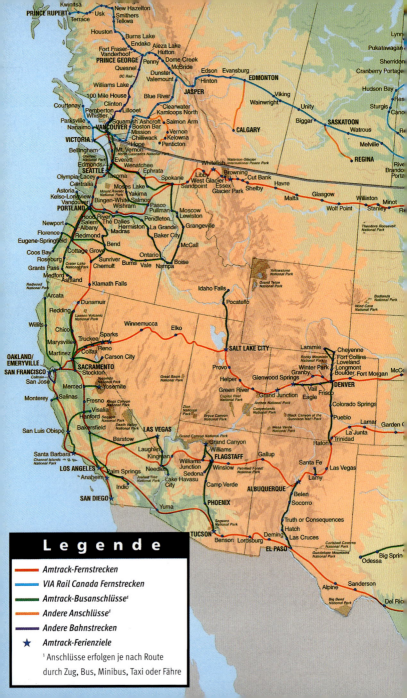

Reiseziele in Neuengland

Von North Conway geht es mit einer GP 7 der Maine Central in die White Mountains.

Vorbemerkung zu den folgenden vier Touristenbahnen bis einschließlich Mount Washington Cog Railway: Diese Bahnen werden sinnvollerweise zusammen bereist und sind am besten von Boston aus mit Mietwagen erreichbar.

Conway Scenic Railroad, North Conway
Dampf- und dieselbetriebene Touristenbahn in New Hampshire

Im Jahr 1872 wurde North Conway, 100 Kilometer nordwestlich von Portland, Maine, von einer Linie der Portsmouth, Great Falls & Conway Railroad erreicht. In den dreißiger Jahren entwickelte sich North Conway zu einem Wintersportgebiet. Im Dezember 1961 endete der Passagier- und im Oktober 1972 der Güterverkehr. Die Conway Scenic Railroad nahm ihren Verkehr zwischen North Conway und Conway im August 1974 auf. Die Fahrt beginnt im historischen Bahnhof im Zentrum von North Conway und verläuft durch das gebirgige Mount-Washington-Tal und die White Mountains von New Hampshire. Der Zug besteht aus Sitzwagen, Aussichtswagen und Pullman-Salonwagen von 1898.

> **TIPPS**
> 1. Dienstags, mittwochs, donnerstags und samstags um 11 Uhr von Juni bis September und täglich von Mitte September bis Mitte Oktober („Indianersommer") verkehrt der bewirtschaftete „Notch Train" durch das romantische Tal des Saco River nach Nordwesten bis Fabyan Station (28 Meilen = 44 km, 5 1/2 Stunden). Zu regionalen Festen verkehren Sonderzüge.
> 2. Im 124 Jahre alten Bahnhof North Conway ist ein Eisenbahnmuseum eingerichtet. Dazu gehört ein Depot mit Rundschuppen und Drehscheibe, in dem die Fahrzeuge gezeigt werden.

Reiseziele in Neuengland

Info: Zahlen und Daten

Anreise Nächste Amtrak-Station ist White River Junction (120 km); Streckenlänge: 5,5 Meilen (9 km) nach Conway, 11 Meilen (18 km) nach Bartlett; Spurweite: Normalspur 1435 mm

Lokomotiven

7470	Ch2	Grand Trunk Railway	GTRy	1921
15	44-Tonner	Main Central	GE	1942
1055	S-4	Portland Terminal	Alco	1950
4266	F7A	Boston & Maine	EMD	1949
6516	F7	CNL		

Fahrplan North Conway an Wochenenden von Mitte Mai an ab 10.30 Uhr nach Conway und 11.30 Uhr nach Bartlett. Ab Mitte Juni bis Mitte Oktober täglich um 10.30, 13.30 und 16.30 Uhr nach Conway und um 11.30 und 14.30 Uhr nach Bartlett

Fahrpreise Erwachsene 11,50 $ nach Conway (Rundfahrt 1 Stunde), 18,50 $ nach Bartley (Rundfahrt 1 3/4 Stunden), First Class Parlor 14,50 (22.00) $, Speisewagen mit Mahlzeit 25,95 (34,95) $

Information Telefon (800) 232–5251 und (603) 356–5251

Boothbay Railway Village
Dampfkleinbahn in Maine

Die Auswahl an Museumsbahnen in Maine ist nicht berauschend; im Zusammenhang mit den Bahnen im benachbarten New Hampshire lohnt sich jedoch durchaus ein Abstecher ins zerklüftete atlantische Küstenland zu dieser liebevoll aufbereiteten Kleinbahn.

Im Gegensatz zu anderen US-Staaten bedeutete „Schmalspur" in Maine nur zwei Fuß. In den beiden letzten Dekaden des 19. Jahrhunderts wurde dort eine größere Anzahl solcher 600-mm-Bahnen zur Erschließung ländlicher Gegenden gebaut. Boothbay Harbor ist ein kleines Städtchen am Atlantik, etwa 80 Kilometer nordöstlich von Portland, mit Fischereiforschungsstation und -museum. Das 1965 gegründete Museum „Boothbay Railway Village" vermittelt die Atmosphäre von Maine, wie es sich um die Jahrhundert-

Info: Zahlen und Daten

Anreise Nächste Amtrak-Station ist Boston, Massachusetts (250 km)

Streckenlänge 1 Meile (1,6 km). Spurweite: 24" (= 600 mm)

Lokomotiven

12313 Bt ex Stadt Hamburg Henschel 1913, drei weitere Henschel-Lokomotiven von 1934 (2) und 1938 (1) sowie

10187 und 10188 Bt Baldwin 1895

Öffnungszeiten und Fahrplan von Juni bis Oktober täglich von 10.00 bis 16.00 Uhr. Züge verkehren halbstündlich, im September und Oktober stündlich

Eintrittspreis 8 $

Information Telefon (207) 633–4727

wende darbot. Der Zug, gezogen von einer Henschel- oder Baldwin-Zweikuppler-Lokomotive, fährt über einen Rundkurs durch einen Forst und über eine Brücke um ein restauriertes Dörfchen. Die Zugfahrt dauert etwa eine Viertelstunde. Auf dem Museumsgelände sind in Kleinbahnumgebung weitere alte Eisenbahnfahrzeuge wie Dieseltriebwagen, Ford-Inspektionswagen, Spezialwagen aufgestellt, außerdem eine schöne Ausstellung alter Kraftfahrzeuge Neuenglands.

Der Mittagszug nähert sich dem Mittelpunkt der Strecke: North Conway.

White Mountain Central Railroad, Lincoln
Dampfbetriebene Touristenbahn und Museum in New Hampshire

Lincoln liegt im nördlichen Teil von New Hampshire, 100 Kilometer nördlich von Concord und 40 Kilometer südlich von Littleton. Die White Mountain Central Railroad ist Teil eines hübschen Freizeitparks bei Clark's Trading Post.
• Ausstellung: Der Fahrpark umfasst Zugführerwagen (Cabooses) und gedeckte Güterwagen in Holzbauweise. Die Fahrzeughalle stammt aus dem Jahr 1920.
• Zugfahrten: Die Züge starten vom malerischen Bahnhof bei Clark's Trading Post. Der Zug dampft durch das waldige Tal des Pemigewasset-Flusses. Die Reise in offenen Sommerwagen führt ins Herz der „Weißen Berge".

Info: Zahlen und Daten

Anreise Nächste Amtrak-Station ist Claremont (100 km) an der Strecke New York – Montréal. Streckenlänge: 9 Meilen (15 km). Spurweite: Normalspur 1435 mm

Lokomotiven
4	2-Truck-Heisler ex International Shoe Company
6	2-trTuck-Climax ex Beebe River Railroad
5	1'B1', Baldwin ex East Branch & Lincoln
1	Bt, Porter

65-Tonnen-Diesellok von General Electric 1943

Fahrplan von Juni bis Mitte Oktober an Wochenenden, im Juni und August täglich stündliche Abfahrten von 11 bis 16 Uhr

Fahrpreise ab 6 Jahren 12 $, Kinder von 3 bis 5 Jahren 3 $

Information Telefon (603) 745–8913

Reiseziele in Neuengland

Mount Washington Cog Railway
Zahnradbahn mit Dampfbetrieb in New Hampshire

Mit 1917 Metern ist der Mount Washington die höchste Erhebung des viel besuchten Gebirgszuges der White Mountains und gestattet bei guter Sicht einen Ausblick auf alle Staaten Neuenglands. Die älteste Zahnrad-Bergbahn der Welt, 1869 eröffnet, überwindet einen Höhenunterschied von 1146 m. Bis zum heutigen Tag wird sie ausschließlich mit Dampfloks betrieben. Die mit Marsh-Zahnstange ausgestattete Strecke ist durchschnittlich 240, maximal 377 Promille geneigt und damit nach der Pilatusbahn die zweitsteilste Zahnradbahn der Welt. Insgesamt besaß die Bahn 15 Lokomotiven, sechs davon mit Stehkessel, von den Einheimischen liebevoll „Alte Pfeffersoßen-Flasche" genannt, und neun mit liegendem Kessel. Die heute in Betrieb stehenden Maschinen stammen aus der Jahrhundertwende, die beiden neuesten von 1972 und 1983.

Die Strecke beginnt in der Talstation zwischen North Conway und Littleton. Die Fahrt zum Gipfel und zurück dauert rund drei Stunden, der Aufenthalt auf dem Gipfel 30 Minuten. Wegen des rauen Klimas wird warme Kleidung empfohlen.

TIPPS
In der Talstation befindet sich ein kleines Eisenbahnmuseum mit historischen Ausstellungsstücken. Glanzstück ist die erste Zahnradlokomotive der Welt, die „Old Peppersass".

Info: Zahlen und Daten

Anreise Nächste Amtrak-Station ist White River Junction (120 km). Streckenlänge: 3 1/4 Meilen (5,5 km). Spurweite: Schmalspur 1411 mm

Dampflokomotiven

Nr.	Name
1	„Mt. Washington"
6	„Great Gulf"
2	„Ammonoosuc"
8	„Tip Top"
3	„Agiocochook"
9	„Waumbek"
4	„Summit"
10	„Col. Teague" und weitere

Fahrplan Mitte Ende April bis Mitte November stündliche Abfahrten von 9 bis 16 Uhr nach Bedarf und Wetterlage

Fahrpreise 49 bis 57 $, Kinder 35 $

Information Telefon (800) 922–8825 und (603) 278-5404

Noch heute fährt die älteste Zahnradbahn der Welt mit Dampf auf den Mount Washington.

Green Mountain Railroad, Bellows Falls
Diesellokbetriebene Touristenbahn in Vermont

Die Green Mountains durchziehen den Staat Vermont in südnördlicher Richtung parallel und westlich zum Connecticut-Fluss. In ihrem südlichen Bereich liegt Bellows Falls, Ausgangspunkt der 80 Kilometer langen Green Mountain Railroad Corporation Richtung Nordwesten nach Rutland. Diese Güterbahn betreibt auch den Ausflugszug „Green Mountain Flyer" zwischen Bellows Falls und dem 21 Kilometer entfernten Chester. Der Zug besteht aus zwei restaurierten, früheren Rutland Railroad-Wagen sowie einem kombinierten Personen-/Gepäckwagen und einem Speisewagen. Hin- und Rückfahrt dauern zwei Stunden. Besonders zauberhaft ist die Fahrt durch die farbenprächtigen herbstlichen Gebirgswälder im „Indianersommer".

Daneben gibt es an ausgewählten Wochenenden auch Fahrten von Bellows Falls ins 43 Kilometer entfernte Ludlow, auf halber Strecke zwischen Bellows Falls und Rutland gelegen.

Info: Zahlen und Daten

Anreise Bellows Falls ist Amtrak-Station an der Strecke New York – Montréal der „Vermont Services", 360 Kilometer von New York. Streckenlänge: 34 Meilen (55 km). Spurweite: Normalspur 1435 mm

Diesellokomotiven

405	Alco RS-1 ex Rutland Railroad
302, 304, 305	GP40
803, 804	GP9
3050	S3

Fahrplan Von Juli bis Mitte Oktober täglich Abfahrt in Bellows Falls um 11 und 14 Uhr, Abfahrt in Chester um 12.10 Uhr

Fahrpreise Erwachsene 16 (im Herbst 17) $, Kinder 12 (13) $

Information Telefon (0802) 463-3069

Cape Cod Scenic Railroad, Hyannis
Dieselbetriebener Touristen- und Dinnerzug in Massachusetts

Die mit einem West-Ost-Arm und je einem sehr schmalen Ausläufer nach Norden und Süden der Insel Sylt ähnelnde Atlantik-Halbinsel Kap Cod ist der östlichste Vorposten des Staates Massachusetts. Der Bahnhof des Atlantikbades Hyannis liegt in der Stadtmitte an der Ecke Main Street/Center Street, einen Block von der Plymouth-&-Brockton-Busstation.

Die Züge der Cape Cod Scenic Railroad fahren durch das Feriengebiet im Süden über Sandwich nach Sagamore am Nordende des Kap-Cod-Kanals, welcher, vergleichbar dem Kanal von Korinth, die Umschiffung der Halbinsel erspart.

Info: Zahlen und Daten

Anreise Nächste Amtrak-Station ist Boston (110 km), nördlicher Endpunkt des Nordostkorridors. Streckenlänge: 17 Meilen (27 km.); Spurweite: Normalspur 1435 mm

Fahrplan Ausflugszüge („Scenic Trains") von Mai bis Oktober, Dinnerzüge von April bis Dezember

Fahrpreise Erwachsene 15 $, Kinder 11 $, Dinnerzug 59 $

Information Telefon (508) 771–3800

Die Passagiere können zwischen einer zweistündigen „Scenic Excursion" und einer dreistündigen Reise in einem eleganten Dinner-Zug wählen. Die RS3-Diesellokomotive Nr. 1201 oder eine der beiden GP7 zieht einen Zug aus bis zu 100 Jahren alten Sitz-, Gesellschafts-, Salon- und Speisewagen. In den Vormittagszügen wird während der Fahrt durch Sanddünen an der Kap-Cod-Bucht entlang ein „kontinentales Frühstück" serviert, in den Zügen des frühen Nachmittags ein Mittagsmahl.

Essex Steam Train & Riverboat
Dampfbetriebene Touristenbahn in Connecticut

Essex liegt etwa 50 Kilometer östlich von New Haven im Tal des Connecticut-Flusses nahe der Mündung in den Atlantik. Die Geschichte der Valley Railroad begann nach dem Bürgerkrieg, als Dampfboote und Eisenbahnen den Westen erschlossen. 1968 wurde die Strecke Hartford – Old Saybrook stillgelegt. Seit 1973 verkehren dampfgeführte Ausflugszüge von Essex durch das Connecticut-Tal bis

Info: Zahlen und Daten

Anreise Nächste Amtrak-Station ist Old Saybrook, 10 Kilometer südlich von Essex am Nordostkorridor Boston – New York – Washington gelegen. Streckenlänge: 3,5 Meilen (5,6 km). Spurweite: Normalspur 1435 mm

Lokomotiven

40	1'D1'	ex Aberdeen & Rockfish	Alco (Brooks)	1920
97	1'D1'	ex Birmingham & Southeastern	Alco (Cooke)	1924
1647	1'D1'	ex Tangshan, China		1989
0800	44-Tonner	ex Long Island	General Electric	1950
0900	80-Tonner			

Fahrplan Mai: an Wochenenden 4 Züge. Juni bis September: täglich 4 Züge. Abfahrten um 11.00, 12.30, 14.00 und 15.30 Uhr. Oktober: mittwochs bis sonntags: 4 Züge. Dampfer-Ausflüge: Mai – Okt.

Fahrpreise Bahnfahrt 17 $, Bahn- und Schifffahrt 26 $, Kinder 8,5 $)

Information Telefon (860) 767–0103

Die 100 schönsten Bahnziele

> **TIPPS**
> 1. In Deep River besteht die Möglichkeit zu einer einstündigen romantischen Flussdampferfahrt.
> 2. An bestimmten Tagen verkehren Dinnerzüge.
> 3. Das „Eisenbahnmuseum von Neuengland" in Essex umfasst eine große Sammlung charakteristischer Loks und Wagen.

Chester. Mit restaurierten Reisewagen und einem Pullman-Salonwagen vermitteln sie das Reisegefühl der zwanziger Jahre. Zum Fahrzeugbestand gehört auch eine 1989 in China gebaute Mikado-Dampflokomotive.

Shore Line Trolley Museum, East Haven/Branford
Nahverkehrsmuseum mit Straßenbahnfahrten in Connecticut

Die Branford Electric Railway Association wurde 1945 gegründet. Sie dient der betriebsfähigen Erhaltung von Straßenbahnwagen, die aus der amerikanischen Nahverkehrsszene verschwunden sind. Heute beherbergt das Museum etwa einhundert Straßenbahn- und Überlandstraßenbahnwagen sowie andere Relikte und Dokumente. Auf einem seit 1901 ununterbrochen in Betrieb stehenden Teilstück der ehemaligen Branford Electric Railway fahren die Straßenbahnen, in der warmen Jahreszeit offene Sommerwagen, von East Haven nach Short Beach durch Waldland und Salzsümpfe am beschaulichen Ufer des Connecticut-Flusses entlang. Während der einstündigen Rundfahrt wird ein Einblick in die amerikanische Straßenbahngeschichte sowie ein Besuch der Wagenwerkstätte geboten.

Info: Zahlen und Daten

Die Amtrak-Station New Haven an der Strecke New York – Boston liegt 7 Kilometer westlich von Branford.
Streckenlänge: 3 Meilen (5 km). Spurweite. Normalspur 1435 mm

Straßenbahnwagen (Auswahl)

Nr.	Typ	Gesellschaft	Hersteller/Jahr
775	Suburban	Connecticut Company	Jewett 1904
357	Leichtbau	Johnstown Traction	St. Louis 1926
629	Leichtbau	Third Avenue Railway	1939
1414	Sommerwagen	Connecticut Co.	Osgood Bradley 1911
2001	Leichtbau	Straßenbahn Montréal	CC&F 1929
4573	Convertible	Brooklyn Rapid Transit	Laconia 1906

Öffnungszeiten von April bis November an Wochenenden, von Ende Mai bis Anfang September täglich, Fahrten von 10.30 bis 16.30 Uhr im 30-Minuten-Takt. Eintritt mit beliebig vielen Fahrten: Erwachsene: 6 $, Kinder 3 $
Information Telefon (203) 467–6927

Reiseziele an der Ostküste

Über die Williamsburg-Brücke gelangt die New Yorker Metro als Hochbahn nach Brooklyn.

New York City Transit Museum
Museum des New Yorker Hoch- und U-Bahn-Verkehrs

Das von der New Yorker City Transit-Verwaltung betriebene Museum befindet sich im ehemaligen U-Bahnhof Court Street, Ecke Beorum Place und Schermerhorn Street, in den Brooklyner Hügeln. Die Fahrzeugsammlung umfasst 19 regelspurige U- und Hochbahnwagen zwischen 1878 und den späten 60er Jahren, darunter die alte Niedervolt-Type, den ersten Wagen für das IND-System sowie BMT-Standard- und Hochbahnwagen. Die Fahrzeuge in Originalfarben sind stilgerecht in ihrer typischen Umgebung aufgestellt. Außerdem gibt es ein betriebsfähiges Stellwerk, eine Modellsammlung und ein Archiv historischer Dokumente. Das Museum veranstaltet an ausgewählten Wochenenden Nostalgiefahrten mit historischen Fahrzeugen auf dem Untergrund- und Hochbahnnetz nach Coney Island und Rockaway.

Info: Zahlen und Daten

Weg Von der Amtrak-Station New York Penn Station in Manhattan mit der Untergrundbahn („Subway") Linie F, Richtung Coney Island, direkt bis Jay St./Borough Hall. Sehr eindrucksvoll ist auch ein Spaziergang von Manhattan über die Brooklyn-Brücke zum Museum

Öffnungszeiten
– Brooklyn: ganzjährig dienstags bis freitags von 10 bis 16 Uhr, an Wochenenden von 12 bis 17 Uhr
– Grand Central: Wochentags von 8 bis 18 Uhr, wochenends von 10 bis 16 Uhr

Eintrittspreise Brooklyn: Erwachsene 5 $, Kinder 3 $, Manhattan: frei

Information Telefon: (718) 243–8601

Arcade & Attica Railroad, Arcade
Touristenbahn mit Dampfzügen im Staat New York

Die Arcade & Attica Railroad ist eine seit 1881 bestehende Güterbahn im Westteil des Staates New York südlich von Buffalo am Eriesee, die auch Ausflugszüge anbietet.
Die Dampfzüge haben Stahlwagen der früheren Lackawanna & Western Railroad mit offenen Endbühnen. Sie starten am Bahnhof in der Stadtmitte von Arcade und fahren auf der an Naturschönheiten reichen Strecke nordwärts bis Curriers und zurück. Der Ausflug dauert zwei Stunden. An besonderen Ereignissen gibt es Civil War Train Encampment, Murder Mystery Runs sowie Weihnachts- und Winterzüge.

Info: Zahlen und Daten

Anreise Nächste Amtrak-Station ist Buffalo-Depew, NY (64 km nordnordwestlich) an der Strecke New York/Boston – Chicago des Empire Service. Lage: 278 Main Street, Arcade NY. Streckenlänge: 7 1/2 Meilen (12 km); Spurweite: Normalspur 1435 mm

Dampflokomotiven

14	2'C	Escabana & Lake Superior	Baldwin 1917
18	1'D	Boyne City Railroad	Alco (Cooke) 1920,
112	65-Tonnen-Diesellokomotive		GE 1945

Fahrplan im Juni an Wochenenden, von Juli bis Anfang September mittwochs, freitags und an Wochenenden Abfahrten um 12 und 14 Uhr; an ausgewählten Wochenenden bis Jahresende
Fahrpreis Erwachsene 12 $, Kinder 7 $
Information Tel. (585) 496-9877 oder (585) 492-3100

Strasburg Railroad
Dampfbetriebene Touristenbahn in Pennsylvania

Die Strasburg Rail Road ist die älteste Eisenbahn in den USA, die heute noch unter ihrer ursprünglichen Konzession aus dem Jahre 1832 firmiert, und sie war auch eine der ersten Bahnen, die einen modernen Tourismus betrieb.
Seit 1959 gibt es Exkursionszüge über die sieben Kilometer lange Zweigstrecke von Strasburg nach Paradise, dem Anschlusspunkt an die Amtrak-Hauptstrecke Philadelphia – Cleveland, früher Hauptstrecke der Pennsylvania Railroad. Die aus Holzwagen mit offenen Plattformen, offenen Aussichtswagen „Hello

Info: Zahlen und Daten

Anreise Nächste Amtrak-Station ist Lancaster (13 km) an der Strecke New York – Chicago des „Pennsylvanian". Streckenlänge: 4,5 Meilen (7,2 km). Spurweite: Normalspur 1435 mm
Fahrplan von März bis November tägliche Abfahrten ab 11 Uhr im Stundentakt, im Juli und August bis zu 11 tägliche Fahrten im Halbstundentakt ab 11 Uhr. Wochenend- und Weihnachtsfahrten im Dezember. Dinner-Züge verkehren von Juli bis Anfang September um 19 Uhr, ansonsten an einzelnen Wochenenden
Fahrpreise Erwachsene ab 10 $, Kinder ab 5 $
Information Telefon (717) 687-7522

Dolly" und dem Erste-Klasse-Speisewagen „Marian" bestehenden Züge rollen durch üppiges Weide- und Waldland. Szenen von Amish-Familien bei altertümlicher Farm-Arbeit ziehen am Fenster vorüber. Als eine der beliebtesten Touristenbahnen der Oststaaten besitzt die Strasburg Railroad auch eine große Sammlung historischer Wagen und Lokomotiven. Darunter befinden sich ein B-Kuppler der Reading RR von 1903 sowie Diesel-, Benzol- und propangetriebene Loks und Triebwagen.

Lok 475 der Strasburg Railroad

Railroad Museum of Pennsylvania, Strasburg
Großes Eisenbahnmuseum

Strasburg in Pennsylvania, das Zentrum des Amish-People-Landes, besitzt mehr Eisenbahnmuseen und Touristenbahnen je Quadratmeile als jeder andere Ort in Nordamerika. Auf engem Raum drängen sich hier die Strasburg Rail Road, das Railroad Museum of Pennsylvania, das Choo Choo Barn und Strasburg Train Shop (direkt westlich des Eisenbahnmuseums), das Staatliche Modellbahnmuseum (National Toy Train Museum) und das Red Caboose Motel.

Info: Zahlen und Daten

Lage 300 Gap Road, Route 741 East, Strasburg, Pennsylvania
Anreise Nächste Amtrak-Station ist Lancaster (13 km) an der Strecke New York – Chicago des „Pennsylvanian"

Einige der in der Halle gezeigten Lokomotiven:

„Tahoe"	1'C		Baldwin	1875
1187	1'D	Pennsylvania Railroad	Juniata	1888, auf dem Freigelände:
3750	2'C1'	Pennsylvania Railroad	Juniata	1920
6755	2'D1'		Juniata	1930
und viele mehr				

Öffnungszeiten ganzjährig montags bis samstags von 9 bis 17 Uhr, sonntags von 12 bis 17 Uhr; von November bis April montags und an einigen Feiertagen geschlossen
Eintrittspreise Erwachsene 7 $, Kinder 5 $
Information Telefon (717) 687–8628

Die berühmte GG1 Nr. 4935 der Pennsylvania Railroad im Pennsylvania-Eisenbahnmuseum

Das „Eisenbahnmuseum von Pennsylvania" liegt direkt gegenüber dem Bahnhof der Strasburg Rail Road auf der anderen Straßenseite. Es besitzt eine der schönsten und größten Lokomotiv- und Wagensammlungen in Nordamerika aus den Jahren 1825 bis 1992 mit Schwerpunkt auf der Geschichte der Pennsylvania Railroad: über 75 Dampf-, Diesel-, Elektro- und Dieselelektrolokomotiven, Reisezug- und Güterwagen und anderes Eisenbahnmaterial sowie Lehrobjekte. Das große Museums-Hauptgebäude umfasst sechs Gleise, auf denen viele der Lokomotiven und Wagen didaktisch vorzüglich zu kompletten Epochengarnituren zusammengestellt sind. Unter den Fahrzeugen befinden sich bis zu hundert Jahre alte Personen-, Post- und Expresswagen der Pennsylvania Railroad sowie ein Nachbau der Lokomotive „John Bull" der Camden & Amboy Railroad, die bei bestimmten Gelegenheiten Demonstrationsfahrten absolviert. Auf dem ausgedehnten Freigelände vor dem Museumsgebäude stehen etwa 40 Lokomotiven und Wagen.

Horseshoe Curve National Historic Landmark
Eisenbahngedenkstätte unter Betrieb in Altoona, Pennsylvania

Altoona, am Fuß des Gebirgsanstiegs zum Allegheny Mountain und seit jeher eine Eisenbahnerstadt, wurde 1849 beim Bau der Pennsylvania-Eisenbahn gegründet. Später errichtete diese hier ihre Zentralwerkstätte. Über 6000 Dampf-

TIPP
In der Eisenbahn-Hauptwerkstätte befindet sich das Altoona Railroaders Memorial Museum. Es erzählt die Geschichte der Eisenbahnpioniere und Lokomotivbauer in der für die Pennsylvania Railroad bedeutenden Stadt. Adresse: 1300 Ninth Avenue, Altoona, PA, Telefon (814) 946–0834

Am Denkmal in der Horseshoekurve vorbei geht es weiter bergauf

lokomotiven wurden in Altoona gebaut. Die Bahn hat unmittelbar nach der Stadt auf 18 Kilometern eine Höhe von über 300 Metern zu überwinden. Dies geschieht durch eine künstliche Längenentwicklung: Die Bahn schwenkt in ein Seitental des Logan Valley und erreicht mit Hilfe einer Bogenkehre („Horse Shoe") und einer Steigung von 18 Promille wieder das Haupttal. Dieser im Februar 1854 eröffnete Teil der Strecke ist der wohl spektakulärste und bekannteste Abschnitt des frühen amerikanischen Eisenbahnbaus. Hier befindet sich die Gedenkstätte. Eine Standseilbahn oder wahlweise 194 Stufen verbinden die beiden in 30 Meter Höhendifferenz gegenläufig verlaufenden und viel befahrenen Conrail-Streckenteile. Von einem Park aus, in dem die Diesellok GP 9 Nr. 7048 der Pennsylvania Railroad als Denkmal aufgestellt ist, können täglich mehr als 50 Züge bequem beobachtet werden. Im Besucherzentrum wird die Rolle der Eisenbahn für die Geschichte und Entwicklung Pennsylvaniens gewürdigt.

ℹ Info: Zahlen und Daten

Lage Kittanning Point Road, 10 Kilometer von Altoona, PA., bei Burgoon Run.
Anreise Altoona ist Amtrak-Station an der Strecke New York – Chicago. Spurweite: Normalspur 1435 mm.
Öffnungszeiten ganzjährig, sommers 10 bis 17 Uhr, winters bis 16 Uhr; an Montagen geschlossen.
Eintrittspreise Erwachsene 7,50 $, Kinder 5 $
Information Tel. (814) 941–7960 und (814) 946–0834

Steamtown National Historic Site, Scranton
Eisenbahnmuseum mit Dampfsonderzügen in Pennsylvania

Im Jahr 1984 gelangte die Steamtown-Sammlung von Bellows Falls an ihren heutigen Standort Scranton in Pennsylvania, 200 Kilometer westlich von New York im Appalachengebirge. Das ausgedehnte eisenbahntechnische und -geschichtliche Museum, eingegliedert ins US-Nationalparksystem, befindet sich auf dem Güterbahnhof der ehemaligen Lackawanna & Western Railroad. Mittel-

Die 100 schönsten Bahnziele

Info: Zahlen und Daten

Lage Innenstadt Scranton, Pennsylvania, 150 South Washington Avenue/Lackawanna Avenue. Anreise: Nächster Amtrak-Bahnhof ist New York (185 km)

Betriebsfähige Lokomotiven

Nr.	Bauart	Früherer Besitzer	Hersteller, Baujahr
3713	2'C1'	Boston & Maine R.R.	Lima 1934
759	1'D2'	Nickel Plate R.R.	Lima 1944, zog 1969 den „Golden Spike"-Jubiläumszug.
2317	2'C1'	Canadian Pacific Railway Montréal 1913	

und viele weitere interessante Dampflok-Exponate

Streckenlänge 13 Meilen (21 km).
Spurweite: Normalspur 1435 mm.
Öffnungszeiten und Fahrplan Das Museum ist ganzjährig täglich von 9 bis 17 Uhr geöffnet. Zugabfahrt in Scranton um 12 und 15 Uhr an Wochenenden und Feiertagen von Ende Mai bis Anfang November
Fahrpreise Museum 8 $, Zugfahrt 12 $
Information Telefon (570) 340–5200

---

punkt ist ein Rundschuppen mit Werkstätte und betriebsfähiger Drehscheibe. Die meist mit der Lokomotive Nr. 2317 bespannten Ausflugszüge befahren ein Hauptbahn-Teilstück der L&WRR durch beschauliche Landschaft in Richtung Norden bis Moscow. Das Wagenmaterial stammt von der Lackawanna & Central of New Jersey Railroad. Auf der zweieinhalb Stunden dauernden Fahrt überquert der Zug den Nichelson-Viadukt, die größte Stahlbetonbrücke ihrer Zeit.

Die Dampflokomotiv-Ausstellung umfasst unter anderen:
• den 43 Meter langen 2'D+D2'-„Big Boy" Nr. 4012 der Union Pacific Railroad mit siebenachsigem Schlepptender – größte, längste, schwerste und stärkste jemals gebaute Dampflokomotive (Alco 1941),
• die Nr. „1", eine 1914 von Baldwin gebaute 1'C1-Schlepptenderlok der Lee Tidewater Cypress Lumber Cie,
• die Nr. 5288, eine Pacific-Lokomotive aus dem Jahr 1919,
• die Nrn. 2813 und 2816, Hudson-Lokomotiven, beide 1930 in Montréal gebaut,
• die im Jahr 1900 für die „Bevier & Southern Railroad" gebaute Nr. 109 „Casey Jones" der Illinois Central,
• die 1905 von Brooks gebaute 2'C-Lokomotive Nr. 304 der Dansville & Mount Morris Railroad,
• die 1946 gebaute 2'D2'-Maschine „Reading Ramble" der Reading Railroad mit sechsachsigem Tender,
• die Nr. 737 der Union Pacific, eine von Baldwin 1887 gebaute 2B-Lok mit vierachsigem Tender und Kuhfänger,
• die Pazifik-Type Nr. 3713 der „Boston & Maine" von 1934 sowie die 1'D-Maschine Nr. 519 der „Maine Central" von 1910.

Die Wagensammlung umfasst Reise-, Güter- und Spezialwagen, unter anderem den Salon- und Schlafwagen „Denehotso" der „Atchinson, Topeka & Sante Fé RR" des „Super Chief" Chicago – Los Angeles.

Reiseziele an der Ostküste

New Jersey Museum of Transportation, Farmingdale
Dampfbetriebene Touristenbahn in New Jersey

Das New Jersey Museum of Transportation, 50 Kilometer südlich von New York und nahe Freehold, beherbergt eine stattliche Sammlung von Schmalspurlokomotiven und -wagen, die teils betriebsfähig, teils kalt ausgestellt sind und teils in der Werkstatt aufgearbeitet werden. Das Museum betreibt die „Pine Creek Railroad", eine Schmalspurbahn durch den Allaire-Park. Der Zug absolviert eine zehnminütige Fahrt über eine Schleife.

Das Museum ist geöffnet von April bis Oktober an Wochenenden, im Juli und August täglich. Züge verkehren halbstündlich von 12 bis 16.30 Uhr, an Sommerwochenenden mit Dampflokomotiven.

 Info: Zahlen und Daten

Lage Farmingdale liegt südöstlich von Freehold, New Jersey. Das Museum ist im Allaire State Park, Allaire, New Jersey. **Anreise:** Nächste Amtrak-Station ist New Brunswick (50 km) an der Strecke New York – Philadelphia des Nordostkorridors. Streckenlänge: 3/4 Meilen (1,2 km). Spurweite: Schmalspur 914 mm

Dampflokomotiven			
6	Shay (2-truck) ex Ely-Thomas Lumber Co.	Lima	1927
3L	2'BT ex Cavan & Leitram Ry (Irl.)	Stephenson	1887
26	1'C1' ex Surrey, Sussex & South.	Baldwin	1920
Diesellokomotiven			
1	12-Tonner ex Haws Refractories	Plymouth	1942
40	25-Tonner ex Midvale Steel Corporation	Whitcomb	1940
7751	25-Tonner ex US-Streitkräfte	GE	
Preise Eintritt 3 $, Zug 2 $			
Information Telefon (908) 938–5524			

Wilmington & Western Railroad, Wilmington
Dampf- und diesellokbetriebene Touristenbahn und Museum in Delaware

Die Hafenstadt Wilmington ist Ausgangspunkt der 1872 eröffneten „Wilmington & Western Railroad" entlang dem Red Clay Creek nach Landenberg, Pennsylvania.
Seit 1966 verkehren auf einem Teilstück dieser reizvollen Strecke wieder stattliche dampflokgeführte Touristenzüge. Abfahrt ist acht Kilometer westlich von Wilmington im alten Bahnhof Greenbank von 1872. Die Fahrt verläuft über die frühere Zweigstrecke der Baltimore & Ohio zum Mt. Cuba Picnic Grove (8 km), gelegentlich auch bis Yorklyn und Hockessin, 16 Kilometer von Greenbank. Der Streckenverlauf ist sehr

Die 100 schönsten Bahnziele

 Info: Zahlen und Daten

Anreise Der Amtrak-Bahnhof Wilmington liegt am Nordostkorridor zwischen New York und Washington, 40 Kilometer südlich Philadelphias
Lage 2201 Newport Gap Pike, Wilmington DE 19808
Streckenlänge 10 Meilen (16 km). Spurweite: Normalspur 1435 mm

Lokomotiven

58	C		Baldwin	1907
98	2'B	Mississippi Central Nr. 98	Alco	1909
92	1'C	Canadian National & GTW	Canadien	1910
3	S-2-Diesel	Baltimore & Ohio Nr. 9115	Alco	1949
4662	Pullman-Standard-Dieseltriebwagen		PRR	
8408	SW-1-Diesel	Baltimore & Ohio	EMD	1942

Fahrplan von April bis Dezember an Wochenenden je nach Jahreszeit bis zu 4 Abfahrten um 12.30, 13.30, 14.30 und 15.00 Uhr. Je nach Jahreszeit Verkehr auch an weiteren Wochentagen. Die Dampflokomotive verkehrt vorwiegend am Wochenende
Fahrpreise Erwachsene 8 $, Kinder 6 $, Dinnerzug 50/25 $
Information Telefon (302) 998–1930

romantisch; unterwegs passiert der Zug zahlreiche Holzbrücken und drei große Felseneinschnitte. Der Zug besteht aus Stahlwagen sowie M.P.54-Wagen der Pennsylvania Railroad. Es gibt auch Dinnerzüge und Murder Mystery Trains.

Black River & Western Railroad, Flemington
Dampfbetriebene Touristenbahn in New Jersey

Die Black River & Western Railroad wurde 1961 gegründet. 1965 mietete sie von der Pennsylvania Railroad ein Stück der Zweigstrecke von Flemington nach Ringoes, 70 Kilometer südwestlich von New York, und brachte Touristenzüge zum Einsatz. 1970 erwarb sie den Rest der Linie von Ringoes bis Lambertville und richtete dort einen regelmäßigen Güterverkehr ein. 1976 erfolgte eine weitere

 Info: Zahlen und Daten

Anreise Nächste Amtrak-Station ist Princeton (35 km) an der Strecke New York – Philadelphia des Nordostkorridors. Streckenlänge: 6 Meilen (9,6 km). Spurweite: Normalspur 1435 mm

Lokomotiven

60	1'D	ex Great Western Railway	Alco	1937
42	CF7	ex Santa Fé	EMD/AT&SF	1978
56	T-6	ex Pennsylvania Railroad	Alco	1953
57	RS-1	ex Washington Terminal	Alco	1947
4666	Dieseltriebwagen	ex Pennsylvania RR	Brill	1930

Fahrplan an Wochenenden und Feiertagen von April bis Dezember:
Ringoes ab 10.45 12.15 13.45 15.15 16.45 Uhr
Flemington ab 11.30 13.00 14.30 16.00 17.30 Uhr
Im Juli und August donnerstags und freitags zusätzliche Züge
Fahrpreise Erwachsene 10 $, Kinder 5 $
Information Telefon (908) 782–9600

Die Black River & Western RR fährt mit einer Alco-Lok und historischen Plattformwagen.

Ausdehnung durch Erwerb der Central Railroad of New Jersey-Strecke zwischen Flemington und Three Bridges.
Die Hauptroute der BR&W-Ausflugszüge verläuft von Ringoes Richtung Norden nach Flemington. An Sommersonntagen verkehren die Züge auch zwischen Ringoes und Lambertville, 12 Kilometer südwestlich am Delaware-Fluss. Außerdem können Sonderzüge nach Three Bridges eingesetzt werden. Die Fahrt von Ringoes nach Flemington und zurück in geschlossenen Wagen der Jersey Central Railroad und der Lackawanna Railroad dauert eine Stunde und führt durch das anmutige Bauernland New Jerseys.

Baltimore & Ohio Railroad Museum, Baltimore
Großes Eisenbahnmuseum in Maryland

Die Baltimore & Ohio Railroad (B&O) ist mit Gründungsjahr 1829 die älteste aller in den USA noch existierenden Eisenbahngesellschaften; der heutige Museumsstandort Mount-Claire-Station dürfte der älteste Bahnhof in Amerika sein: Vom 24. Mai 1830 ab verkehrten hier die Züge nach Ellicot Mills! Das Museum wurde 1953 von der geschichtsbewussten B&O gegründet. Hauptgebäude ist eine ehemalige geschlossene Lokomotivrotunde, in welcher die Fahrzeuge sternförmig um den Mittelpunkt aufgestellt sind. Der

1C+C1-Malletlokomotive Nr. 1309 der Cheasapeake & Ohio RR im B&O RR-Museum

Die 100 schönsten Bahnziele

> **TIPP**
> Drei Häuserblocks nordwestlich der Amtrak-Station (1901, Falls Road, acht Minuten Fußweg) befindet sich das Baltimorer Straßenbahnmuseum mit einem Bestand von 13 historischen Straßenbahnwagen der Stadt. Die Wagen mit Spurweite 1626 mm verkehren auf einem 1 Kilometer langen Teilstück des ehemaligen Netzes.

Info: Zahlen und Daten

Lage 901 West Pratt Street, Baltimore, MD. Anreise: Baltimore ist Amtrak-Station der Strecke Washington – New York. Das Museum ist erreichbar mit Straßenbahn und Bus oder zu Fuß (35 Minuten vom Bahnhof, 1 Kilometer vom Inneren Hafen). Spurweite: Normalspur 1435 mm
Öffnungszeiten Täglich 10 bis 17 Uhr, außer Erntedankfest und Weihnachten
Eintrittspreis Erwachsene 14 $, Senioren ab 60 Jahren 12 $, Kids 8 $
Information Telefon (410) 752-2490

Ursprungsbestand des Museums wurde aus der Columbianischen Ausstellung in Chicago 1893 rekrutiert. Zu ihm gehörte unter anderem der Nachbau der 1829 gebauten B&O-Lokomotive „Tom Thumb", mit der der Mäzen Peter Cooper die Überlegenheit des Dampfes gegenüber dem Pferdebetrieb zeigen wollte. Weitere sehr alte Stücke sind ein 1832 gebauter „Grasshopper-Typ" namens „Atlantic", der ehrwürdige Zweikuppler „John Hancook" von 1836, beide in den B&O-eigenen Werkstätten gebaut, weiters die 1847 gebaute „Memnon", die wegen ihres Einsatzes im Sezessionskrieg den Spitznamen „Old War Horse" erhielt.

Das Museum bietet auch historische Eisenbahnexkursionen und ausstellungsbezogene Lehrveranstaltungen an. Ausgestellt sind Nachbildungen und Originale der frühesten B&O-Lokomotiven, „Kamelrücken"- und „Shay"-Lokomotiven, 14 historische Diesellokomotiven, eine große Anzahl Dampflokomotiven (neun aus dem 19. und zwölf aus dem 20. Jahrhundert) einschließlich Big Boy und Stromlinienlokomotive, drei Elektroloks, der älteste Reisezugwagen Nordamerikas, fünf Wagen aus dem vorletzten Jahrhundert, 15 Reisezugwagen aller wichtigen Typen des Jahrhunderts, historische Güterwagen, Dampfkräne und Sonderwagen, Oberbau- und Zugsicherungseinrichtungen und eine H0-Modellbahn.

Western Maryland Scenic Railroad, Cumberland
Touristenbahn, Dinnerzug und Museum in Maryland

Die Western Maryland Scenic Railroad betreibt Ausflugs- und Dinnerzüge zwischen Cumberland und Frostburg auf einem Teilstück der früheren Western Maryland and Cumberland & Pennsylvania Railroad. Die Züge starten in der Stadtmitte Cumberlands in der Western Maryland Station, Canal Street. Die Route führt über die Cumberland-Seeenge und die berühmte Helmstettersche Haarnadelkurve. Der Zug durchfährt einen Tunnel und steigt 395 Höhenmeter, wobei sich

Info: Zahlen und Daten

Anreise Cumberland ist Amtrak-Bahnhof der Strecke Chicago – Washington des „Capitol Limited". Streckenlänge: 17 Meilen (28 km). Spurweite: Normalspur 1435 mm

Lokomotiven

734	1'D	ex Lake Superior & Ishpeming	Baldwin	1916
501, 502	GP30			

Fahrplan Abfahrten um 11.30 Uhr an Wochenenden und wechselnden Werktagen von Mai bis Dezember
Fahrpreise Erwachsene 23 $, Kinder 12 $, erster Klasse 44/27 $
Information Telefon (301) 759-4400

Eine Consolidation-Lok legt sich mit ihrem Musemszug in die „Helmstetters Curve".

dem Reisenden eine großartige Bergszenerie des Allegheny-Gebirges bietet. Der Ausflug dauert 3 1/2 Stunden. In Frostburg befindet sich noch ein altes Lokomotivdepot mit betriebsfähiger Drehscheibe.

Der Western-Maryland-Bahnhof in Cumberland beherbergt auch ein Transport- und Industriemuseum der Nationalen Gesellschaft für Eisenbahngeschichte und die Allegheny Arts Council Gallery sowie ein Besucherzentrum für den Chesapeake-und-Ohio-Kanal, dessen westliches Ende neben dem Bahnhof liegt.

U.S. Army Transportation Museum, Fort Eustis
Militärtransportmuseum in Virginia

Um die Mitte der fünfziger Jahre war die Schule für Transportwesen der U.S.-Streitkräfte in Fort Eustis ihrer Dampflokomotiven wegen eine Wallfahrtsstätte für Eisenbahnfreunde – die Armee dachte damals, ihre Soldaten sollten bei überseeischen Einsätzen eine Lokomotive bedienen können, und unterhielt deswegen eine Reihe von Lehrlokomotiven. Eine der damals verwendeten 1'D-Dampflokomotiven ziert heute die Fahrzeugausstellung des Transportmuseums der US-Streitkräfte.

Info: Zahlen und Daten

Lage Newport News, Virginia; Washington Boulevard. Adresse: Bldg. 300, Besson Hall, Fort Eustis, VA 23604–5260. Fort Eustis liegt zwischen Williamsburg und Newport News an der Atlantikküste des südlichen Virginia. Anreise: Nächste Amtrak-Station ist Newport News (Südost des Nordostkorridors). Spurweite: Normalspur 1435 mm
Öffnungszeiten
ganzjährig dienstags bis sonntags von 9 bis 16.30 Uhr. Eintritt frei
Information Telefon (804) 878-1182

Die Ausstellungsstücke dieses militärgeschichtlichen Museums sind Lokomotiven, Wagen und Eisenbahnmaterial, das die Geschichte des Transportwesens der Streitkräfte vom Bürgerkrieg bis zur Gegenwart veranschaulicht. Darunter sind eine weitere C-Dampflokomotive von 1905, ein Dampfkran, ein Ambulanzwagen und eine Kraftwagen-Draisine zu sehen. Daneben beherbergt das Museum Exponate aus dem Land-, Luft- und Wasserverkehr wie Jeeps, Amphibienfahrzeuge, Militärflugzeuge und -hubschrauber.

Potomac Eagle Scenic Rail Excursions
Touristenbahn mit Dieselbetrieb in West Virginia

Info: Zahlen und Daten

Lage Wappocomo Station, Route 28 North, Romney, WV
Anreise Nächste Amtrak-Station ist Cumberland (45 km) an der Strecke Washington – Chicago des „Capitol Limited". Streckenlänge: 17,5 Meilen (28 km). Spurweite: Normalspur 1435 mm
Fahrplan von Ende Mai bis Ende September Abfahrt an Wochenenden um 11.30 Uhr; im Oktober Abfahrten samstags und sonntags um 10 und 14 Uhr, werktags um 11.30 Uhr
Fahrpreise Erwachsene ab 22 $, Kinder ab 10 $
Information Tel. (304) 822-7464 und (304) 424-0736

An der Westflanke des Allegheny-Gebirges am Potomac-Fluss liegt südlich von Cumberland die Kleinstadt Romney. 1,5 Kilometer nördlich der Stadt hat die Potomac Eagle Scenic Railroad ihren Sitz. Am Bahnhof Wappocomo beginnt die Reise. Mit bis zu drei schweren Diesellokomotiven GP9 der Baltimore & Ohio Railroad und einer langen Wagenschlange führt sie auf Gleisen der „South Branch Valley Railroad" in Richtung Südwesten das romantische Potomactal aufwärts ins „Trough" („Trog"). Dies ist ein malerisch enges Felsental mit klarem Wasser und urtümlichem Wildvorkommen, darunter auch die amerikanischen „Bald Eagles", eine Adlerart, die sich diese abgeschlossene Region als Heimat ausgesucht hat. Alle Züge füh-

ren Club- und Speisewagen. Zielbahnhöfe sind Moorefield (Drei-Stunden-Fahrt) und Petersburg (Sechs-Stunden-Fahrt).

Virginia Museum of Transportation, Roanoke
Verkehrsmuseum

Roanoke liegt am gleichnamigen Fluss an der Ostseite des Appalachengebirges im südwestlichen Virginia und war einst ein bedeutender Eisenbahn-Knotenpunkt der Norfolk Southern Railroad. Von 1963 bis 1976 betrieb die Stadt Roanoke ein städtisches Transportmuseum, welches 1977 in die Regie einer gemeinnützigen Gesellschaft überging. 1983 schließlich wurde es zum offiziellen Verkehrsmuseum des Staates Virginia

Reiseziele an der Ostküste

Info: Zahlen und Daten

Lage Im Zentrum von Roanoke drei Blocks westlich des Stadtmarktes. Anreise: Nächste Amtrak-Station ist Clifton Forge (72 km) an der Strecke Washington – Chicago des „Cardinal". Direkte Amtrak-Anschluss-Busverbindung nach Roanoke

Dampflokomotiven

611	2'D2', Klasse J	ex Norfolk & Western-Stromlinienlokomotive		
4	D, Klasse SA	ex Virginian Railways	Baldwin	1910
6	1'D, Klasse G-1	ex Norfolk & Western	Baldwin	1897
763	1'D2', Klasse S-2	ex Nickel Plate	Lima	1944

1 Feuerlose Lokomotive Celanese 0400

zahlreiche Diesellokomotiven

Öffnungszeiten ganzjährig sonntags von 13 bis 17 Uhr, montags bis samstags 11 bis 16 Uhr. Im Januar und Februar montags geschlossen
Eintrittspreise Erwachsene 7,40 $, Kinder 5,25 $
Information Telefon (540) 342-5670

umgewidmet und erhielt 1985 seine heutige Bezeichnung.

Die Fahrzeugsammlung umfasst 50 Lokomotiven und Wagen, darunter die größte Diesellokomotivkollektion der USA, des Weiteren Straßenbahnwagen des früheren Netzes von Roanoke, Überlandstraßenbahnen des Bezirkes Columbia und viele Reisezugwagen, darunter die Schlafwagen „Glen Summit" und „Lake Pearl" der Southern Railroad.

Zur Sammlung gehören auch die beiden betriebsfähigen Norfolk & Western-Dampflokomotiven Nr. 611 (1'D1') und Nr. 1218 (1' C C 2'), die für Ausflugszüge zur Verfügung stehen.

Die Diesellok-Sammlung im Museum Roanoke gilt als die größte ihrer Art in den USA.

Cass Scenic Railroad State Park
Dampfbetriebene Touristenbahn mit Dinnerzügen in West Virginia

Die Cass Scenic Railroad, eine der erfolgreichsten Touristenbahnen Nordamerikas, bietet eine aufregende Fahrt auf den mit 1475 Metern zweithöchsten Berg West Virginias, den Bald Knob. Im Jahr

Mit viel Qualm bezwingt eine Shay-Lokomotive die Steigung zum Bald Knob.

Info: Zahlen und Daten

Anreise Die nächste Amtrak-Station ist Staunton, Virginia (80 km) an der Strecke Washington – Chicago. Streckenlänge: 11 Meilen (18 km). Spurweite: Normalspur 1435 mm

Lokomotiven			
2	3-truck-Shay	Lima	1928
3	3-truck-Shay	Lima	1923
4	3-truck-Shay	Lima	1922
5	3-truck-Shay	Lima	1905
6	3-truck-Heisler	Heisler	1929
6	3-truck-Shay	ex Western Lima	1945
7	3-truck-Shay	Lima	1921
8	3-truck-Climax		1919
612	1'D	Baldwin	1943
20	45-Tonnen-Diesel	General Electric	1941
7172	BL-2	ex Western Maryland EMD	

Fahrpreise
– nach Whittaker: Erwachsene 14 $, Kinder 9 $
– nach Bald Knob: Erwachsene 19 $, Kinder 12 $
Information Telefon (304) 456-4300

1901 wurde sie als Waldbahn zur Holzabfuhr in die Sägemühle gebaut. Seit 1961 fahren auf der restaurierten Strecke Museumszüge mit den ursprünglichen „Shay"-Lokomotiven und offenen Sommerwagen. Die Züge beginnen in Cass, einer altertümlichen Kleinstadt im Appalachengebirge. Die Linie bis zum Gipfel weist zwei Spitzkehren und eine größte Steigung von zehn Prozent auf.

Die Züge nach Bald Knob verlassen Cass täglich um 10.30 Uhr und kehren nach fünf Stunden zurück. Sie verkehren dienstags bis donnerstags und samstags/sonntags sowie an einigen Montagen von Ende Mai bis Ende Oktober. Nur bis Whittaker, einer alten Holzfällersiedlung 6,5 Kilometer von Cass, fahren Züge um 12 und 14.30 Uhr täglich. Die Fahrzeit beträgt hin und zurück zwei Stunden. Spezialität: Dinner- und Holiday-Trains (Reservierung erforderlich).

Transportmuseum von North Carolina, Spencer
Eisenbahnmuseum mit Exkursionszügen

Diesellok 2601 auf dem Museumsgelände in Spencer

Das Transportmuseum von North Carolina ist in den historischen „Spencer Shops" beheimatet. Dieses einst größte Eisenbahn-Ausbesserungswerk der „Southern Railway" wurde 1896 in der Kleinstadt Spencer, auf halber Strecke zwischen Washington und Atlanta, gegründet. Zu seinen Glanzzeiten arbeiteten hier über 3000 Beschäftigte. Nach der Verdieselung wurde es überflüssig und 1960 bis auf eine Güterwagenreparaturabteilung geschlossen. Nach deren Verlegung nach Linwood entstand der Museumsgedanke. Die massiven Werkhallen, das 37ständige Lokomotiv-Rundhaus und neun weitere Gebäude wurden restauriert und 1979 eröffnet. Die Sammlung um-

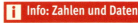

fasst etwa 60 Eisenbahnfahrzeuge, außerdem Lehrausstellungen über Eisenbahnen, Transportgeschichte und Automobilwesen in North Carolina.
Die 1'D-Lokomotive Nr. 604 der Buffalo Creek & Gauley Railroad (Baldwin, 1926) zieht an Wochenenden einen Ausflugszug über das weitläufige Museumsgelände. Die Fahrt dauert 45 Minuten. An Werktagen und außerhalb der Hochsaison werden die Dieselloks 6133 der Southern Railway (EMD, FP7) oder 620 der Norfolk & Western (EMD, GP9) eingesetzt. Die 1'D-Lokomotive Nr. 542 von 1903 war bei der Southern Railway eingesetzt, eine 3-Truck-Shay der Graham Country Railroad wurde 1925 gebaut. Der Dieselllok-Park weist noch die 6900 der SR auf, eine E8 der EMD sowie die AS-416 Nr. 1616 der Norfolk Southern.

Info: Zahlen und Daten

Lage 411 South Salisbury Avenue, Spencer, North Carolina. Anreise: Nächste Amtrak-Station ist Salisbury (3 km Fußweg). Streckenlänge: 1,5 Meilen (3 km). Spurweite: Normalspur 1435 mm
Öffnungszeiten täglich mit wechselnden Zeiten, von November bis Ende März montags geschlossen. Zugfahrten von April bis September werktags um 11, 13, 14 und 15 Uhr, sonntags um 13.30, 14.30 und 15.30 Uhr, in den übrigen Zeiten nur an Wochenenden
Eintritt & Fahrpreise: Museum frei. Fahrpreis für den Museumszug: 5 $, Kinder 4 $
Information Telefon (704) 636–2889

Great Smoky Mountains Railroad, Dillsboro
Ausflugs- und Dinnerzüge in North Carolina

Die Great Smoky Mountains Railway versieht Güter- und Passagierdienst auf der früheren Murphy-Zweigstrecke der Southern Railway, einer Mittelgebirgslinie im Südwesten von North Carolina, westlich von Ashville. Die Strecke hat Steigungen bis zu 4,3 Prozent und führt über Brücken und Tunnel der Great Smoky Mountains. Der Zug besteht aus der Dampflokomotive Nr. 1702 oder einer Diesel-

Info: Zahlen und Daten

Anreise Nächste Amtrak-Station ist Greenville (150 km südöstlich)
Streckenlänge: 67 Meilen (108 km). Spurweite: Normalspur 1435 mm

Dampflokomotive

1702	1'D	ex US-Armee/Reader/ Fremont & Elkhorn Valley	Baldwin 1942

Dieselokomotiven

711 und 777	GP7	ex Union Pacific/C&NW	EMD
1751 und 1755	GP9		

Fahrplan Die Züge verkehren ganzjährig, von April bis Dezember täglich, sonst an Wochenenden
Fahrpreise Erwachsene ab 28 $, Kinder ab 14 $, saisonabhängig
Information Telefon (800) 872–4681 und (828) 586–8811

Die 100 schönsten Bahnziele

lokomotive sowie komfortablen Salon-, Klub-, Speise- und Aussichtswagen.
Die Bahn bietet folgende Fahrten an:
– „Nantahala Gorge" (Nantahalaschlucht): Bryson City – Nantala, 35 km, 3 $^1/_2$ Stunden, verkehrt ganzjährig, Abfahrt um 10.30, sommers um 8.45 Uhr,
– „Twilight Dinner Train": zweieinhalbstündige samstägliche Gourmetfahrt ab Dillsboro,
– „Raft'n'Rail": siebenstündige Reise mit Floßfahrt auf dem Nantahalafluss,
– außerdem: Mystery Dinner Train, Polarexpress und mehr.

Tennessee Valley Railroad, Chattanooga
Dampf-Touristenbahn mit Eisenbahnmuseum in Tennessee

Die interessante Tennessee Valley Railroad am Südrand des Staates Tennessee und am westlichen Fuß des Allegheny-Gebirgsausläufers besitzt zwei Ausstellungsgelände, die durch ein fünf Kilometer langes Streckenstück verbunden sind. Pendelzüge verkehren zwischen Grand Junction und East Chattanooga. Vom Bahnhof Grand Junction dampft der Zug über Chickamauga Creek, Tunnel Boulevard und durch den 300 Meter langen Missionary Ridge Tunnel nach East Chattanooga, wo sich eine in Betrieb stehende Dampflokomotiv-Reparaturwerkstatt mit Lokschuppen und Drehscheibe nebst Museumslokomotiven befinden.
An Sommerwochenenden verkehrt der „Downtown Arrow" auch zwischen Grand Junction, East Chattanooga und dem Chattanooga Choo-Choo Holiday Inn (11,7 km). Zusätzlich veranstaltet die Tennessee Valley Railroad ganzjährig interessante Lehr- und Sonderfahrten ins historische Chickamauga sowie Dixieland-Exkursionen mit Speisewagen auf der Hauptstrecke nach Summerville, Georgia – Informationen über diese 100-Meilen-Rundfahrt im für die Country-Musik berühmten Tennessee auf Anforderung.

Info: Zahlen und Daten

Lage 4119 Cromwell Road, Chattanooga TN 37421 (Grand Junction) und 2200 North Chamberlain Avenue, East Chattanooga. Anreise: Nächste Amtrak-Station ist Atlanta/Georgia (190 km) an der Strecke New York – New Orleans des „Crescent". Streckenlänge: 3 Meilen (4,8 km). Spurweite: Normalspur 1435 mm

Dampflokomotiven

349	2'B	ex Central Railroad of Georgia	Baldwin 1891
509	2'C	ex Louisiana & Arkansas Railroad	Baldwin 1910
610	1'D	ex US-Streitkräfte	Baldwin 1950
630	1'D	ex Southern Railway	Alco 1904
4501	1'D1'	ex Southern Railway	Alco 1945

sowie Diesellokomotiven 813, 8669, 8677 und viele mehr

Fahrplan Die Bahn verkehrt von Anfang März bis Mitte Dezember. Ab März tägliche Abfahrten in Chattanooga Ost um 10.40 und 12.05 Uhr, von Mitte Juni bis Mitte August und an Wochenenden bis Mitte Dezember zusätzlich um 13.15, 14.25 und 15.35 Uhr

Fahrpreise Erwachsene 13,50 $, Kinder 7 $. Dinner Train etwa 50 $. Chickamauga Turn 29 $

Information Telefon (423) 894-8028

Die kombinierte Eisenbahn- und Straßenbrücke bei New Orleans

Südstaaten-Tournee

Southern Museum of Civil War and Locomotive History, Kennesaw
Eisenbahnmuseum in Georgia

Die Geschichte von James J. Andrews Überfall ist eine der bekanntesten des amerikanischen Bürgerkriegs. Die vereinigten Streitkräfte beschlagnahmten bei Big Shanty (heute: „Kennesaw") in Georgia die Lokomotive „General" der Western & Atlantic Railroad. Sie ist heute wohl die bekannteste Lokomotive der amerikanischen Geschichte und das Prunkstück des Museums, das am 12. April 1972, 110 Jahre nach Andrews Coup vom 12. April 1862, am Ort des Geschehens eröffnet wurde.
Der Lokomotivraub wurde 1926 unter dem Titel „Der General" mit Buster Keaton verfilmt. Die Original-Lokomotive wurde 1961 restauriert, absolvierte 1962 verschiedene Fahrten zur Hundertjahrfeier des Bürgerkriegs und ist heute noch betriebsfähig.

🛈 Info: Zahlen und Daten

Lage 2829 Cherokee St., Kennesaw, GA 30144.
Anreise: Nächste Amtrak-Station ist Atlanta (40 km südwestlich) an der Strecke Washington – New Orleans. Spurweite: Normalspur 1435 mm
Dampflokomotive
3   2′B „General"   ex Western & Atlantic Railroad
                    Rogers, Ketchum & Grosvenor   1855
Öffnungszeiten ganzjährig Montag bis Samstag 9.30 bis 17 Uhr, Sonntag 12 bis 17 Uhr
Eintrittspreise Erwachsene 7,50 $, Kinder 5,50 $
Information Telefon (770) 427–2117

Roundhouse Railroad Museum, Savannah
Eisenbahnmuseum in Georgia

Savannah liegt am Westzipfel Georgias an der zerklüfteten Atlantikküste und ist wichtiger Eisenbahnknoten. Das beeindruckende Rundschuppen-Eisenbahnmuseum ist die älteste und besterhaltene Vorkriegs-("Ante-Bellum")-Betriebs- und Ausbesserungswerkstätte der USA. Deshalb wurde sie in die nationalen historischen Denkmäler eingereiht. Ihre Geschichte geht ins Jahr 1851 zurück. Fünf der dreizehn noch existierenden ursprünglichen Bauten, darunter das massive Rundhaus samt betriebsfähiger Drehscheibe, enthalten Dauerausstellungen. Außer den rechts erwähnten Lokomotiven enthält das Museum vier Triebwagen, außerdem Reisezug-, Güter-, Zug-

Info: Zahlen und Daten

Lage 601 W. Harris Street, Savannah, GA 31401. Anreise: Savannah ist Amtrak-Station der Strecke New York – Miami des „Silver Star". Spurweite: Normalspur 1435 mm

Lokomotiven

223	2'D	ex Wrightsville & Tennille RR
8	C Satteltank	Central of Georgia
15	1'B1'	Holly Hill Lumber Co.
2715	GP35-Diesel	Savannah & Atlanta Ry

und andere

Öffnungszeiten ganzjährig täglich von 9 bis 17 Uhr
Eintrittspreise Erwachsene 4 $, Senioren, Studenten, Soldaten, Eisenbahner und Kinder 3,50 $

begleiter- und Spezialwagen und anderes Eisenbahnmaterial.

Henry M. Flagler Museum, West Palm Beach
Museum mit eisenbahnbezogener Ausstellung in Florida

Henry Morrison Flagler, Erbauer der Florida-Ostküstenbahn und Mäzen der Ostküste, errichtete für seine dritte Gemahlin eine Gedenkstätte mit Namen Whitehall in Palm Beach. Die Stätte wurde 1960 restauriert. Sie ist ein Museum für luxuriösen Lebensstil; unter den Ausstellungsobjekten finden sich Memorabilien der Ostküste Floridas und Flaglers Privatwagen „Rambler" mit der Nummer 91. Dieser Wagen wurde 1886 von Jackson & Sharp, Wilmington, Delaware, für Flagler gebaut. Er enthält noch die ursprüngliche Holztäfelung und

Info: Zahlen und Daten

Lage Am Ostufer des Lake Worth in der Cocoanut Row zwischen der Flagler Memorial Bridge und dem Royal Palm Way. Anreise: West Palm Beach ist Amtrak-Station der Strecke New York – Miami von „Silver Star" und „Silver Meteor"
Öffnungszeiten ganzjährig dienstags bis samstags 10 bis 17 Uhr, sonntags 12 bis 17 Uhr
Eintrittspreise Erwachsene 10 $, Kinder 3 $
Information Telefon (561) 655-2833

Innenausstattung. Flagler benutzte diesen Wagen auf seinen Fahrten während des Baus der Eisenbahn nach Key West.

Südstaaten-Tournee

Gold Coast Railroad Museum, Miami
Eisenbahnmuseum in Florida

Nicht weit vom Metro-Zoo in Süd-Miami liegt das Goldküsten-Eisenbahnmuseum, gegründet 1957. Auf einer halben Meile Gleis ist hier eine bedeutende Sammlung historischer und aktueller Eisenbahnfahrzeuge ausgestellt: 7 Dampf-, 7 Dieselloks, 15 Reisezugwagen, darunter Pullman-, „Zephyr"- und „Silver-Star"-Wagen, weiter Güterwagen, Kranwagen und Cabooses. Glanzstück ist der 1930 für Präsident Franklin D. Roosevelt gebaute Luxuswagen „Ferdinand Magellan", der später auch von den Präsidenten Truman, Eisenhower, Reagan und Bush benutzt wurde. Zwei Dampflokomotiven der Ostküstenbahn Floridas, eine GP7-Diesellokomotive der Atlantikküstenbahn und eine Long-Island-RS3 ziehen abwechselnd die Museumszüge auf einer zwei Kilometer langen Strecke durch Pinienhaine rund um das Gelände.

Info: Zahlen und Daten

Lage 12750 SW 152 St., Miami, FL 33177. Anreise: Die Amtrak-Station Miami ist Endpunkt von „Silver Star" und „Silver Meteor" aus New York. Spurweite: Normalspur 1435 mm

Lokomotiven

113	2'C 1'	ex Florida East Coast	Alco	1913
153	2'C 1'	ex Florida East Coast	Alco	1913
1	S-2	ex US-Army	Alco	1943
167	SW9	ex Atlantic Coast Line	EMD	1951
1555	RS-3	Long Island	Alco	1955
1804	GP 7	ex Atlantic Coast Line		

und weitere

Öffnungszeiten ganzjährig montags bis freitags 10 bis 16 Uhr, an Wochenenden von 11 bis 16 Uhr
Eintrittspreise Erwachsene 5 $, Kinder 3 $
Information Telefon (305) 253-6300

Seminole Gulf Railway, Fort Myers
Dieselbetriebene Touristenbahn mit Dinnerzügen in Florida

Fort Myers, eine weitläufige, palmenreiche Stadt auf der Westseite der Halbinsel Florida am Südufer des breiten Caloosahatchee River gelegen, ist Ausgangspunkt der Seminole Gulf Railway in zwei Richtungen. Seit Januar 1991 betreibt die Gesellschaft Ausflugs- und Dinner-Züge Richtung Norden und Süden. Die mit GP9- oder RDC-Lokomotiven bespannten Züge beginnen in der Colonial Station (Metro Mall, 2805 Colonial Boulevard). Die Ausflugszüge mit Snack Bar an Bord

Info: Zahlen und Daten

Anreise Nächste Amtrak-Station ist Tampa (200 km) mit Amtrak-Bus nach Fort Myers. Streckenlänge: Fort Myers – Bonita Springs: 22 Meilen (35 km), Fort Myers – Punta Gorda: 30 Meilen (48 km). Spurweite: Normalspur 1435 mm

Fahrplan und Fahrpreise: Ausflugszüge mit 1 1/2-stündiger Rundfahrt ganzjährig mittwochs, samstags und sonntags um 10 Uhr und 12.15 Uhr. Dinner-Züge „Murder mystery" mittwochs bis samstags 18.30 Uhr, sonntags 17.30 Uhr. Preise ab 7 $, Dinner Train Theater ab 47,98 $

Information Telefon (941)275-8487

125

In Fort Myers an der Westküste Floridas fahren Ausflugszüge mit kulinarischem Angebot.

fahren in Richtung Süden bis Bonita Springs und zur Caloosahatchee-Brücke.
Die eleganten Brunch- und Dinner-Züge mit Fünf-Gänge-Menu fahren eine 3,5-Stunden-Tour nordwärts zur eindrucksvollen Caloosahatchee-Brücke bis Punta Gorda. Spezielle Ferienzüge umfassen noch eine Schifffahrt über die malerischen Kanäle der Punta-Gorda-Inseln mit ihren geschmückten Häusern und Booten.

> **TIPP**
> Nicht weit entfernt, nahe der Amtrak-Station Deerfield Beach befindet sich das South Florida Railway Museum (Adresse: 1300 West Hillsboro Blvd., Deerfield Beach, FL 33 441). Das Museum zeigt diverse Ausstellungsstücke aus dem Eisenbahnwesen („Railroadiana") und eine Modelleisenbahn (Abb. unten).

Bluegrass Railroad Museum, Versailles
Museum mit Diesel-Exkursionszügen in Kentucky

Das 1976 gegründete Bluegrass Railroad Museum liegt im Woodford County Park von Versailles, 13 Kilometer westlich von Lexington im Bundesstaat Kentucky. Die 1,5-stündige Rundfahrt beginnt im Museumsgelände.
Sie führt durch Zentral-Kentuckys berühmtes Farm- und Pferdeland, eine raue, einsame, ländliche Region, bis zur „Young's High Bridge" der Louisville Southern Railroad, einer 86 Meter hohen und 488 Meter langen Stahlbrücke aus dem Jahr 1888 über den Kentucky River.

South Florida Railway Museum in Ft. Myers

Südstaaten-Tournee

ℹ Info: Zahlen und Daten

Anreise Nächste Amtrak-Station ist Cincinnati, Ohio (150 km) an der Strecke New York – Chicago des „Cardinal". Streckenlänge: 5,75 Meilen (9,3 km). Spurweite: Normalspur 1435 mm
Fahrplan von Ende Mai bis Anfang Oktober: Abfahrten samstags um 10.30, 13.30 und 15.30 Uhr, sonntags um 13.30 und 15.30 Uhr
Fahrpreis 7 $
Information Tel. (800) 755-2476 und (606) 873-2476

TIPP
Als besondere Ereignisse werden Themenfahrten mit unterhaltsamen Inhalten angeboten, z. B. eine „Wildwest Train Robbery Tour" mit Pferden, Räubern und viel Action. Berittene Geächtete in Western-Tracht spielen einen Zugüberfall nach; das „erbeutete" Geld wird einem lokalen karitativen Zweck zugeführt (jeweils am vierten Juniwochenende). Der „Halloween Ghost Train" Ende Oktober ist ein „spuk"-takuläres Ereignis entlang der Strecke.

Kentucky Railway Museum, New Haven
Museum mit Dampf- und Diesel-Ausflugszügen

Das Eisenbahnmuseum von Kentucky zeigt den typischen Betrieb einer nordamerikanischen Nebenbahn zur Anbindung einer Kleinstadt an die große Welt. Gegründet wurde es 1957 in River Road, Kentucky. Ab 1977 residierte es in Jefferson County östlich Louisville, um 1990 seinen heutigen Standort New Haven, 65 Kilometer südöstlich von Louisville, zu beziehen.

Die Sammlung umfasst unter anderem die Dampflokomotive Nr. 152 ex Louisville & Nashville von 1905, die Diesellok Nr. 32, BL-2 von 1948 und die Nr. 2546, eine CF7´ex Santa Fé sowie einen Dampfkran und zahlreiche Reisezugwagen.
Die Ausflugszüge fahren auf einem Streckenstück zwischen New Haven und Boston. Die 1,5-stündige Fahrt verläuft durch das reizvolle Rolling-Fork-River-Tal. An ausgewählten Tagen kommt die Dampflokomotive Nr. 152 zum Einsatz, die schon früher auf dieser Hauptader durch Zentral-Kentucky Reisezüge befördert hatte.

ℹ Info: Zahlen und Daten

Anreise Nächste Amtrak-Stationen sind: Cincinnati/Ohio (200 km) und Indianapolis (260 km) mit Busverbindung nach Boston/New Haven. Streckenlänge: 11 Meilen (18 km). Spurweite: Normalspur 1435 mm
Öffnungszeiten täglich
Museum: Eintritt frei
Zug-Fahrpreise Erwachsene 12,50 $, Kinder 8 $
Fahrplan Die Züge verkehren an Wochenenden und Feiertagen von April bis November
Information Telefon (502) 549-5470; (800) 272-0152

My Old Kentucky Dinner Train, Bardstown
Restaurant-Zug

Die rührige R.J. Corman Railroad Corporation betreibt neben der Zweigstrecke von Bardstown Junction nach Bardstown der früheren Louisville & Nashville Railroad auch einen reinen Restaurant-Zug von Bardstown aus. Der aus einer Diesellokomotive, zwei Stahl-Speisewagen von 1940 und einem Küchenwagen bestehende Zug verlässt den Bahnhof Bardstown in Richtung Louisville und durchquert den auf seiner Fahrt durch das Hügelland von Kentucky den Baumgarten von Bernheim und Jim Beams Branntweinbrennerei. Während der romantischen Fahrt wird ein aus drei Gängen bestehender Lunch beziehungsweise ein Fünf-Gänge-Dinner serviert. In Lime-

> **Info: Zahlen und Daten**
>
> **Lage** Bardstown, Kentucky. Anreise: Nächste Amtrak-Station ist Cincinnati (220 km). Streckenlänge: 18 Meilen (28 km). Spurweite: Normalspur 1435 mm
> **Lokomotiven**
> 2 Diesellokomotiven vom Typ FP7
> **Fahrplan** Die Restaurantzüge verkehren ganzjährig. Abfahrt des Dinner Train dienstags bis samstags um 17.00 Uhr, des Lunch Train um 12.00 Uhr ganzjährig samstags. Fahrtdauer 2 Stunden
> **Fahrpreise** Lunch Train: 49,95 $, Dinner Train 69,95 $, Murder Mystery 87,95 $
> **Information** Telefon (502) 348-7300 und 348-7500

stone Springs wird die Lokomotive zur Rückfahrt umgesetzt.

St. Louis, Iron Mountain & Southern Railway
Dampfbetriebene Touristenbahn in Jackson, Missouri

Jackson liegt 150 Kilometer südsüdöstlich von St. Louis westlich des Mississippi und sechs Meilen nordwestlich von Cape Girardeau. Der Name einer frühen Vorgängerin der Missouri-Pacific-Eisenbahn wurde für diese Touristenbahn wiederbelebt. Sie verkehrt auf den Gleisen der Jackson & Southern Railroad, einer kurzen Zweigstrecke von Delta nach Jackson im Bereich des Mississippitales. Die St. Louis, Iron Mountain & Southern Railway lässt Museumszüge von Jackson auf drei Strecken verkehren: einen Ausflugszug nach Gordonville (80 Minuten), einen Dinner Train nach Dutchtown (zwei Stunden) und einen Dinner Train nach Delta (3,5 Stunden). Der Zug besteht meist aus der Lokomotive 5 sowie ehemaligen Illinois-Central-Reisezugwagen aus den zwanziger Jahren.

Südstaaten-Tournee

Info: Zahlen und Daten

Anreise Nächste Amtrak-Stationen sind St. Louis (160 km) und Carbondale (100 km) an der Strecke Chicago – New Orléans. Streckenlängen: Jackson – Gordonville 5 Meilen (8 km), Jackson – Dutchtown 9 Meilen (14 km), Jackson – Delta 18 Meilen (29 km). Spurweite: Normalspur 1435 mm

Lokomotiven

5	1'D1'	ex Central Illinois Public Service, ex Crab Orchard & Egyptean	Porter	1946
300,	1'C	ex Augusta Railway	Alco	1926
100	Diesellokomotive	ex Gideon Anderson Lumber Co.	Whitcomb	1941

seit 2006: neue Diesellok von 1950: E-8A ex Pennsylvania (bis 1970)
außerdem eine 350-mm-spurige Live-Steam-Lokomotive der Achsfolge 2'C2'.

Fahrplan ganzjähriger Verkehr. Von Mai bis Oktober: Abfahrt samstags 11 und 14 Uhr nach Gordonville, 17 Uhr Dinner Train, sonntags 13 Uhr nach Gordonville; Juni bis August freitags 13 Uhr nach Gordonville. Murder Mystery Trains nach besonderem Fahrplan. Von November bis April: Abfahrt samstags um 10, 13 und 16 Uhr nach Gordonville

Fahrpreise Erwachsene 16 $, Kinder 8 $, Dinner Train 26,50 $/ 19 $, Murder Mystery Train 40,00 $/32,50 $

Information Telefon (314) 243-1688; (800) 455-7245

Age of Steam Railroad Museum, Dallas
Eisenbahnmuseum in Texas

Das Age of Steam Railroad Museum in Dallas, seit 1963 von der Southwest Railroad Historical Society betrieben, bietet im ältesten erhaltenen Bahnhof von Dallas eine nostalgische Reise zurück zu der Zeit der Dampflokomotiven und der Züge mit klangvollen Namen. Es zeigt eine stattliche Parade der größten Dampf-, Dieselelektro- und Elektrolokomotiven sowie einige schwergewichtige Reisezugwagen: einen kompletten Reisezug der zwanziger Jahre, den penibel restaurierten Speisewagen „Goliad", früher Eigentum der Missouri-Kansas-Texas-Bahn, den M-K-T-Speisewagen „George S. Denison", den von der Fort Worth & Denver Railroad stammenden Business Car „Texland", den Club-Salonwagen Nr. 3231 der Sante Fé Railroad, weitere Pullman-Wagen so-

In einer Parade der größten Lokomotiven darf der „Big Boy" (Mitte) nicht fehlen.

Info: Zahlen und Daten

Anreise Dallas ist Amtrak-Station an der Strecke Chicago – San Antonio des „Texas Eagle". Lage: Washington Street Nr. 1105 / Parry Street, am Ausstellungsgelände „State Fair Park" inmitten weiterer Museen, drei Kilometer östlich des Stadtzentrums von Dallas/Texas. Spurweite: Normalspur 1435 mm

Lokomotiven				
4018	2'D D2'	ex Union Pacific „Big Boy"	Alco	1942
1625	1'E	ex Eagle Picher Mining Co.	Alco	1918
4501	2'D2'	ex St. Louis – San Francisco RR	Baldwin	1942
7	C	ex Union Terminal Co. (Dallas)	Baldwin	1923
4903	GG-1	ex Amtrak ex Pennsylvania Railroad		
und weitere				

Öffnungszeiten Mittwoch bis Sonntag von 10 bis 17 Uhr
Eintrittspreise Erwachsene 5 $, Kinder 2,50 $
Information Telefon (214) 428–0101

wie Güter- und Zugführerwagen und viele weitere Eisenbahn-Artefakte.
Die frühere Sante-Fé-Lokomotive M 160 „Doodlebug" und die ehemalige Western Railroad-VO 1000 Nr. 1107 absolvieren regelmäßige Fahrten auf dem Museumsgelände.

Austin Steam Train Association, Cedar Park
Dampf- und dieselbetriebene Touristenbahn in Texas

Vierzig Jahre nach Ende des Dampfbetriebes gibt es in Zentral-Texas wieder regelmäßige Dampffahrten. Die „Dampfzug-Gesellschaft Austin" bietet ein vielfältiges Fahrtenprogramm. Der „Hill Country Flyer" mit der bulligen Mikado-Dampflok und einem illustren Reisezugwagenpark aus den zwanziger Jahren startet in Cedar Park und fährt durch das von Zedern und Eichen bewaldete Tal des südlichen San-Gabriel-Flusses Richtung Nordwesten über Betram bis zur idyllischen Stadt Burnet. Der „River City Flyer" startet in Austins Brush Square und durchstreift die historische Altstadt von Austin samt Umgebung. An Bord der Dinnerzüge „Twilight Flyer"

Info: Zahlen und Daten

Anreise Nächste Amtrak-Station ist Austin (32 km südlich) an der Strecke Chicago – San Antonio – Los Angeles des „Texas Eagle". Streckenlänge: 33 Meilen (53 km). Spurweite: Normalspur 1435 mm

Lokomotiven		
786	1'D1'	ex Texas & New Orleans/Southern Pacific Railroad American Locomotive Co.1916
Diesellok 442		ex A&TCR
und andere		

Fahrplan Der „Hill Country Flyer" verkehrt ganzjährig an Wochenenden um 10 Uhr, im Dezember um 14 Uhr, der „Twilight Flyer" an ausgewählten Samstagen um 19 Uhr
Fahrpreise je nach Zug und Jahreszeit ab 12 $
Information Telefon (512) 477–8468

oder „Twilight Flyer Murder Mystery" kann man eine abendliche Lunch-Fahrt unternehmen.

Southern Pacific-Lokomotive Nr. 794 im texanischen San Antonio

Texas State Historical Park, Rusk-Palestine
Touristenzüge in Texas

Im subtropischen Golfküstenland, südöstlich von Dallas und nördlich von Houston, betreibt die Texas State Railroad auf einem Teilstück der früheren Texanischen Staatsbahn dampflokgeführte Ausflugszüge. Die Fahrt beginnt an einem der in viktorianischem Stil gehaltenen Bahnhöfe in Rusk oder Palestine und verläuft über Hügel und durch Pinienwälder. Die Züge kreuzen sich auf halber Strecke. Am jeweiligen Endpunkt ist ein Aufenthalt von einer Stunde vorgesehen. Die bewirtschafteten Wagen sind weder beheizt noch klimatisiert. Der Bahnhof Rusk liegt etwa vier Kilometer westlich von Rusk, der Bahnhof Palestine ungefähr sechs Kilometer östlich von Palestine.

Info: Zahlen und Daten

Anreise Nächste Amtrak-Stationen sind Dallas (175 km) und Longview (100 km). Streckenlänge: 25 Meilen (40 km). Spurweite: Normalspur 1435 mm

Dampflokomotiven

200	2'C	ex SP 2248	Cooke	1896
201	2'C	ex Texas & Pacific Nr. 316	Cooke	1901
300	1'D	ex Texas Southeastern Nr. 28	Baldwin	1917
400	1'D1'	ex Magma Arizona Nr. 7	Baldwin	1917
500	2'C1'	ex Sante Fé Nr. 1316	Baldwin	1911
610	1'E2'	ex Texas & Pacific Nr. 210	Lima	1927

und andere sowie Diesellokomotiven

Fahrplan Züge verkehren von März bis November an Wochenenden, im Juni und Juli donnerstags bis sonntags, Weihnachtszüge an Dezembersamstagen

Fahrpreise Hin- und Rückfahrt Erwachsene 16 $, Kinder 10 $, einfache Fahrt 11 bzw. 7 $

Information Telefon (903) 683–2561

Bahnen im mittleren Westen

Metropole des Mittelwestens: Die Skyline von Chicago mit Chicago River und Hochbahn

Henry Ford Museum und Greenfield Village Railroad, Dearborn
Eisenbahnmuseum mit Museumszug in Michigan

Greenfield Village mit dem Henry-Ford-Museum ist Amerikas größter Geschichtspark. Die vom Automagnaten Ford selbst gegründete Gedenkstätte behandelt den Wandel Amerikas von einer ländlich strukturierten Gesellschaft zu einer städtisch geprägten Industrienation. Das Museum enthält eine ausgedehnte Fahrzeugsammlung, die in das wiederbelebte Bahnbetriebswerk der Detroit, Toledo & Milwaukee-Eisenbahn eingebettet ist. Das Rundhaus samt Drehscheibe und sechsständiger Werkstatt von 1884 wurde wiederbelebt. Der historische dampflokgeführte Zug der Greenfield Village Railroad durchzieht in einer 35-minütigen Fahrt den ausgedehnten Park. Die Fahrgäste in 85 Jahre alten offenen Sommerwagen erhalten sachkundige Erläuterungen zur Geschichte Greenfield Villages und der Eisenbahn.

Info: Zahlen und Daten

Anreise Dearborn ist Amtrak-Station der Strecke Chicago – Detroit. Lage: 20900 Oakland Blvd., Dearborn, MI 48124, 13 Kilometer westlich Detroits. Streckenlänge: 2 1/2 Meilen (4 km). Spurweite: Normalspur 1435 mm

Dampflokomotiven

1	2'B	Ford Motor Co.
3	C2't	Calumet & Hecla Mining
8	C	Michigan Alcali Co.
1601	2'C'C	Chesapeake & Ohio
	2'B1'	Alco 1902
	2'B	Rogers 1958
154	1'D	Bessemer & Lake Erie

Öffnungszeiten Mitte April bis Ende Oktober täglich von 9.30 bis 17.00 Uhr, im November und Dezember freitags bis sonntags

Eintrittspreise Erwachsene 20 $, Kinder 14 $

Information Te. (800) 835-5237 und (313) 271-1620

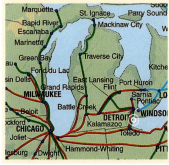

Cuyahoga Valley Scenic Railroad, Independence
Diesel-Exkursionszüge in Ohio

Independence liegt in Nordost-Ohio, am Südrand von Cleveland am Eriesee. Die Cuyahoga Valley Scenic Railroad durchquert auf den Gleisen einer früheren Baltimore-&-Ohio-Strecke das Herz des Erholungsgebiets „Cuyahoga-Tal" parallel zum Ohio-&-Eriekanal in Richtung Süden bis Hale Farm und Akron. Jede Fahrt stellt ein besonderes Abenteuer dar und bietet abwechslungsreiche Erlebnisse, Naturschönheiten und Geschichtsstätten. Der aus komfortablen klimatisierten Wagen von 1939/40 der New York Central RR und der Santa Fé Railroad sowie einem Kanzelwagen bestehende Zug passiert im wildromantischen Tal das Städtchens Peninsula („Halbinsel"), die Haltestellen Hale Farm, Quaker Sqare, Inventure Place, das Kanal-Besucherzentrum und andere historische Punkte.

ℹ Info: Zahlen und Daten

Anreise Independence ist südlicher Vorort von Cleveland/Ohio; die Entfernung zur Amtrak-Station beträgt 8 Kilometer. Streckenlänge: 38 Meilen (60 km). Spurweite: Normalspur 1435 mm
Lokomotiven
15 und 6777   FPA 4 Alco
4088 und 4099 FPA 4 ex Delaware & Hudson   Alco
Fahrplan Die Züge verkehren ganzjährig. Die Fahrpläne werden nur kurzfristig publiziert. Die Bahn bietet an diversen Feiertagen thematisch vielfältige Exkursionen an
Fahrpreise Variabel je nach Fahrt Erwachsene ab 9 $, Kinder ab 6 $
Information Telefon (800) 468-4070

Fox River Trolley Museum, South Elgin
Straßenbahn- und Überlandbahnmuseum in Illinois

Das Fox-River-Straßenbahnmuseum zeigt eine Ära, in der elektrische Straßenbahnen und Überlandbahnen ein wichtiger Bestandteil des amerikanischen Alltags waren. Es beherbergt eine Vielfalt alter Straßenbahnwagen eines stillgelegten Netzes, das einst Carpentersville, Elgin, Aurora und Yorkville miteinander verband. Nach dessen Stilllegung im Jahre 1961 begann eine Gruppe von Straßenbahnfreunden mit dem Aufbau des Museums, das schließlich am 4. Juli 1964 eröffnet werden konnte. Zur Sammlung

ℹ Info: Zahlen und Daten

Lage 365 S. LaFox Street, South Elgin, westlich von Chicago. Anreise: Nächster Amtrak-Bahnhof ist Chicago Union Station (60 km). Von dort mit Metra-Zug („Metropolitan Rail") nach Elgin (West Line) und mit Pace-Bus Nr. 801 nach State Street, South Elgin. Streckenlänge: 1 Meile (1,6 km). Spurweite: Normalspur 1435 mm
Öffnungszeiten & Fahrten: von Mitte Mai bis Anfang November an Sonn- und Feiertagen von 11 bis 17 Uhr, Ende Juni bis Anfang September an Wochenenden
Eintrittspreise Erwachsene 3,50 $, Kinder 2 $
Information Telefon (847) 697-4676

gehören Exemplare des Chicago Rapid Transit, der Chicago City Railway, der Chicago, Aurora & Elgin-Bahn, darunter auch Post-Straßenbahnwagen, Elektroloks und der Expresswagen Nr. 11 aus dem Jahre 1910.

Das Museum betreibt einen Pendelverkehr auf dem Reststück zwischen Castlemuir (South Elgin) und Coleman Grove (Blackhawk Park). Die 30-minütige Fahrt verläuft unmittelbar am Ufer des Fox River entlang.

Whitewater Valley Railroad, Connersville
Touristenbahn in Indiana

Im Jahr 1865 wurde die White Water Railroad zum Bau einer Eisenbahn von Harrison in Ohio, nordwestlich von Cincinnati, nach Hagerstown in Indiana gegründet. Sie führte entlang dem Treidelweg eines schon bestehenden Schiffskanals, der Cambridge und Hagerstown mit dem Ohiofluss verband. Die Bahn wurde zuerst Bestandteil des New-York-Central-Netzes. Der Name „White Water Railroad" tauchte erst 1972 auf. 1984 erwarb die Gesellschaft die Linie von der Penn Central Railroad.

Der Ausflugszug nach Metamora fährt am historischen Schiffskanal entlang, von dem noch einige der ehemals 19 Schleusen sowie der Speisewasserdamm bei Laurel erhalten sind. Während des zweistündigen Aufenthaltes am Zielort Metamora, einem idyllischen Kanalstädtchen,

Info: Zahlen und Daten

Anreise Connersville ist Amtrak-Station der Strecke Washington D.C. – Chicago des „Cardinal". Spurweite: Normalspur 1435 mm. Streckenlänge: 16 Meilen (26 km)

Dampflokomotiven

6	C	ex East Broad	Baldwin	1907
11	Bt		Vulcan	1924
100	1'C1'		Baldwin	1919

außerdem eine Reihe größerer Diesellokomotiven aus den Jahren 1946 bis 1950

Fahrplan von Mai bis November regelmäßiger Verkehr an Wochenenden und Feiertagen. Die Züge verlassen Connersville um 12.01 Uhr (Eastern Standard Time) bei jeder Witterung

Fahrpreise Rückfahrkarte nach Metamora: Erwachsene 14 $, Kinder 7 $

Information Telefon (765)825-2054

kann eine Wassermühle besichtigt werden. Die gesamte Reise dauert 5 1/2 Stunden.

Ohio Railway Museum
Eisenbahnmuseum in Worthington

Das Museum liegt in Worthington, einem Vorort von Columbus, der zwischen Cincinnati und dem Eriesee gelegenen Hauptstadt Ohios. Es wurde im Jahre 1948 gegründet. Vom damaligen ersten Straßenbahnwagen „Ohio Public Service Nr. 21" wuchs die Sammlung bis heute auf über 30 Fahrzeuge. Sie umfasst unter anderem zwei Dampflokomotiven, 15 Straßen- und Überlandbahnwagen und fünf Reisezugwagen. Auf einem knapp drei Kilometer langen

Bahnen im mittleren Westen

ℹ️ Info: Zahlen und Daten

Anreise Mit Amtrak-Thruway-Bus von den Amtrak-Stationen Cleveland oder Cincinnati nach Columbus/Ohio. Worthington ist ein nördlicher Vorort von Columbus. Streckenlänge: 1 1/2 Meilen (2,5 km). Spurweite: Normalspur 1435 mm
Öffnungszeiten von Juni bis September sonntags von 13 bis 17 Uhr
Eintrittspreis Erwachsene 3,50 $, Kinder 1,50 $
Information Telefon (614) 885-7345

Streckenstück der früheren Columbus, Delaware-&-Marion-Städtebahn fahren die Elektrotriebwagen eine Viertelstunde durch das weite Maisland zwischen Columbus und dem Städtchen Delaware.

Illinois Railway Museum, Union
Großes Eisenbahnmuseum mit Exkursions- und Dinnerzügen

Das Eisenbahnmuseum von Illinois ist eines der größten Nordamerikas. Es wurde 1953 in Nord-Chicago gegründet und 1964 an seinen jetzigen Standort verlegt.

ℹ️ Info: Zahlen und Daten

Lage Union liegt 90 Kilometer westlich von Chicago. Das Museum befindet sich 1,5 Kilometer östlich des Stadtzentrums an der Bahnlinie nach Chicago. Adresse: 7000 Olsen Road, Union, Illinois. Anreise: Nächster Amtrak-Bahnhof ist Chicago Union Station. Streckenlänge: 3 Meilen (5 km). Spurweite: Normalspur 1435 mm
Öffnungszeiten und Fahrplan Mai bis September täglich, April und Oktober an Wochenenden
Eintritt und beliebig häufige Fahrten: Erwachsene 12 $, Kinder 10 $
Information Telefon (815) 923-4000

Seine zahlreichen Sammlungen repräsentieren alle Sparten des amerikanischen Eisenbahnwesens. Neben Fahrzeugen beherbergt es Bauten, Signale, Werkeinrichtungen, ein umfangreiches Archiv und die Pullman-Bibliothek. Die Sammlungen sind auf sechs Hallen und das Freigelände verteilt.

Zur Fahrzeugsammlung gehören 40 Rapid-Transit- und Straßenbahnwagen des weltgrößten Straßenbahnnetzes in Chicago einschließlich eines Pferdebahnwagens von 1859. Von der Milwaukee Electric Railway sind 19 Straßen- und Über-

Historische Straßenbahnwagen laden zu Fahrten rund um das Museum in Union ein.

landbahnfahrzeuge vorhanden. Weitere Fahrzeuge stammen von der Chicago & North Western, der Chicago, Burlington & Quincy (einschließlich eines kompletten „Nebraska Zephyr"), der Chicago, North Shore & Milwaukee (samt „Electroliner"), der Chicago, Milwaukee, St. Paul & Pacific. Unter den 23 Dampflokomotiven sind die meisten der größeren Typen Amerikas vertreten: Santa Fé-2'D2' Nr. 2903, Frisco 1'E Nr. 1630, N&W-2'D2' Nr. 2050 und andere. Außerdem ist die schönste Diesellok-Sammlung der USA mit 26 Loks sowie Reise- und Güterwagen zu sehen. Mit elektrischen Straßen- und Überlandbahnwagen kann man halbstündlich eine Schleife rund um das Museumsgelände fahren. An Wochenenden verkehren Diesel- und Dampfzüge 1 1/2-stündlich auf einem fünf Kilometer langen Streckenstück entlang der Trasse der früheren Elgin & Belvedere Electric Railway und parallel zur Linie der Chicago & North Western Railroad. Dinnerzüge verkehren nach unregelmäßigem Fahrplan.

Museum of Science and Industry, Chicago
Technikmuseum in Illinois

Rund elf Kilometer südlich des Chicagoer Stadtkerns, zwischen Campus University of Chicago und Michigansee, an der 57. Straße/Lake Shore Drive ist das „Museum of Science and Industry" in einem für die Weltausstellung von 1893 errichteten Gebäude am Rande eines Parks untergebracht.

Im Jahr 1933 eröffnet, ist dies das weltgrößte und mit jährlich über drei Millionen Besuchern meistbesuchte Museum der Erde für gegenwärtige Naturwissenschaft, Technik und Verkehr. Die Verkehrsabteilung umfasst Land-, Wasser- und Lufttransport, so unter anderem die

Schnellfahr-Dampflok Nr. 999 im Wissenschafts- und Industriemuseum Chicago

Info: Zahlen und Daten

Nächster Amtrak-Bahnhof: Chicago Union Station. Von dort mit Bus Nr. 7 und 6 bis zum Museum oder mit der berühmten Chicagoer Hochbahn (Green Line bis Garfield und Anschlussbus)
Öffnungszeiten täglich von 9.30 bis 17.30 Uhr, werktags von September bis Mai nur bis 16 Uhr
Eintrittspreise Erwachsene 11 $, Kinder 7 $
Information Telefon (773) 684-1414

Apollo-8- und Aurora-Raketen als Leihgaben des Nationalen Luft- und Raumfahrtmuseums und viele historische Straßenfahrzeuge. Im Untergeschoss residiert die Schiffsausstellung; im Eisenbahnsaal im Erdgeschoss des Westflügels befinden sich Original- und Modelllokomotiven. Auf einer Santa-Fé-Miniaturbahn verkehren Modellzüge auf 300 Metern Gleis. Die berühmte Dampflokomotive Nr. 999, gebaut 1893 in den West Albany Shops und einst Eigentum der New York Central Railroad, war die erste Lokomotive, die das magische Tempo von 100 Meilen (161 km) pro Stunde deutlich überschritt: sie erreichte schon 1893 westlich von Batavia, N.Y., 112,5 mph (181,1 km/h). Die 304 Tonnen schwere 2'B2'-Dampflokomotive Nr. 2903 der Santa Fé Railroad wurde 1943 von Baldwin gebaut und zog bis 1955 transkontinentale Reisezüge, Als Kleinod kann der Pioneer Zephyr Nr. 9900 der C.B.&Q.R.R., 1934 als erster Stromlinien-Dieselzug in Dienst gestellt, besichtigt werden.

Museum of Transportation, St. Louis
Eisenbahnmuseum in Missouri

Dieses 1944 gegründete und seit 1979 der Abteilung Parks und Erholung des Bezirks St. Louis gehörende Transportmuseum ist eines der größten und vielfältigsten der USA.
Die ständige Ausstellung umfasst eine ausgedehnte Sammlung aller Gattungen des Transportwesens. Darunter sind 70 Lokomotiven aller Bauarten von alten 2'B-Maschinen und Industrietypen bis zu den größten und neuesten Dampflokomotiven. Die elektrische Traktion ist durch Vollbahn- und Stadtbahnlokomotiven vertreten; unter den Diesellokomotiven befinden sich die ältesten Reisezuglokomotiven der Baltimore &

Info: Zahlen und Daten

Lage 27 Kilometer westsüdwestlich vom Stadtkern St. Louis/Mississippi. 3015 Barrett Station Road, St. Louis, MO 63122. Anreise: Nächste Amtrak-Station ist Kirkwood (6 km; eine Station von St. Louis)
Öffnungszeiten täglich von 9 bis 17 Uhr ganzjährig außer an Erntedankfest, Weihnachten und Neujahr
Eintrittspreise Erwachsene 4 $, Kinder und Senioren 2 $
Information Telefon (314) 965-7998

Ohio Railroad sowie der letzte „Schaufelnasen"-Zephyr „Silver Charger". Ausgedehnt ist auch die Sammlung von Reisezug-, Güter- und Spezialwagen sowie Straßenbahnen. Lastkraftwagen,

Flugzeuge, Busse und Feuerwehrfahrzeuge ergänzen das Spektrum.

Die wichtigsten Lokomotiven: Die 2'B-Dampflokomotive „Daniel Nason" wurde im Jahre 1858 gebaut. Die Nr. 952 der DL&W, eine 2'B-„Kamelrücken"-Lokomotive aus dem Jahre 1905, wurde 1939 auf der New Yorker Weltausstellung gezeigt. Des Weiteren gibt es einen Burlington-„Zephyr"-Zug und eine Diesellokomotive der Reihe F Nr. 6100. Eine der größten Santa-Fé-Dampflokomotiven, die 1'E2' Nr. 5011, ist ebenso vertreten wie die „Centennial" Nr. 6944 der Union Pacific Railroad. Diese größte jemals gebaute Diesellokomotive gesellt sich zum „Big Boy" Nr. 4006 der Union Pacific Railroad, dem größten je gebauten Dampfross.

> **TIPPS**
> 1. Eine Diesel-Doppellokomotive sowie einige Reise- und Güterwagen sind nunmehr in der Halle des luxuriös restaurierten alten Union-Bahnhofs zu St. Louis aufgestellt.
> 2. Die dem Transportmuseum gehörende und in St. Louis Union Station stationierte 2'D1'-Dampflokomotive Nr. 1522 der St. Louis-San Francisco Railway wird zu bestimmten Zeiten des Jahres von der St. Louis Steam Train Association zu Ausflugsfahrten eingesetzt (Fahrpreis ca. 65 $ für Erwachsene, ca. 55 $ für Kinder, abhängig von der Reiseroute).
> Information: Telefon (314) 962–1653; Postadresse: 115 St. Georges Place, Webster Groves, MO 63119.

Mid-Continent Railway Historical Society, North Freedom
Museum mit Dampf-Exkursionszügen in Wisconsin

North Freedom liegt in der Sauk County, 75 Kilometer nordwestlich von Madison, der Hauptstadt Wisconsins. Hier betreibt die Mid-Continent Railway Historical Society seit 1963 eine Museumsbahn

> **TIPP**
> An ausgewählten Wochenenden gibt es größere Fahrten mit der Lokomotive Nr. 1385.
> (Information: Mid-Continent Railway, P.O. Box 55, North Freedom, WI 53951)

Info: Zahlen und Daten

Anreise Nächste Amtrak-Station ist Wisconsin Dells (25 km) an der Strecke Chicago – Seattle des „Empire Builder". Streckenlänge: 4,5 Meilen (7,2 km). Spurweite: Normalspur 1435 mm

Dampflokomotiven

1	2'C	ex Western Cole & Coke	Montréal	1913
2	1'D1'	ex Saginaw Timber	Baldwin	1912
1385	2'C	ex Chicago & North Western	Alco	1907

Fahrplan Abfahrt der Züge von Anfang Mai bis Mitte Oktober an Wochenenden und von Mitte Mai bis Mitte September täglich um 10.30, 12.30 14.00 und 15.30 Uhr

Preise Erwachsene 12 $, Kinder 7 $

Information Telefon (608) 522–4261

mit dem Schwerpunkt „Eisenbahn zur Jahrhundertwende". Die Dampfzüge „Experience 1900", bestehend aus Holzwagen mit offenen Plattformen, verkehren auf einem Teilstück einer früheren Chicago & Northwestern-Zweiglinie von North Freedom zum Quartzite Lake.

Das im restaurierten C&NW-Bahnhof von 1894 eingerichtete Museum ist landesweit bekannt für seine Personen- und Güterwagen in Holzbauweise. Außer den betriebsfähigen Maschinen enthält die Sammlung noch weitere historisch bedeutende Dampflokomotiven. Außerdem sind im Bestand: Diesellokomotiven, Schneepflüge einschließlich einer Dampf-Schneeschleuder aus dem Jahr 1912, Dampfkräne, ein betriebsfähiger hölzerner Wasserturm sowie ein Archiv samt Foto-Ausstellung im Bahnhof und in der Wagenhalle.

Minnesota Transportation Museum, St. Paul-Minneapolis
Eisenbahnmuseum in Minnesota

Info: Zahlen und Daten

Anreise St. Paul-Minneapolis ist Amtrak-Station der Strecke Chicago – Seattle
Lage 193 E Pennsylvania Ave., St. Paul, MN 55101. Spurweite: Normalspur 1435 mm
Öffnungszeiten mittwochs und samstags von 10 bis 17 Uhr
Eintrittspreise 5 $, zusätzlich 2 $ für Zugfahrt
Information Telefon: (651) 228-0263

TIPP
Die „Freunde der 261" (401 Harrison St. NE, Minneapolis, MN, Telefon (651) 765-9812) veranstalten regelmäßig ganztägige Exkursionen mit der großen 2'D2'-Dampflokomotive Nr. 261 aus dem Jahre 1944 über regionale Haupt- und Nebenstrecken.

Der Lokomotiv-Rundschuppen an der Jackson St./Pennsylvania-Avenue wurde 1907 von der Great Northern Railroad zur Beheimatung von Expresslokomotiven gebaut. Er war Teil eines großen Betriebs- und Ausbesserungswerkes. Die Drehscheibe wurde restauriert, und die Hallen sind nunmehr ganzjährig für Besucher geöffnet. Neben den Dampflokomotiven Nr. 328, 2153 und 2156 der Northern Pacific Railroad gibt es verschieden dieselelektrische Lokomotiven und historische Reisezugwagen zu besichtigen, darunter ein Luxus-Aussichtswagen der Great Northern.

Eine Außenstelle des Verkehrsmuseum befindet sich im sogenannten „Princess-Bahnhof" in Minneapolis (4926 Minnehaha Ave., Minneapolis, MN)

Zu den Denkmälern der Pionierära des amerikanischen Westens führt die Black Hills Bahn.

Black Hills Central Railroad, Hill City

Touristenbahn mit Dampfzügen in South Dakota

Der Black Hills Central Railroad-Dampfzug befährt eine frühere Burlington-Strecke von Hill City in Richtung Westen durch das anmutige Hügelland von South Dakota bis Keystone Junction, dem Anschlusspunkt an die Burlington Northern-Hauptstrecke. Sein Weg führt durch Bergwälder und über Steigungen von 40 Promille entlang einer alten Minenroute, die von Siedlern im späten 19. Jahrhundert angelegt wurde. Während der Fahrt in bis zu 126 Jahre alten Wagen passiert der Zug historische und kulturelle Denkmäler der Pionierära des amerikanischen Westens, wie zum Beispiel das Mount-Rushmore-Nationaldenkmal mit den in Granit gemeißelten Porträts der Präsidenten Washington, Jefferson, Lincoln und Roosevelt.

Info: Zahlen und Daten

Anreise Nächste Amtrak-Stationen sind Denver, Colorado (500 km) und Cheyenne (360 km, Amtrak-Bustransfer). Streckenlänge: 10 Meilen (16 km). Spurweite: Normalspur 1435 mm

Dampflokomotiven

104	1'C1'	Satteltank	Baldwin	1923
7	1'C1'		Baldwin	1919
110	1'C'C1'		Baldwin	1928

Nicht betriebsfähige Exponate: eine 1'C1'- und eine 1'D-Lok, beide von Baldwin, Schmalspurmaterial und ein moderner Stromlinien-„Zephyr"

Fahrplan Von Mai bis Anfang Oktober täglich je nach Tag und Jahreszeit bis zu vier Züge. Abfahrten in Hill City 7.15, 9.45, 13.15 und 15.45 Uhr. Rückkunft von Keystone jeweils nach 2 1/4 Stunden

Fahrpreise Erwachsene 19 $, Kinder 10 $

Information Telefon (605) 574-2222

Lake Superior Railroad Museum und North Shore Scenic Railroad, Duluth

Verkehrsmuseum mit Touristenbahn in Minnesota

1. Museum

Der historische Union-Bahnhof aus dem Jahr 1892 in Duluth ist seit Mai 1969 stillgelegt. Das Gebäude, ein schönes Beispiel französisch-normannischer Architektur, wurde ab 1971 zu einem Kulturzentrum umgestaltet. Neben Kunstmuseum und Theater beherbergt es ein vorzügliches Eisenbahnmuseum. In der ehemaligen Bahnsteighalle sind aufgestellt:

Info: Zahlen und Daten

Anreise Nächste Amtrak-Station ist St.Paul-Minneapolis (230 km). Lage: 506 West Michigan Street, Duluth, MN 55802, in der Innenstadt. Streckenlänge: 26 Meilen (42 km). Spurweite: Normalspur 1435 mm

Lokomotiven für Exkursionszüge

192	NW5	Great Northern
700	GP30	Soo Line
und weitere		

Fahrplan Züge verkehren von Ende Mai bis Anfang September täglich mit wechselndem Fahrplan

Fahrpreise Erwachsene ab 11 $, Kinder ab 5 $. Die Fahrkarten gelten für Zugfahrt und Museum

Öffnungszeiten des Museums: ganzjährig täglich. Von Ende Mai bis Mitte Oktober 9.30 bis 18 Uhr, übrige Zeit 10 (sonntags 13) bis 17 Uhr

Information Telefon (218) 733–7590 (Museum) und (218) 722–1273

TIPP

Die ebenfalls dem Museum gehörende Lake Superior & Mississippi Railroad führt an bestimmten Sommerwochenenden 1,5-stündige Ausflugsfahrten mit den Diesellokomotiven Nr. 45 und 46 vom Duluther Zoo aus auf einer 10 Kilometer langen Strecke entlang dem St.-Louis-Fluss durch.

- die erste nach Minnesota gekommene Lokomotive „William Crooks" (2'B) der Great Northern samt Wagen aus dem Jahr 1861,
- die „Minnetoka", Nr. 1 der Northern Pacific aus dem Jahr 1870,
- die 1'D+D2'-Malletlokomotive Nr. 227 der Duluth, Missabe & Iron Range, eine der größten Dampflokomotiven der Welt,
- die erste Reisezug-Diesellokomotive Nr. 2500A vom Typ FP7 der Soo Line,
- eine Dampf-Schneeschleuder von 1887 sowie andere Dampf-, Diesel- und Elektrolokomotiven und eine umfangreiche Wagensammlung.

Die zwei 1925 gebauten vierachsigen Straßenbahnwagen Nr. 530 und 531 aus Lissabon, Portugal, fahren auf einem 400 Meter langen Gleis innerhalb des Museums.

2. Ausflugszug

Die dem Museum angegliederte North Shore Scenic Railroad bietet auf der reizvollen Strecke von Duluth entlang dem Oberen See nach Two Harbors geführte Exkursionen mit Dieseltriebwagen, Diesel- und Dampflokomotiven (letztere an Wochenenden) und historischen Wagen an. Neben Standardfahrten von 1 1/2, 2 1/2 und 6 Stunden Dauer gibt es Dampf-Sonderfahrten, den „Marathon Train" und den „Boogie Train".

Fremont & Elkhorn Valley Railroad und Durham Western Heritage Museum, Omaha

1. Touristenbahn Fremont und Eisenbahnmuseum Omaha in Nebraska

Fremont liegt am Platte River nordwestlich von Omaha. Die Züge starten vom Bahnhof in der North Somers Street Nr. 1835 und fahren nach Norden durch das anmutige Elkhorn River-Tal nach Nickerson (10 km) und weiter bis zu der historischen Stadt Hooper. Die 1869 erbaute Strecke war früher Hauptlinie der Chicago & Northwestern Railroad nach Wyoming. Die 1985 gegründete Fremont & Elkhorn Valley Railroad ist Nebraskas längste und größte Dampfeisenbahn. Sie ist gleichzeitig staatliches Eisenbahnmuseum von Nebraska. An Wochenenden fährt der Fremont Dinner Train mit elegant eingerichteten Speisewagen.

Info: Zahlen und Daten

Anreise Diese beiden nah beieinander liegenden Reiseziele können bequem an einem Tag besucht werden. Die Amtrak-Station Omaha an der Strecke Chicago – San Francisco ist 50 Kilometer von Fremont entfernt.
Streckenlänge Fremont & Elkhorn Valley Railroad: 16 Meilen (26 km). Spurweite: Normalspur 1435 mm

Fahrpark
1219 SW 1200 „Glen Bales" Chicago & North Western EMD 1962
2121 SW1200 ex Soo Line EMD 1955
und Pullman-Wagen von 1924/25

Fahrplan von Mai bis Oktober an Wochenenden Abfahrten in Fremont um 13 Uhr. Fahrtdauer 3 1/2 Stunden

Fahrpreise Erwachsene 12 $, Kinder 8 $

Information Telefon (402) 727-0615

Unter den zahlreichen Ausstellungsstücken befindet sich auch diese Diesellok

2. Das Bahnhofsmuseum „Durham Western Heritage Museum", Omaha

Das Museum befindet sich im renovierten alten Bahnhofsgebäude, einem Monumentalbau von 1931 im Art-Deco-Stil, das die Union Pacific Railroad 1973 der Stadt Omaha geschenkt hatte. Die eins-

> **TIPP**
> Nicht weit vom Museum, im Zoo von Omaha (Deer Park Boulevard/South 10th Street), gibt es eine reizende dampfbetriebene Miniaturbahn.

 Info: Zahlen und Daten

Lage in 801 South 10th Street, Omaha, NE 68108
Öffnungszeiten dienstags bis samstags von 10 bis 17 Uhr, sonntags 13 bis 17 Uhr
Eintrittspreis Erwachsene 6 $, Kinder 4 $
Information Telefon (402) 444-5071

tige Kathedrale des Verkehrs im mittleren Westen beherbergt Objekte aus der Regionalgeschichte Omahas, darunter das Union Pacific Historical Museum und eine Modellbahnsammlung. Am früheren Gleis 1 sind die Original-Dampflok Nr. 1243 sowie Reisezug- und Straßenbahnwagen zu besichtigen.

Cheyenne Depot Museum
Historischer Bahnknoten mit Museum und Fahrzeugen in Wyoming

 Info: Zahlen und Daten

Anreise Von der Amtrak-Station Denver, 183 Kilometer südlich, mit Amtrak-Bus nach Cheyenne. Spurweite: Normanspur 1435 mm.
Öffnungszeiten
Ganzjährig täglich von 9 bis 17 Uhr (sonntags ab 11 Uhr).
Eintrittspreise Erwachsene 4 $, Kinder frei
Information Telefon (307) 632-3905

> **TIPPS**
> 1. Gegenüber dem Empfangsgebäude liegen das gut von einer Fußgängerbrücke einsehbare Lokomotivdepot mit Rundschuppen und die Werkstätten.
> 2. In und um Cheyenne herrscht ständig reger Güterverkehr mit Diesellokomotiven in Vielfachtraktion.

Der Union-Pacific-Bahnhof von Cheyenne verkörpert die Essenz von Cheyennes Eisenbahngeschichte. Er ist einer der wichtigsten Bahnknoten Nordamerikas. Hier waren die berühmten „Big Boys" mit der Achsfolge 2'D'+D2', die größten jemals gebauten Dampflokomotiven, beheimatet. Das Eisenbahnmuseum befindet sich im historischen Bahnhof im Stadtkern.
Der Bahnhof wurde 1886 gebaut und 2004 grundlegend renoviert. Der Big Boy Nr. 4004 befindet sich elf Blocks nördlich des Bahnhofs im „Holiday Park", 19-th St., die 2'C-Lokomotive Nr. 1242 aus dem Jahr 1890 kann im Lions Park, 8th Ave., besichtigt werden.

Am Eingang zum Colorado-Eisenbahnmuseum steht die 1'D-Schmalspurlokomotive Nr. 583.

Colorado Railway Museum, Golden
Eisenbahnmuseum mit Originalfahrzeugen und Dampf-Museumszug

Das Eisenbahnmuseum Colorado, 1958 gegründet, ist das größte Eisenbahnmuseum in den Rocky Mountains. Es ist in einem historischen Bahnhof östlich von Golden am Fuß des Table Mountain im Stil der 1880er Jahre eingerichtet. Im Museumsgebäude sind alte Fotos, Pläne und Artefakte über die Eisenbahngeschichte Colorados und der angrenzenden Staaten ausgestellt. Auf dem großen Freigelände stehen zahlreiche Normal- und Schmalspurlokomotiven, Personen-, Güter- und Inspektionswagen, Trieb- und Straßenbahnwagen und andere Railroadiana von 1870 bis zur Gegenwart. Paradestück ist die große 2'D2'-Lokomotive 5629 der CB&Q (Burlington Shops 1940). Weitere Exponate sind die dem Museumszug vorgespannte 1'D-Lokomotive Nr. 346 der Denver & Rio Grande Western, die 1'D 1'-Lokomotive Nr. 5632 der Burlington, zwei dieselelektrische F9 der D&RGW 5762 und 5771 „Rio Grande Zephyr", die schmalspurige 1'D1' Nr. 491 der D&RGQ, Shay- und Heisler-Lokomotiven, der Gesellschaftswagen Nr. 96, der Colorado-Midland-Aussichtswagen Nr. 111, der Santa-Fé-Aussichtswagen Navajo und drei Triebwagen „Galoppierende Gänse" der Rio Grande Southern. Der Museumszug verkehrt auf einem 1,6 Kilometer langen Rundkurs auf dem Museumsgelände.

ℹ Info: Zahlen und Daten

Anreise Nächste Amtrak-Station ist Denver, 20 Kilometer östlich von Golden. Lage: 17155 West 44th Avenue, Golden, Colorado. Spurweiten: Normal- und Schmalspur, 1435 mm und 914 mm

Öffnungszeiten Täglich von 9 bis 17 Uhr, Juni bis August 9 bis 18 Uhr

Fahrplan Abfahrten der Museumszüge D&RGW 346 und Galloping Goose an einigen ausgewählten Wochenenden in der zweiten Jahreshälfte (alle 20 Minuten zwischen 10 bis 16 Uhr)

Eintrittspreis 7 $

Information Tel. (303) 279–4591 und (800) 365–6263

Forney Museum of Transportation und Platte Valley Trolley, Denver

Eisenbahnmuseum und historische Straßenbahn in Colorado

 Info: Zahlen und Daten

Anreise Denver ist Amtrak-Station der Strecke Chicago – San Francisco des „California Zephyr". Mit Stadtbahn zum Coliseum
Lage 4303 Brighton Blvd., Denver, CO 80 216; 3,5 Kilometer nordöstlich von Union Station. Spurweite: Normalspur 1435 mm
Öffnungszeiten ganzjährig montags bis samstags von 9 bis 17 Uhr
Eintrittspreise Erwachsene 7 $, Kinder 3,50 $
Information Telefon (303) 297–1113

1. Forney Museum

Das Forney-Transportmuseum wurde 1961 gegründet. Bis 2000 residierte es im ehemaligen Kraftwerk der Denverer Straßenbahn und zog dann ins heutige Domizil beim Denver Coliseum. Es umfasst über 400 Exponate aus allen Gebieten des Verkehrswesens. Glanzstück der Eisenbahnsammlung ist die 2'D'+D2'-Dampflokomotive „Big Boy" Nr. 4005 der Union Pacific Railroad, gebaut von Alco 1941. Außerdem sind zu besichtigen die 2'C-Lok Nr. 444 der Chicago & North Western RR, eine B2'-Forney-Tenderlok von 1897, die B-Tenderlok Nr. 7 aus Deutschland und andere. Verschiedene bis zu 116 Jahre alte Wagen, eine Schneeschleuder, Pferdewagen sowie eine große Anzahl historischer Automobile runden die Kollektion ab.

2. Platte Valley Trolley

An der 15. Straße am Nordufer des Platte River, 15 Minuten Fußweg von der Union Station, befindet sich die Abfahrtsstelle der Platte Valley Trolley. Von hier aus gondelt man in offenen Sommer-Straßenbahnwagen durch das westliche Stadtgebiet von Denver.

Die halbstündige Fahrt „Denver Sightseeing" (Fahrpreis 3 $) führt entlang dem Flussufer; eine einstündige Fahrt (4 $) verläuft auf einem Teilstück der ehemaligen Überlandstraßenbahn nach Golden über mehrere Brücken bis zum Sheridan Boulevard im Westen der Stadt. Verkehrszeiten sind von April bis Oktober donnerstags bis sonntags von 12 bis 15.30 Uhr alle halbe Stunde.

Big Boy 4005 der Union Pacific im Forney-Museum

Die 100 schönsten Bahnziele

Cripple Creek Narrow Gauge Railway, Cripple Creek
Schmalspurige Touristenbahn mit Dampfzügen in Colorado

Info: Zahlen und Daten

Anreise Nächste Amtrak-Station ist Denver (130 km). Lage: Bennett Avenue, Cripple Creek, CO, 65 Kilometer südwestlich von Colorado Springs. Streckenlänge: 2 Meilen (3,2 km). Spurweite: 600 mm

Dampflokomotiven			
1	B'B	Orenstein & Koppel	1902
2	Bt	Henschel	1936
3	Bt	Porter	1927
13	B'Bt	Bagnall	1946

Fahrplan Abfahrten alle 45 Minuten zwischen 10 und 17 Uhr. Die Züge verkehren täglich von Mai bis Oktober

Fahrpreise Erwachsene 10 $, Kinder 5 $

Information Telefon (719) 689-2640

Die Cripple Creek & Victor Railroad gewährt einen seltenen Blick in die aufregende Geschichte des über ein Jahrhundert zurückliegenden Goldrausches in den Rocky Mountains. Der Ausgangspunkt der Bahn liegt in der einstigen Goldgräberstadt Cripple Creek am Ostrand der Rocky Mountains südlich Denver, nahe Colorado Springs. Das 3000 Meter hoch gelegene Städtchen war stattlicher Mittelpunkt eines wichtigen Goldbergbaureviers. Noch heute reiht sich an der einzigen Hauptstraße ein Spielsalon an den andern.

Das dampfgeführte Züglein startet vom Cripple-Creek-Museum, dem alten Midland-Terminal an der Kreuzung 5th und Bennett Avenue. Mit nur wenigen Wagen, meist offenen Ausflugswagen, schlängelt sich die kleine Dampflok durch die Berge.

Das Ausflugszüglein mit Lok 1 im Bahnhof Cripple Creek

Der Lokführer, gleichzeitig Heizer, Schaffner und Fremdenführer, erläutert über Lautsprecher Wissenswertes über Bahn und Goldgruben. Südlich des Cripple-Flüsschens führt die Fahrt über eine rekonstruierte Fachwerkbrücke. Danach passieren die Reisenden die einst weltberühmten Goldfelder, unter anderem die ehemalige Goldgräberstadt Anaconda, heute eine verlassene Geisterstadt. Eine Besonderheit bildet der Halt am sogenannten „Echo-Tal".

Durango & Silverton Narrow Gauge Railroad
Touristikbahn mit Dampfzügen in Colorado

Die eindrucksvollste Schmalspurbahn inmitten der herrlichen Bergwelt der Rocky Mountains von Colorado fasziniert in vielerlei Hinsicht. Einst Teil eines riesigen Schmalspurnetzes zwischen Denver im Norden und Santa Fé im Süden, ist sie heute das bedeutendste Überbleibsel dieser Ära. Vom Bahnhof Durango, in Stadtmitte gelegen, verläuft die Strecke in der breiten Talaue des Animas River bis Rockwood. Dann biegt der Zug plötzlich in die wildromantische Animas-Schlucht und windet sich an steilen Felswänden entlang in den Canyon hinab. Über 40 Kilometer dampft er durch das majestätische Animas-Felsental. Kurz vor Silverton erreicht er einen erweiterten, von Bergriesen umgebenen Talkessel und trifft mitten im abgeschiedenen stillen Bergbaustädtchen an der neu gebauten Endhaltestelle ein (siehe Titelbild und S. 96/97).

Info: Zahlen und Daten

Anreise Nächste Amtrak-Station ist Grand Junction an der Strecke Denver – Salt Lake City; von dort ist bereits die morgendliche Fahrt mit Bus oder Mietwagen gen Süden ins Gebirge ein Erlebnis. Streckenlänge 45 Meilen (72 km). Spurweite 914 mm

Lokomotiven
1'D1'-Schlepptender-Dampfloks: Nrn. 473, 476, 478 (Alco 1923), 480, 481 (Baldwin 1925), 493, 497, 498, 499 (Burnham Shops 1930)

Fahrplan

	Zug 1	Zug 2	Zug 3	Zug 4
Durango ab	07.30	08.15	09.00	09.45
Silverton an	11.00	11.45	12.30	13.15
Silverton ab	13.15	14.00	14.45	15.30
Durango an	16.45	17.30	18.15	19.00

Zug 1: Ende Juni bis Mitte August, Züge 2 und 3: Mai bis Oktober, Zug 4: Juni bis September

Fahrpreise Hin- und Rückfahrt Erwachsene 62 $, Kinder 31 $

Information Telefon (970) 247–2733

TIPPS
1. Der Bahnhof Rockwood bietet sich als Ausgangspunkt für Foto- oder Wandertouren an.
2. Eisenbahnfreunde quartieren sich in der Eisenbahnerstadt Durango gerne im Best Western Inn am Bahnhof ein und besuchen abends den Saloon in Strater's Hotel, wo der Mann am Klavier klimpert und urige Cowboy-Typen sich treffen.
3. Im Depot befindet sich ein neu gestaltetes Eisenbahnmuseum.

Cumbres & Toltec Scenic Railroad, Chama und Antonito

Schmalspurige Touristenbahn zwischen Colorado und Neu Mexiko

Amerikas längste und höchste Dampf-Schmalspurbahn bietet ein aufregendes ganztägiges Reiseerlebnis. Im Grenzgebiet zwischen Colorado und Neu Mexiko schlängelt sie sich durch die Hochgebirgswelt des Felsengebirges im Südbereich der San-Juan-Berge durch Wälder, Talschluchten und über hohe Brücken. Nach der Stilllegung der früheren Denver-&-Rio-Grande-Linie Durango – Antonito erwarben die Staaten Neu Mexiko und Colorado den Abschnitt Chama – Antonito samt Rollmaterial. Von Chama (2396 m) aus steigt die Strecke mit 40 Promille zum Cumbres-Pass (3053 m) empor und fällt von dort wieder bis Osier (2936 m). Der Anstieg von Antonito nach Osier ist sanfter. Der Zug befährt die eindrucksvolle Toltec-Schlucht, zwei Tunnel und windet sich in engen Bögen am Talhang entlang. Er kreuzt elf Mal die Grenze Neu Mexiko/Colorado. Das harte Arbeiten der

Info: Zahlen und Daten

Anreise Nächste Amtrak-Stationen sind Trinidad (220 Kilometer von Antonito) an der Strecke Chicago – Los Angeles („Southwest Chief") und Denver (400 km). Streckenlänge: 64 Meilen (103 km). Spurweite: Schmalspur 914 mm

Dampflokomotiven Nummern 484, 487, 488 und 489, alle Achsfolge 1'D1' ex Denver & Rio Grande Western, gebaut von Baldwin 1925

Fahrplan Die Züge verkehren täglich von Ende Mai bis Mitte Oktober. Abfahrt in Chama um 10 Uhr nach Osier, Rückkunft um 16.30 Uhr. Abfahrt in Antonito um 10.00 Uhr nach Osier, Rückkunft um 17.00 Uhr

Fahrpreise Chama/Antonito – Osier und zurück: Erwachsene 59 $, Kinder 30 $. Gesamtstrecke Chama – Antonito und umgekehrt mit Mittagessen in Osier und Rückkehr im Bus: 72/36 $

Information Tel. (505) 756–2151 und (888) 286–2737

Dampflokomotive genießt man am besten im offenen „Cattle Car" (Viehwagen). Die Hauptwerkstätte mit zusätzlich ausgestellten Lokomotiven und Wagen und Besichtigungsmöglichkeit befindet sich in Chama. Die Passagiere können wählen zwischen dem „Colorado Limited" von Antonito nach Osier und zurück und dem „New Mexico Express" von Chama nach Osier, etwa in Streckenmitte gelegen. Dort werden die Lokomotiven für die Rückfahrt getauscht. Außer der Rückkehr zum Ausgangspunkt besteht die Möglichkeit, die Gesamtstrecke zu befahren und mit Bussen zurückzukehren. Wegen des möglichen schnellen Wetterumschlags wird warme Kleidung empfohlen.

Im Bahnhof Osier ist Mittagspause mit Verpflegung für die Fahrgäste.

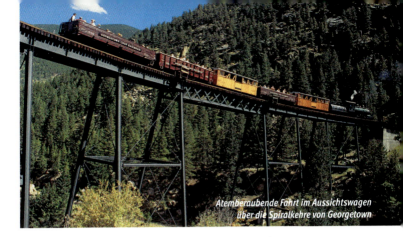

Atemberaubende Fahrt im Aussichtswagen über die Spiralkehre von Georgetown

Georgetown Loop Railroad, Colorado
Schmalspurige Touristenbahn mit Dampfzügen

Reisende um die Jahrhundertwende nannten sie „Die Weltberühmte", sie galt als ein Wunder der Ingenieurskunst: Die Kehrschleife von Georgetown wurde im Jahr 1884 als Teil der Colorado Central- (später Colorado & Southern)-Schmalspurbahn von Denver und Golden nach Silver Plume eröffnet.

Mit Hilfe einer Spiralkehre, in deren Verlauf die 100 Meter lange und 30 Meter hohe Teufelstor-Brücke liegt, und einer Seitentalkehre wurde zwischen den beiden nur drei Kilometer voneinander entfernten Städte Georgetown und Silver Plume eine Höhendifferenz von 200 Metern überwunden. Stillgelegt wurde sie schon 1939. Im Jahr 1973 wurde der schönste Abschnitt der Bahn reaktiviert, der Devil's-Gate-Viadukt wiederaufgebaut. Den Dampfzug mit offenen Exkursionswagen kann man entweder in Georgetown oder in Silver Plume besteigen. Fahrtdauer etwa 70 Minuten.

> **TIPP**
> Durch die Lebanon-Silbermine werden geführte Touren angeboten.

ℹ Info: Zahlen und Daten

Anreise Nächste Amtrak-Station ist Denver (80 Kilometer östlich). Streckenlänge: 3 Meilen (5 km). Spurweite: Schmalspur 914 mm.

Lokomotiven

8 Shay	ex West Side Lumber & Co.	Lima	1922
12 Shay	ex West Side Lumber & Co.	Lima	1926
14 Shay	ex West Side Lumber & Co.	Lima	1926
40 1'D	ex Int's Rys of Central	Baldwin America	1920
44 1'D	ex Int's Rys of Central	Baldwin America	1921
15 47-Tonner	ex Oahu Ry & Land Co.	GE	1943

Fahrplan Abfahrten von Silver Plume um 10.05, 11.30, 12.55, 14.20 und 15.45 Uhr, von Devil's Gate um 10.45, 12.10, 13.35 und 15.00 Uhr. Die Züge verkehren täglich von Ende Mai bis Anfang Oktober.

Fahrpreise Erwachsene 17,50 $, Kinder 12,50 $

Information Telefon (303) 569–2403

Royal Gorge Route Railroad, Cañon City
Dieselbetriebener Ausflugzug in Colorado

Info: Zahlen und Daten

Anreise Cañon City liegt südwestlich von Colorado Springs. Streckenlänge: 12 Meilen (19 km). Spurweite: Normalspur 1435 mm
Diesellokomotiven
F7, Nr. 402 und 403
Fahrplan von Mai bis August täglicher Verkehr. Abfahrt in Cañon City um 9.30, 12.30, 15.30 und 19.00 Uhr. Im September und Oktober nur zwei Fahrten um 9.30 und 12.30 Uhr. Von November bis April nur an Wochenenden. Abfahrt um 12.30 Uhr
Fahrpreise Erwachsene 28,95 Kinder 18,50 $. Lunch Train 60 $, Dinner Train 80 $
Information Telefon 1-888-724-5748

Die Strecke des „Royal Gorge" ist Teil eines der berühmtesten Abschnitte der Denver & Rio Grande Western Railroad im Verlauf der Strecke von Pueblo nach Salt Lake City. Die 19 Kilometer lange Fahrt von Cañon City bis Parkdale führt durch die atemberaubende Schlucht des Arkansas River. Nachdem die Union Pacific Railroad diese Strecke für den Durchgangsverkehr stillgelegt hatte, kehrte 1999 nach 32 Jahren der Personenverkehr auf diese spektakuläre Strecke durch den Royal Gorge, den sogenannten „Grand Canyon des Arkansas", zurück. Die unvergessliche Zugfahrt auf der Talsohle der Schlucht von Cañon City nach Parkdale und zurück dauert zwei Stunden und bietet großartige Ausblicke auf die Felsenwelt des imposanten Royal Gorge. Die Zuggarnitur besteht aus zwei Diesellok der Baureihe F 7 und ehemaligen Wagen der kanadischen VIA Rail, darunter ein auch offener Aussichtswagen, von dem aus die senkrecht abfallenden Granitwände des Cañons besonders eindrucksvoll wirken. Die Mittags- und Abendzüge haben Gourmet-Lunch- beziehungsweise Gourmet-Dinner-Service.

Im Zusammenhang mit der Bahn empfiehlt sich ein Besuch des Royal Gorge Parks und der Royal Gorge Bridge, der höchsten Hängebrücke der Welt, die 345 Meter über dem Fluss die Schlucht überspannt. Die weltsteilste Standseilbahn führt von dort zum Grund der Schlucht hinab.

Der Ausflugzug schlängelt sich durch die Royal Gorge („Königsschlucht").

Haltepunkt Royal Gorge Park mit Standseilbahn zur Royal-Gorge-Hängebrücke

Manitou & Pike's Peak Railway, Colorado Springs
Zahnradbahn mit Dieseltriebwagen in Colorado

Info: Zahlen und Daten

Anreise Nächste Amtrak-Station ist Denver (112 km nördlich) mit Amtrak-Bus-Service bis Colorado Springs (12 km). Streckenlänge: 9 Meilen (15 km). Spurweite: Normalspur 1435 mm
Fahrplan Verkehrszeit täglich von Mitte April bis Anfang November mit bis zu 8 Fahrten
Fahrpreise Erwachsene 29 $, Kinder 17 $
Information Telefon (719) 685-5401

Die Manitou & Pike's Peak Railway ist die höchste Zahnradbahn der Welt und eine der beiden einzigen Zahnradbahnen Nordamerikas. Sie erschließt seit dem 30. Juni 1891 ein Gebiet von großartiger alpiner Schönheit im östlichen Colorado. Sie hat eine Höchstneigung von 250 Promille und ist mit einer Abtschen Zahnstange ausgerüstet. Die in der Schweiz gebauten Dieseltriebwagen starten von der Talstation in Manitou Springs. Auf der Fahrt durch den Pike-Nationalpark mit seinem reichen Wildbestand erhält der Tourist Informationen über Geschichte, Geologie und Bau der Bahn. Auf dem 4301 Meter hohen Pike's Peak liegt auch im Juni noch Schnee.

Die Hin- und Rückfahrt dauert etwa 3 1/4 Stunden, der Aufenthalt auf dem Gipfel 45 Minuten. Wegen der dünnen Luft auf dem Berggipfel wird Personen mit Atmungsproblemen von der Fahrt abgeraten. Kinder dürfen nur in Begleitung eines Erwachsenen reisen. Bei ungünstiger Witterung können Züge ausfallen. Warme Kleidung ist zu allen Jahreszeiten empfehlenswert.

Die Bahn besitzt noch eine hundertzehnjährige betriebsfähige Dampflok, die Nr. 4 von Baldwin 1896. Die Lok 5 aus dem Jahr 1901 steht in der Talstation als Denkmal.

Die Gipfelstation der Manitou & Pike's Peak Zahnradbahn

Station Winter Park inmitten eines beliebten Wintersportgebiets

Rio Grande Ski Train (Winter Park Ski Train), Denver
Wintersport-Express in Colorado

ℹ️ Info: Zahlen und Daten

Anreise Denver ist Amtrak-Station des „California Zephyr" der Strecke Chicago – San Francisco. Lage: 555 Seventeenth Street, Suite 2400, Denver, CO 80202. Streckenlänge: 63 Meilen (101 km). Spurweite: Normalspur 1435 mm
Lokomotiven
3 GP-40-Diesellokomotiven
Fahrplan an Wochenenden von Dezember bis Anfang April Abfahrt in Denver Union Station um 7.15 Uhr, Ankunft in Winter Park um 9.30 Uhr. Rückfahrt ab Winter Park um 16.15 Uhr, Rückkunft in Denver um 18.30 Uhr. Im Februar auch freitags, in März donnerstags und freitags
Fahrpreise Winter: Erwachsene 49 $, Kinder 39 $, Klubwagen 74 $. Sommer: 44/34/69 $
Information Telefon (303) 296–4754

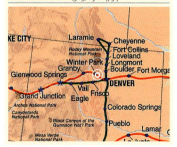

Der Rio-Grande-Ski-Express verkehrt zwischen Denver und dem Skigebiet von Winter Park, Colorado, 35 Kilometer westlich von Denver. Die Züge starten in der Union Station zu Denver. Die Reise führt über die Hauptlinie der Rio Grande-Bahn über weit ausladende Kehrschleifen auf die Höhen der Rocky Mountains (siehe „California Zephyr", S. 33 ff.). Der Gebirgskamm wird im berühmten Moffat-Tunnel durchstoßen, an dessen Westportal sich der Bahnhof Winter Park befindet. In diesem Tunnel, mit 9 980 Metern zur Bauzeit der längste auf dem amerikanischen Kontinent und drittlängster der westlichen Hemisphäre, wird in 2 816 Metern Höhe die Kontinentale Wasserscheide überwunden.

Der Zug führt Erster- und Zweiter-Klasse-Wagen sowie einen Café-Lounge-Wagen. Für Nicht-Skifahrer besteht die Möglichkeit, an einer geführten Tour ins Gebirge teilzunehmen. Die Rio-Grande-Skizüge haben eine bis ins Jahr 1905 zurückreichende Tradition.

Neuerdings verkehrt der Rio Grande Ski Express auch sommers: Denver ab 9.00 Uhr, Winter Park 11.30/15.00 Uhr, Rückkunft nach Denver 17.30 Uhr.

Durch die Wüste

Ogden: Ehemaliger Bahnhof als Zentralgebäude des Museums

ℹ Info: Zahlen und Daten

Anreise Nächster Amtrak-Bahnhof ist Salt Lake City (55 km). Lage: Ogden Union Station, 2501 Wall Avenue, Ogden Utah 84401. Spurweite: Normalspur 1435 mm

Lokomotiven

Nr. 833	2'D2' mit 7achsigem Tender ex Union Pacific Northern
6916	ex Union Pacific
7457	ex Southern Pacific
X26	ex Union Pacific
4436	C mit Schlepptender

und andere; außerdem historische Personen-, Güter- und Kranwagen

Öffnungszeiten ganzjährig montags bis samstags 10 bis 17 Uhr, sommers bis 18 Uhr

Eintrittspreise Erwachsene 5 $, Kinder 3 $

Information Telefon (801) 393-9886

Die drei folgenden Bahnziele lassen sich am besten von Salt Lake City (Salzseestadt) aus mit Mietauto bereisen.

Utah State Railroad Museum, Ogden
Bahnhof und Eisenbahnmuseum

Die weiträumig von hohen Bergen umgebene betriebsame Industriestadt Ogden am Ostrand des Großen Salzsees ist wichtiges Verkehrskreuz der Southern Pacific und der Union Pacific Railroad. Die Union Station liegt im Stadtzentrum. Das 1924 erbaute Bahnhofsgebäude im Stil einer mehrschiffigen byzantinischen Basilika beherbergt heute mehrere Museen: das „Staatliche Eisenbahnmuseum von Utah", das „Eccles Railroad Center", ein Naturgeschichtemuseum und diverse Galerien. Das Eisenbahnmuseum dokumentiert die Geschichte der ersten transkontinentalen Bahnverbindung von Ne-

Durch die Wüste

braska nach Kalifornien. Die Originalfahrzeuge sind auf dem Freigelände südlich des Empfangsgebäudes zu besichtigen. Glanzstücke sind die UP 833 und die Turbinen-Doppellokomotive X26. Von einer Fußgängerbrücke aus schweift der Blick über die einst ausgedehnten Anlagen und Bauten des Verkehrsknotens großer Ost-West- und Nord-Süd-Bahnlinien. Im südlich gelegenen Rangierbahnhof geben sich schwere Güterzüge mit Mehrfachtraktionen ein Stelldichein.

Golden Spike National Historic Site, Promontory
Museum mit betriebsfähigen Dampfloks in Utah

Das nationale geschichtliche Monument „Goldener Nagel" am Originalschauplatz der von Osten und Westen her gleichzeitig gebauten ersten nordamerikanischen Transkontinentalbahn bietet als tägliches Spektakel die historische Szene des Zusammentreffens der ersten Züge und die Montage des letzten Nagels zur Verbindung der beiden Streckenteile.
Als die Union Pacific und die Central Pacific Railroad 1869 langsam zusammenwuchsen, wählte der Kongress den Promontory-Berg in Utah, nördlich des Großen Salzsees, zum Verknüpfungspunkt. Die Gleise wurden am 10. Mai 1869 mit einem symbolischen goldenen

ℹ️ Info: Zahlen und Daten

Anreise Das Eisenbahnmuseum „Golden Spike" (Goldener Nagel) liegt 50 Kilometer nordwestlich von Brigham City nördlich des Großen Salzsees. Nächste Amtrak-Station ist Salt Lake City (140 km, Haltestation des „California Zephyr"). Spurweite: Normalspur 1435 mm

Öffnungszeiten täglich außer an Erntedankfest, Weihnachten und Neujahr 8 bis 16.30 Uhr (Sommer 18 Uhr)

Preise ca. 4 $

Information Telefon (435) 471-2209

Die beiden Lokomotiven „Jupiter" und UP 119 treffen sich am Golden Spike-Monument.

Nagel verbunden, wodurch die erste Verbindung vom Atlantik zum Pazifik geschaffen war. Durch die Eröffnung einer Abkürzungslinie der Southern Pacific, in der die Central Pacific aufgegangen war, über den Großen Salzsee im Jahr 1904 geriet die Route durch Promontory in den Verkehrsschatten. Ihre Gleise wurden 1942 abgebaut.

In den letzten Jahren wurde das „Golden Spike National Historic Site" der Nationalpark-Verwaltung des US-Innenministeriums durch zwei betriebsfähige Nachbildungen der damals teilnehmenden 2'B-Lokomotiven, die „Jupiter" der Central Pacific und die Nr. 119 der

> **TIPP**
> Jährliche Feier am 2. Mai, jährliches Eisenbahnerfest am zweiten Samstag im August, jährliches Eisenbahner-Film-Festival und Winter-Dampflok-Demonstration vom 27. bis 29. Dezember.

Union Pacific, erweitert. Die Maschinen verlassen das Depot morgens mit eigener Kraft in Richtung Originalschauplatz und kehren am Abend zurück. Im Besucherzentrum gibt es Lehrfilme und Ausstellungsstücke zum historischen Ereignis.

Info: Zahlen und Daten

Lage Heber, Utah, 450 South, 600 West.
Anreise Die nächsten Amtrak-Stationen sind Salt Lake City (70 km nordwestlich) und Provo (35 km), beides Haltestationen des „California Zephyr".
Streckenlänge: 16 Meilen (26 km). Spurweite: Normalspur 1435 mm
Lokomotiven
Nr. 618 1'D Union Pacific Railroad Baldwin 1907
Nr. 75   1'D UPR   Baldwin 1907
mehrere Diesellokomotiven
Fahrplan ganzjähriger Verkehr, von Juni bis Oktober täglich. Abfahrten um 10 und 14 Uhr
Fahrpreise Erwachsene ab 12 $, Kinder ab 6 $
Information Telefon (435) 654 5601

Heber Valley Railroad, Heber City
Dampfbetriebene Touristenbahn in Utah

Die Eastern Railroad von Utah eröffnete ihre Strecke von Heber City nach Provo im Jahre 1899. Ein Jahr später wurde sie von der Rio Grande Western Railroad akquiriert, welche später Teil der Denver & Rio Grande Western wurde. Etwa 1970 legte die D & RGW die Zweigstrecke still, die später zu einer Touristenbahn umgewandelt wurde. 1992 übernahm die „Historische Eisenbahngesellschaft Heber Valley" des Staates Utah den Betrieb. Die Ausflugszüge sind von Ende Mai bis Anfang September täglich und außerhalb der Saison an Wochenenden mit der Dampflokomotive Nr. 618 bespannt und bestehen aus restaurierten Wagen aus den zwanziger Jahren und zusätzlich einigen offenen Sommerwagen. Sie starten im Bahnhof des Städtchens Heber. Die Stre-

Auf einer 107-jährigen Strecke folgen die Dampfzüge den Ufern des Sees bei Heber City.

cke windet sich zunächst durch Talauen und verläuft dann durch eine majestätische Berglandschaft entlang dem Westufer des Deer Creek-Stausees. Von dort gelangt die Strecke ins Engtal des Provoflusses und folgt dessen Windungen bis zur Endstation Vivian Park. Die Fahrt durch den tiefen Canyon gleicht heute einer Reise in eine andere Welt reiner Natur und reichen Wildvorkommens. Es gibt zahlreiche Fahrtvarianten: Provo Canyon Limited, Soldier Hollow Express, Comedy Murder Mystery-Nachtzug, Raft 'n' Rails und Mondschein-Express.

Grand Canyon Railway, Williams
Touristenbahn mit Dampfzügen in Arizona

Die Grand-Canyon-Eisenbahn ist eine der eindrucksvollsten normalspurigen Touristenbahnen der USA. Die Strecke führt vom Wildweststädtchen Williams nach Norden durch eine Wald-, Wüsten- und Canyonlandschaft bis unmittelbar an den südlichen Steilrand des Grand Canyon. Hier hält der Zug vor einem stattlichen hölzernen Empfangsgebäude. Die Atchison, Topeka & Santa Fé Railroad eröffnete den Zugverkehr im Jahr 1901. Jahrzehntelang gab es Schlafwagen von Los Angeles und Chicago direkt zum Grand Canyon.
Bereits 1968 wurden der Personen- und 1974 der Güterverkehr eingestellt. Erst

Das größte Naturwunder Amerikas ist direkt mit dem Luxus-Dampfzug erlebbar: der bis zu 1700 Meter tiefe Grand Canyon des Rio Colorado.

Durch die Wüste

Info: Zahlen und Daten

Anreise Williams ist Amtrak-Station und kann direkt mit dem „Southwest Chief" erreicht werden. Von hier und von Flagstaff aus gibt es auch einen Amtrak-Anschlussbus direkt zum Grand Canyon. Streckenlänge: 64 Meilen (103 km). Spurweite: Normalspur 1435 mm

Lokomotiven

18, 19, 20	1'D	ex Lake Superior & Ishpeming	Alco	1910
29	1'D	ex Lake Superior & Isphemingr	Alco	1906
4960	1'D1'	ex Burlington & Quincy	Baldwin	1923
6773	FPA-4	ex VIA Rail Canada	Montreal	1959
2134	GP7	ex Atchinson, Topeka & Santa Fé	EMD	1953

Fahrplan ganzjährig täglicher Verkehr. Williams ab 10 Uhr, Grand Canyon 12.15/15.50 Uhr, Williams an 17.45 Uhr

Fahrpreise Hin- und Rückfahrt einschließlich Bewirtung Erwachsene 60 $, Jugendliche 35 $, Kinder 25 $. Klub-Klasse 80 $, Erste Klasse 120 $, Aussichtswagen 145 $, Luxuswagen 155 $, zuzüglich Eintritt in Nationalpark

Information Telefon (800) 843-8724

1991 nahm die Grand Canyon Railway den Ausflugsverkehr von Williams bis zum Canyon wieder auf. Im Einsatz sind restaurierte Pullman-Sitzwagen von 1920, ein Wagen mit offener Aussichtsplattform wird am Schluss des Zuges mitgeführt. Bei großem Andrang verkehrt zusätzlich zum Dampf- ein Dieselzug.

Verde Canyon Railroad, Clarkdale
Touristenbahn mit Dinnerservice in Arizona

Die Verde Canyon Railroad schlängelt sich auf ihrer Fahrt durch den wildromantischen Verde Canyon des nördlichen Arizona, vorbei an den Überresten einer ehemaligen Kupferhütte. Ursprünglich 1911 gebaut zum Transport von Nachschub und Kupfer zwischen Clarkdale und Drake, befördert die Bahn nun Touristen von Clarkdale nach Perkinsville. Ihre Route, einziger Verkehrsweg in einer wildzerklüfteten Landschaft, verläuft durch ein geschütztes Öko-System mit reichem Wild- und Vogel-

Info: Zahlen und Daten

Anreise Nächste Amtrak-Station ist Flagstaff (75 Kilometer nördlich) an der Strecke Chicago – Los Angeles. Streckenlänge: 40 Meilen (64 km). Spurweite: Normalspur 1435 mm

Diesellokomotiven
EMD-FP7 Nr. 1510 und 1512 aus dem Jahr 1953

Fahrplan Der Zug verkehrt ganzjährig mit wechselndem Fahrplan. Meist startet er um 13 Uhr und ist um 17 Uhr zurück, im Frühling und Herbst zusätzlich vormittags um 9 Uhr donnerstags und sonntags. Von Mai bis September gibt es Mondscheinfahrten von 17.30 bis 21.30 Uhr

Fahrpreise Erwachsene 54,95 $, Kinder 34,95 $, erste Klasse 79,95 $

Information Tel. (800) 293-7245 und (928) 639-0010

Die Bahn ist der einzige Verkehrsweg durch den wilden Verde Canyon.

bestand. Während der Fahrten werden die geologischen Formationen der steil aufragenden Wüstenfelsen sowie indianische Ruinen erläutert. Der Service ist vorzüglich: Jeder Aussichtswagen wird individuell betreut, alle Wagen haben Barservice. Die Züge führen zwei Klassen: Die erste Klasse ist mit Sofas und Drehsesseln ausgestattet, Snacks und Getränke sind im Fahrpreis inbegriffen. Im Sommer werden offene Aussichtswagen eingestellt. Es gibt zahlreiche Zusatzfahrten zu regionalen und jahreszeitlichen Anlässen.

Nevada Northern Railway Museum, East Ely
Touristenbahn mit Dampf- und Dieselzügen in Nevada

Die Nevada Northern Railway von Ely nach Cobre an der Southern Pacific-Bahn wurde im Jahr 1906 vollendet. Als die Kupferhütte, deretwegen die Bahn gebaut worden war, im Jahr 1983 geschlossen wurde,

Info: Zahlen und Daten

Anreise	Nächste Amtrak-Station ist Salt Lake City (400 km nordöstlich)
Lage	1100 Avenue A, East Ely, NV 89315. Streckenlänge: 7 Meilen (11 km). Spurweite: Normalspur 1435 mm

Dampflokomotiven
Nr. 40 2'C ex Nevada Northern Railway Baldwin 1910
Nr. 93 1'D ex Nevada Northern Railway Baldwin Alco 1909,
sowie Diesellokomotiven Nr. 105 und 109 RS-2 und –3 ex Kennecott Copper Co., Alco
Fahrplan Das Museum ist ganzjährig täglich geöffnet. Zugverkehr ist ganzjährig an Wochenenden, von Mitte Mai bis September täglich. Je nach Jahreszeit gibt es bis zu 4 Züge täglich
Eintritt Museum: Erwachsene 4 $, Kinder 2 $
Fahrpreise 22 $, Kinder 15 $
Information Telefon (702) 289-2085

Strecke und Fahrzeuge einer früheren Kupferbahn als lebendiges Dokument technischer Pionierleistungen beeindrucken noch heute.

stellte auch die Bahn ihren Betrieb ein. In den originalen Bahnhofsbauten, Maschinenschuppen und einem Rundhaus entstand ein Museum. Es zeigt Dampf-, Diesel- und Elektrolokomotiven, eine Dampfschneeschleuder von 1907, einen 100-Tonnen-Dampfkran und über 60 historische Reisezug-, Güter- und Arbeitswagen. Die Ausflugszüge befahren zwei verschiedene Strecken:

• mit Dampflok die 11 Kilometer lange Route durch die Geisterstadt Lane City und den eindrucksvollen Robinson Canyon zum historischen Minengelände Keystone und
• mit Diesellok die 18 Kilometer lange ehemalige Erzbahn nach McGill. Außerdem gibt es zahlreiche Sonderfahrten zu regionalen und saisonalen Ereignissen.

Nevada State Railroad Museum, Carson City
Eisenbahnmuseum mit Dampfzügen

Carson City, Hauptstadt Nevadas, liegt 300 Kilometer nordöstlich von San Francisco am Ostand der Sierra Nevada nahe dem Tahoe-See. Das Staatliche Eisenbahnmuseum von Nevada beherbergt über 50 normal- und schmalspurige Eisenbahnexponate aus Nevada unter besonderer Berücksichtigung der „Virginia & Truckee Railroad", Amerikas reichster und berühmtester „Short Line", die einst die Gold- und Silberminen der Umgebung erschlossen hatte. Sechs Schmuckstücke an Dampflokomotiven, darunter die Nr. 1 „Joe Douglas" (B1t ex Dayton, Sutro & Carson Valley von Porter 1882, Schmalspur) und die 18 „Dayton" (2'B ex Virginia & Truckee Railroad von 1873) werden im Rundschuppen präsentiert, aber auch restaurierte Diesellokomotiven, Triebwagen, Reisezug- und Spezialwagen. Die Aktivitäten des Museum umfassen Vorführungen des historischen Eisenbahnmaterials,

Info: Zahlen und Daten

Anreise Nächste Amtrak-Station ist Reno (56 km) an der Strecke San Francisco – Chicago. Hier unterbricht man die Reise im „California Zephyr" für einen Tag und besucht die beiden beschriebenen Bahnen in zauberhafter Landschaft am besten mit Mietwagen.
Lage Carson City, Nevada, 2180 South Carson Street, am Südrand der Stadt. Spurweite: Normal- und Schmalspur 1435 mm und 914 mm.
Öffnungszeiten ganzjährig täglich von 8.30 bis 16.30 Uhr. Die Züge verkehren von Anfang Mai bis Mitte Dezember zwischen 10 und 16 Uhr.
Eintrittspreis 4 $
Information Telefon (702) 687-6953

Draisinenrennen, Vorträge, ein jährliches Eisenbahn-Symposion, wechselnde Ausstellungen und vielfältige Spezialereignisse.

Die Dampfzüge werden gewöhnlich von der 2'C-Lok Nr. 25 von der Virginia & Truckee RR aus dem Jahr 1905 gezogen und starten in einem restaurierten historischen Bahnhof zum Rundkurs innerhalb des Museumsgeländes.

TIPP

25 Kilometer nördlich von Carson City liegt die historische Goldgräberstadt Virginia City, von wo aus die Virginia & Truckee Railroad dampfgeführte Exkursionszüge betreibt.

Die Dampflok 25 steht mit ihrem Zug abfahrbereit in Carson City.

Mit dem Aussichtswagen der Virginia & Truckee Railroad durch die Sierra Nevada

Virginia & Truckee Railroad Co., Virginia City
Museumsbahn in Nevada

Das Goldgräberstädtchen Virginia City, idyllisch am östlichen Fuß der Sierra Nevada zwischen Reno und Carson City gelegen, ist Ausgangspunkt einer vier Kilometer langen Dampfreise durch das Herz der historischen Comstock-Minenregion nach Gold Hill. Der Zug führt geschlossene und offene Wagen, ein ortskundiger Führer gibt während der 35-Minuten-Fahrt durch das weiträumige Gebirge Erläuterungen zur Landschaft und zur 137 Jahre alten Bahnstrecke. Die einst florierende Virginia & Truckee Railroad, 1869 zur Erschließung von Gold- und Silberminen gebaut, stellte den Betrieb am 31. Mai 1950 ein, nachdem ihre Strecke nach Virginia City schon 1939 stillgelegt worden war. Mitte der siebziger Jahre wurde die Museumsbahn eröffnet. Am Bahnhof Virginia City und im nahe gelegenen Betriebswerk sind einige Wagen der Northwestern Pacific von 1888, ein Tonopah & Tidewater-Wagen, ein Northern Pacific-Caboose und die C-Dampflok Nr. 30 ex Southern Pacific zu sehen. Während der Sommermonate gibt es einmal pro Monat Party- und Nachtzüge.

Info: Zahlen und Daten

Anreise Nächste Amtrak-Station ist Reno (33 km). Virginia City liegt 25 Kilometer nordöstlich des soeben beschriebenen Museums in Carson City. Lage: Virginia City, F-Street südlich von Washington Street.
Streckenlänge: 2,5 Meilen (4 km)
Spurweite: Normalspur 1435 mm
Dampflokomotiven
29 1'D   ex Longview Portland &   Baldwin   1916
          Northern
8   1'C1' ex Hobarth Southern   Baldwin   1907
Fahrplan Abfahrt der Züge von 10.30 bis 17 Uhr acht Mal täglich von Ende Mai bis Ende Oktober
Fahrpreise Erwachsene 7 $, Kinder 3,50 $
Information Telefon (702) 847-0380

Reiseziele an der Pazifikküste

Abendruhe in Elbe nach getaner Arbeit

Mount Rainier Scenic Railroad, Elbe
Dampfbetriebene Touristenbahn im Staat Washington

Die romantische Mount Rainier Scenic Railroad beginnt in Elbe, 120 Kilometer südlich von Seattle. Sie befährt einen landschaftlich reizvollen Abschnitt der früheren Tacoma Eastern entlang dem Westausläufer des Mount Rainier, eines von sechs mächtigen erloschenen Vulkanen des Kaskadengebirges, dessen 4392 Meter hohe Eispyramide weithin sichtbar ist. Die meist von der 1'D1'-Dampflokomotive Nr. 17 geführten Züge haben auch offene Sommerwagen. Sie befahren eine mit 30 Promille ansteigende Strecke, überqueren eine 250 Meter lange Holzbrücke über den Nisqually-Fluss und enden im Ausflugspunkt Mineral Lake. Hier haben die Züge nur 15 Minuten

ℹ Info: Zahlen und Daten

Anreise Nächste Amtrak-Station ist Tacoma (64 km) an der Strecke Seattle – Portland. Streckenlänge: Elbe – Mineral 7 Meilen (12 km), Elbe – Eatonville 13 Meilen (21 km). Spurweite: Normalspur 1435 mm

Dampflokomotiven

5	1'D1' ex Carlton & Coast	Porter	1924
11	3-truck ex Pickering Lumber	Lima	1929
10	3-truck ex Hillcrest Lumber	Climax	1928
91	3-truck ex Kinzua Pine Mills	Heisler	1929
45	1'C1'	Baldwin	1906
2	3-truck-Willamette	Portland	1929
70	2'D2' Rayonier	Baldwin	1922

Fahrplan von Mai bis September an Wochenenden, im Juli und August täglich. Abfahrten um 11, 13.15 und 14.30 Uhr. Der Morton Dinner Train verkehrt von April bis November zwischen Elbe und Eatonville

Fahrpreise Erwachsene 15 $, Kinder 12 $. Morton Dinner Train: ca. 55 $ pro Person

Information Tel. (360) 569-2351 und (888) 783-2611

Aufenthalt. Die Ausflügler können aber mit einem späteren Zug zurückfahren. Der Morton Dinner Train bietet ein Fünf-Gänge-Dinner, zubereitet in einem restaurierten Union-Pacific-Speisewagen und serviert in zwei Abteilungen. Für Gäste ohne Dinner-Reservierung steht ein Loungewagen zur Verfügung. Die Fahrtdauer des Dinner Train für 64 Kilometer Strecke beträgt vier Stunden.

Crooked River Railroad Company, Redmond
Dinner Train in Oregon

Die Fahrt im Crooked River Dinner Train ist eine Reise in die Vergangenheit des Wilden Westens. Der aus Diesellokomotive, Salonwagen und Speisewagen bestehende Zug durchquert die von hohen Bergketten gesäumte Hochlandwüste Oregons. Auf der Fahrt durch das felsige Crooked River-Tal wird im Bord-Restaurant ein Vier-Gänge-Menü serviert. Freitagsabends von Juni bis September gibt es in den Zügen eine große Western Dinner Show. Samstags wird ein Murder-Mystery-Theater aus dem Wilden Westen aufgeführt, während der Zug durch Zentral-Oregon gleitet. Im 11-Uhr-Zug an ausgewählten Sonntagen wird ein üppiger Champagner-Brunch aufgefahren. Im sonntäglichen Supper Train werden die Fahrgäste erstklassig kulinarisch betreut und erleben im wildromantischen Crooked-River-Tal einen inszenierten

> **Info: Zahlen und Daten**
>
> **Anreise** Nächste Amtrak-Station ist Chemult (130 Kilometer südlich) an der Strecke Los Angeles – Seattle des „Coast Starlight". Streckenlänge: 19 Meilen (30 km). Spurweite: Normalspur 1435 mm
> **Fahrplan** Abfahrten ganzjährig donnerstags bis samstags um 18 Uhr, sonntags um 13 Uhr. Fahrtdauer drei Stunden
> **Fahrpreise** Erwachsene 65 bis 78 $, Kinder 39 $
> **Information** Telefon (541) 548-8630

Zug-Überfall durch „Crooked River Bandits". Als besonderen Sommerspaß gibt es gelegentlich ein Cowboy-Frühstück, bei welchem der Zug in der Talschlucht just in dem Moment von Räubern gestürmt wird, in dem es am wenigsten erwartet wird. Die Outlaws können beim Entern des Zuges und bei dessen Plünderung fotografiert und gefilmt werden.

Spirit of Washington Dinner Train, Renton
Dinnerzug im Staat Washington

Der luxuriöse Schlemmerzug „Spirit of Washington" verkehrt seit 1989 auf einer „Burlington-Northern"-, früher „Northern Pacific"-Strecke zwischen Renton und Woodinville, östlich des Lake Washington im Puget-Sund-Gebiet. Die dreieinhalbstündige Fahrt verläuft durch die Yakima-Schlucht und bietet neben Aussicht auf den Lake Washington und die Mercer-Insel Genüsse für Gourmets. Brunch-Freunde reisen nach Ellensburg,

Die 100 schönsten Bahnziele

ℹ️ Info: Zahlen und Daten

Anreise Nächste Amtrak-Station ist Seattle (25 km). Streckenlänge: 22 Meilen (35 km). Spurweite: Normalspur 1435 mm
Diesellokomotiven Zwei F7 A
Fahrplan Abfahrt ganzjährig dienstags bis freitags 18.30 Uhr, samstags 12.00 und 18.30 Uhr, sonntags 11.00 und 17.30 Uhr. Von Juni bis September Abfahrt auch montags um 18.30 Uhr, von Oktober bis Dezember samstags um 12 Uhr, sonntags um 11 Uhr
Fahrtdauer 3 1/4 Stunden
Fahrpreise Parlor Dinner: 59,99 $, Parlor Lunch/Brunch 49,99 $, Aussichtswagen 74,99 $, Parlor Mystery Events 79,99 $
Information Telefon (206)227-7245 und (800)876-72

TIPP
In Yakima finden von Mai bis Oktober Rundfahrten mit alten Straßenbahnwagen statt.

während Dinner-Fans nach Ellensburg oder Prosser fahren. Fünf elegante Speisewagen einschließlich Aussichtsdom und ein Aussichtswagen mit runder Endbühne stehen den Gästen zur Verfügung. Drei Loungebereiche sind im Zug verteilt. Die Bahnverwaltung residiert im ehemaligen Northern-Pacific-Bahnhof Yakima, der wieder in den Ursprungszustand von 1909 versetzt wurde.
Die Bahn veranstaltet ganzjährig Murder Mystery Trains, außerdem Feuerwerksüge und einen Neujahrsnacht-Festzug.

Chehalis-Centralia Railroad
Touristenbahn mit Dampfzügen im Staat Washington

Info: Zahlen und Daten

Anreise Centralia ist Amtrak-Station der Strecke San Francisco – Seattle des „Coast Starlight". Lage: 1945 Market Boulevard, Chehalis, WA 98532. Streckenlänge: 9,5 Meilen (15 km). Spurweite: Normalspur 1435 mm
Fahrplan von Mai bis September an Wochenenden und Feiertagen: Abfahrten um 13 und 15 Uhr
Fahrpreise Erwachsene 10 $, Kinder 7 $, Dinner Train 41,95 $
Information Tel. (360) 748-9593 und (206) 748-8885

Die Bahn liegt in der Mitte zwischen Seattle und Portland/Oregon, der Bahnhof Chehalis in der Main Street in Stadtmitte.
Ein restaurierter Zugbegleitwagen der Union Pacific Railroad dient als Fahrkartenbüro. Der aus Lokomotive Nr. 15, Sitzwagen und einem Aussichtswagen bestehende Zug dampft über Gleise der Chehalis Western Railroad in Gemeinschaft mit der Mt. Rainier Scenic Railroad nordwärts durch flaches Bauernland nach Centralia. Der samstägliche Zug rollt von Centralia aus westwärts durch ein Flusstal nach Ruth.
Die Lokomotive mit der Nummer 15 gehörte einst der Cowlitz, Chehalis & Cascade Railway.
Regelmäßig verkehren dort sowohl Dinner Trains als auch Murder Mystery Trains.

Northwest Railway Museum
Dampf- und dieselbetriebener Ausflugszug im Staat Washington

Es muss nicht eine „Shay" sein: Die H-12-44 zog früher Holzzüge, heute Ausflugszüge.

In einem romantischen Flusstal am Westfuß der Kaskadenkette verkehrt dieser von der „Puget Sound Railway Historical Association" betriebene Ausflugszug. Die Strecke ist eine frühere Zweiglinie der Northern Pacific. Das Bahnhofsgebäude von Snoqualmie stammt aus dem Jahr 1890 und ist das älteste in Betrieb stehende Washingtons. Auf seinem Weg von Snoqualmie nach North Bend passiert der aus Stahlwagen und einem Aussichtswagen der ehemaligen Union Pacific bestehende Zug den oberen Rand des 82 Meter hohen Snoqualmie-Wasserfalles. Die Sammlung der Snoqualmie Valley Railroad enthält über 100 Exponate, darunter Dampf-, Gasoline-. Diesel- und Elektrolokomotiven, Reise- und Güterwagen sowie Waldbahn- und Minenbahn-Ausrüstungen.

Info: Zahlen und Daten

Lage 109, King Street, Snoqualmie, WA. Anreise: Nächste Amtrak-Station ist Seattle, 50 Kilometer nordwestlich. Von dort aus mit Metro-Bus Nr. 210 bis Snoqualmie. Streckenlänge: 5 Meilen (8 km). Spurweite: Normalspur 1435 mm

Dampflokomotiven

11	1'C+C 1'-	ex US-Plywood Corp. Mallet	Baldwin	1926
70	1'D1'1923	ex Rayonier Corporation	Baldwin	

Fahrplan Das Museum ist ganzjährig geöffnet. Bahnfahrten: April, Mai, September und Oktober: Abfahrten in Snoqualmie um 12.01, 13.31 und 15.01 Uhr, im Juli und August um 11.01, 12.31, 14.01 und 15.31 Uhr. Abfahrten in North Bend jeweils 25 bis 30 Minuten später, außer der letzten Tagesfahrt

Fahrpreise Erwachsene 9 $, Kinder 6 $

Information Telefon (246) 7464025; (206) 888-3030

Mit der Straßenbahn entlang Seattles Pazifikufer

Waterfront Streetcar, Seattle
Touristen-Straßenbahn im Staat Washington

Zur Metro, dem städtischen Nahverkehrssystem von Seattle, gehört auch eine Straßenbahnlinie entlang der Pazifikküste. Die Linie beginnt in der South Jackson Street, Ecke 5th Avenue, zwei Blöcke vom Amtrak-Bahnhof King Street Station am Südrand des Stadtkerns. Von hier aus verläuft sie über die Hauptstraße zur Uferpromenade, biegt nach Norden und verläuft nun im Alaskan Way parallel zu Seattle's Central Waterfront vorbei an zahlreichen Attraktionen bis zur Broad Street nordwestlich von Downtown. Hier befindet sich der nördliche Endpunkt samt kleinem Wagendepot.

Info: Zahlen und Daten

Anreise Seattle ist Endstation des Amtrak-„Coast Starlight" aus San Francisco. Streckenlänge: 1 Meile (1,6 km). Spurweite: Normalspur 1435 mm
Triebwagen
4 Straßenbahnwagen ex Melbourne, Australien, von 1927
Fahrplan werktags von 7.15 Uhr bis 18.30 Uhr, an Wochenenden und Feiertagen von 8.45 Uhr bis 23 Uhr. Die Wagen verkehren alle 20 bis 30 Minuten
Fahrpreise im Berufsverkehr (6.00 – 9.00 Uhr und 15.00 – 18.00 Uhr): ca. 1,50 $; in den übrigen Zeiten: ca. 1 $
Information Telefon (206) 684–4800

Sechs Blocks nordöstlich davon liegt das Seattle Center, Ort der Weltausstellung von 1962. Die aus Melbourne stammenden altertümlichen vierachsigen grünen Straßenbahnwagen wurden im Jahr 1927 gebaut. Die Straßenbahn gewährt reizvolle Ausblicke auf die der Stadt vorgelagerte Inselwelt der hier in den Stillen Ozean eintauchenden Küstenkette.

Ein Teil der Fahrzeugsammlung des Straßenbahnmuseums

Oregon Electric Railway Museum, Lake Oswego
Straßenbahnmuseum in Oregon

Das größte Straßenbahnmuseum des pazifischen Nordwestens steht unter dem Motto „Wie die Straßenbahn Amerika veränderte" und wird von der Oregon Electric Railway Historical Society betrie-

Info: Zahlen und Daten

Anreise Nächste Amtrak-Station ist Portland/Oregon (12 km). Streckenlänge 6 Meilen (10 km.) Spurweite: Normalspur 1435 mm
Fahrzeuge
Portland Council Crest Car 503, Portland Interurban 1067, 2 PCC-Wagen Nrn. 1159 und 1946 ex St. Louis/San Francisco, Sommerwagen 1187 aus Sydney/Australien, Überlandstraßenbahnwagen 1304 von 1911 aus British Columbia, Trolley-Bus aus Seattle, Spaghetti Factory Nr. 911 und andere
Öffnungszeiten von Juli bis September an Wochenenden und Feiertagen von 10 bis 17 Uhr
Eintritt mit Straßenbahnfahrten: ab 12 Jahren 4 $. Fahrten nach Portland Erwachsene 10 $, Kinder 6 $
Fahrplan Die Züge nach Portland verkehren von Mai bis Oktober an Wochenenden von Lake Oswego um 10, 12, 14, 16 und 18 Uhr und von Portland um 11, 13, 15, 17 und 19 Uhr
Information Telefon (503) 642-5097

ben. Vor kurzem ist es von Brooks, südlich Oregon, an seinen neuen Standort Lake Oswego umgezogen.
Die Oregon Electric Railway Historical Society betreibt auch die Willamette Shore Trolley, eine Straßenbahn zwischen Oregon (drei Blocks südlich von River Place) und dem Oswego-See durch das mittlere Willamette-Tal. Die malerische Linie durchfährt einen Tunnel und führt unmittelbar am Willamette-Flussufer entlang.

Sumpter Valley Railway, Baker

Schmalspurige Touristenbahn mit Dampfbetrieb in Oregon

Die Sumpter Valley Railroad war einst eine Holzabfuhrbahn. Ihr Bau begann im Jahr 1890. Von South Baker aus folgte sie dem Powder River aufwärts nach Süden bis Salesbury, bog dort nach Westen und folgte der Talaue, die heute unter dem Philips-Stausee verschwunden ist. Die Trasse endete nach 130 Kilometer langer, herrlicher Fahrt durch die Schluchten der Blauen Berge des östlichen Oregon in Prairie City. Die Bahn wurde im Jahr 1948 stillgelegt, ein drei Kilometer langer

Info: Zahlen und Daten

Anreise Nächste Amtrak-Station ist Baker City (40 km) an der Strecke Denver – Seattle („Pioneer"). Lage: Blue Mountains in Ost-Oregon. Streckenlänge: 3,5 Meilen (5,6 km). Spurweite: Schmalspur 914 mm
Dampflokomotiven

3	42 t, holzgefeuert	ex W.H.Eccles Lumber Co.	Heisler	1914
102	1'D1'	ex White Pass & Yukon Route Nr. 80	Alco	1920
101	1'D1'	ex White Pass & Yukon Route Nr. 81	Alco	1920

Fahrplan Verkehr an Wochenenden und Feiertagen von Ende Mai bis Ende September.
Abfahrten bei McEwen um 10.00, 12.30 und 15 Uhr, von Sumpter Station um 11.30, 14.00 und 16.30 Uhr
Fahrpreise Erwachsene 12,50 $, Kinder 8 $
Information Verwaltung: P.O.Box 389, Baker City, OR 97814; Telefon (541) 894-2268

Restabschnitt in Baker blieb bis 1961 in Betrieb.
Eine Gruppe Eisenbahnfreunde restaurierte die Strecke, erwarb 1971 eine schon früher auf der Sumpfertalbahn in Betrieb gewesene Heisler-Lokomotive und kaufte die beiden Mikadoloks 19 und 20 zurück, die als Nummern 101 und 102 für die Sumpter Valley RR gebaut worden waren. Die Hin- und Rückfahrt auf der Strecke von McEwan, 40 Kilometer westlich von Baker City und 1200 Meter hoch gelegen, nach Sumpter dauert etwa eine Stunde und führt durch eine historische Goldminenlandschaft. Unterwegs fasst die Lokomotive Wasser und Holz. Zum Museumsbestand der Bahn gehören neben offenen Sommerwagen und zahlreichen Spezialwagen auch eine stationäre 125-PS-Sägemühlenmaschine.

Cable Car und Cable Car Museum, San Francisco
Kabelbahnfahrten und -museum in California

Eine der Hauptattraktionen San Franciscos ist das einzige verbliebene Kabelbahnnetz der Welt. Funktionsprinzip der extreme Steigungen überwindenden Kabelbahn ist ein von einer ortsfesten Maschine angetriebenes Endlosseil unter der Straße, an das die antriebslosen Wagen mit einer Klammer ein- und ausgeklinkt werden. Sie werden dann vom Seil gezogen.
Drei Kabelbahnlinien sind in Betrieb:

ℹ️ Info: Zahlen und Daten

Anreise Nächste Amtrak-Station ist Emeryville (San Francisco Connection) mit Amtrak-Zubringerbus nach San Francisco direkt zur Market Street
Lage Das San Francisco Cable Car Museum befindet sich im Kraftwerk der Kabelbahn in 1201 Mason Street, im Zentrum des Kabelbahnnetzes von San Franciscos Altstadt
Fahrzeuge Drei Kabelwagen vom Typ „Vintage"
Öffnungszeiten ganzjährig täglich von 10 bis 18 Uhr (im Winter bis 17 Uhr)
Eintritt ist frei. Spenden willkommen.
Information Telefon (415) 474–1887

Beliebt und immer gut besetzt ist die Kabelbahn, hier am Kreuzungspunkt zweier Linien hoch über der Bucht von San Francisco.

- Powell-Mason-Linie,
- Powell-Hyde-Linie,
- California-Linie

Der Fahrzeugbestand umfasst 28 Powell Street-Wagen und 12 California Street-Wagen. Fahrpreise: 5 $, Tagesnetzkarte 10 $

Das Kabelbahnmuseum beherbergt die riesige Antriebsmaschine des Kabelsystems im letzten Straßenkabel-Kraftwerk der Welt. Drei Cable Cars vom Typ „Vintage" sind zu besichtigen, darunter der im Jahre 1873 von Andrew Hallidie gebaute weltweit erste Wagen. Das Museum informiert über Erfindung, Technologie, Ausbreitung und Auflassung, Betrieb und Verkehr der Kabelbahnen, speziell der von San Francisco. Betreiberin des Museums ist die Abteilung Pazifikküste der Railway & Locomotive Historical Society.

San Francisco Municipial Railway
Straßenbahn und historisches Straßenbahnfest in California

Info: Zahlen und Daten

Anreise Von der Amtrak-Station Emeryville (San Francisco Connection) fährt der Amtrak-Thruway-Bus direkt nach San Francisco zur Market Street. Lage: 1145 Market Street, San Francisco, CA 94103. Gesamt-Streckenlänge: 28 Meilen (45 km). Spurweite: Normalspur 1435 mm

Fahrzeuge

1	California	ex San Francisco Municipial Railway	1912
130	California	ex San Francisco Municipial Railway	1914
106	Deck-roof	ex Orel/UDSSR	1912
228	Boat	ex Blackpool/England	1934
496	W-2	ex Melbourne/Australia	1930
1834	Peter Witt	Milano/Italien	1928

Fahrplan Die Straßenbahn verkehrt ganzjährig täglich im Takt

Fahrpreise 1,50 $, Senioren und Jugendliche 0,50 $

Information Telefon (415) 673–6864 und (415) 474–1881 (Museum). Postanschrift: 949 Presidio Avenue, San Francisco, CA 94115

Historische Straßenbahnen verkehren täglich auf San Franciscos Marktstraße.

Die Geschichte der Straßenbahnen in San Franciscos Market Street begann 1860 und umfasste Dampfstraßenbahnen, Pferdebahnen, Kabelwagen und Streetcars. Vor hundert Jahren besaß die Market Street vier Straßenbahngleise, die inneren für die private Market Street Railway, die äußeren für die „Municipal Railway" (Städtische Eisenbahn). Heute bestreitet diese mit modernen und historischen Straßenbahnen den städtischen Verkehr.

Die Market Street Railway Company ist heute ein gemeinnütziger Verein für Erhaltung und Betrieb historischer Straßenbahnfahrzeuge in San Francisco. Das Historische Straßenbahnfest findet seit 1983 an ausgewählten Wochenenden und Feiertagen statt. Die Route ist knapp fünf Kilometer lang. Sie beginnt in der Innenstadt am Transbay Terminal am nordöstlichen Ende der Market Street (Ecke First St./Mission St.), verläuft die Market Street hinauf und endet an der Ecke Castro St/17th St. Der Fahrpark besteht aus über 20 farbenprächtigen Straßenbahnwagen von den dreißiger Jahren bis zur Gegenwart.

Golden Gate Railroad Museum, San Francisco
Eisenbahnmusem mit Dampfzugfahrten in California

Das Golden Gate-Eisenbahnmuseum liegt an der Südostecke der Innenstadt von San Francisco am Marinestützpunkt Hunter's Point Shipyard. Es ist eine gemeinnützige Institution zur Erhaltung von Dampflokomotiven und Reisezugmaterial sowie zur Veranschaulichung lokaler Eisenbahngeschichte. Neben der rechts erwähnten betriebsfähigen 2472 werden drei weitere Dampflokomotiven gezeigt: die Nr. 1227 der Southern Pacific (Lima, 1914), die Nr. 8581 der SP (American Locomotive Company, 1924) und die Nr. 4 der State Belt Railroad (Vulcan Iron Works, 1911), daneben gibt es acht Diesellokomotiven der GGRM, State Belt Rr., Southern Pacific und der Atchison, Topeka and Santa Fé sowie derzeit sieben Güter-

Info: Zahlen und Daten

Anreise Der Amtrak-Zug „California Zephyr" bringt Sie bis Emeryville, gegenüber der San-Francisco-Bay gelegen. Von dort besteht Amtrak-Bus-Transfer nach San Francisco. Spurweite: Normalspur 1435 mm
Betriebsfähige Dampflokomotiven
2472 2'C1' ex Southern Pacific Baldwin 1921
Ihr Haupteinsatzgebiet war zwischen Ogden, Utah, und Oakland, California, später zwischen San Francisco und San José bis zu ihrer Ausmusterung im Jahr 1957
Öffnungszeiten an Wochenenden von 10 bis 16 Uhr und nach Vereinbarung
Eintritt frei. Spenden erwünscht
Information Telefon (415) 363-2472, (415) 822-8728 und (415) 822-1883

und 22 Reisezugwagen, darunter Pullman-Schlafwagen, Bar-Lounge-Wagen, Aussichtswagen, Speise- und Postwagen. Unter dem Motto „I ran a real locomotive" kann man einen Lokführerkurs unter fachkundiger Anleitung absolvieren.

Das Museum veranstaltet zahlreiche Exkursionen und Charterfahrten mit der Dampflok 2472 im Gebiet von Westküste, Küstenkette und Kalifornischem Längstal.

2472 der Southern Pacific, 1921 von Baldwin gebaut, stand bis 1957 im Einsatz.

Ihren wenig schmeichelhaften Spitznamen hat die Bahn von ihren früheren Triebwagen.

Sierra Railroad / Skunk Train, Fort Bragg

Dampf- und dieselbetriebene Touristenbahn mit Dinnerzügen in California

Info: Zahlen und Daten

Anreise Nächste Amtrak-Station ist Martinez (220 km) an der Strecke Emeryville – Sacramento. Von dort besteht Amtrak-Busverbindung zum Bahnhof Willits. Streckenlänge: 40 Meilen (64 km). Spurweite: Normalspur 1435 mm

Lokomotiven
45 1'D1' ex Brownlee Olds Baldwin 1924
           Lumber Co.
64, 65, 66 GP 9 ex Southern Pacific EMD 1957

Fahrplan von März bis Dezember tägliche Abfahrten in Fort Bragg und Willits, in den übrigen Monaten nur an Wochenenden. Fahrplan und Züge variieren

Fahrpreise Erwachsene ab 25 $, Kinder ab 15 $, Dinnerzug 70/35 $

Information Telefon (707) 964-6371

Die California Western Railroad, 200 Kilometer nördlich von San Francisco, verbindet Fort Bragg am Pazifischen Ozean mit Willits an der Strecke Vallejo – Arcata der Kalifornischen Nordbahn. Sie nahm ihren Betrieb im Jahr 1885 als Holzabfuhrbahn auf. Der Personenverkehr wurde 1904 mit Dampflokomotiven eröffnet, 1911 bis Willits ausgedehnt und schließlich 1925 von Mack-Schienenbussen mit dem schönen Namen „Skunk" (Stinktier) übernommen.

Die Ausflugszüge absolvieren während der Sommermonate von den Endpunkten Fort Bragg und Willits aus Fahrten nach Northspur, auf halber Strecke gelegen, und zurück (etwa vier Stunden Fahrtdauer).

Man kann auch Tagestouren über die ganze Strecke und zurück unternehmen (128 km, sieben Stunden Fahrtdauer). Auf seinem Weg durch die „Roten Wälder" der Küsten-Gebirgskette legt der Zug mehrere Halte zur Post- und Materialverteilung ein und überquert zahlreiche Brücken.

Als rollende Weinprobe fährt der Dinner-Zug durch das Weinbaugebiet im Napa-Tal.

Napa Valley Wine Train, Napa
Lunch & Dinner Train in California

Info: Zahlen und Daten

Anreise Nächste Amtrak-Bahnhöfe sind Martinez (40 km) und Sacramento (80 km) mit jeweils Busverbindung nach Napa. Ab San Francisco werden Touren inklusive Bustransfer angeboten. Streckenlänge: 18 Meilen (29 km). Spurweite: Normalspur 1435 mm.
Fahrplan Der Gourmet-Zug „Wine Train" verkehrt ganzjährig täglich. Brunch-Fahrten 9.30 bis 12.30 Uhr samstags, sonntags und an Feiertagen. Lunch-Fahrten montags bis freitags, 10.30 bis 14.30 Uhr, samstags, sonn- und feiertags 13.00 bis 16.30 Uhr. Dinner-Fahrten an Wochenenden 18.00 bis 21.30 Uhr. Außerdem gibt es Spezialitäten- und Feinschmecker-Züge zu bestimmten Terminen.
Fahrpreise je nach Termin und Wagentyp 95 $ bis 150 $ einschließlich Brunch, Lunch oder Dinner mit 3 bis 5 Gängen.
Information Telefon (800) 427-4124

Das reizvolle Napa-Weintal liegt ungefähr 50 Meilen (80 km) nordöstlich von San Francisco. Der „Wine Train Napa-Valley" nahm seinen Betrieb 1989 auf und ist inzwischen zu einem Markenzeichen für die ganze Region geworden. Er bietet seinen Gästen elegantes Speisen in luxuriösen Wagen während einer gemütlichen Fahrt durch die Weingärten des Napatales.

Der Gourmet-Express verkehrt zwischen Napa und St. Helena auf einer früheren Zweigstrecke der Southern Pacific-Eisenbahn. Während der Fahrt werden Menüs mit kalifornischen Spezialitäten serviert, begleitet von Degustationen der köstlichen Weine des Napatales. Die Fahrgäste können unter mehreren Menüs wählen, sogar an Vegetarier wird gedacht. Der Küchenwagen verfügt über Glasfenster zur Küche, durch die die Fahrgäste die Köche beim Zubereiten der Speisen beobachten können. Die Wagen erinnern an den Orient Express und lassen die Reise zu einem unvergesslichen Vergnügen werden.

Reiseziele an der Pazifikküste

Info: Zahlen und Daten

Anreise Nächste Amtrak-Station ist Fremont-Centerville an der Strecke Oakland – Los Angeles (12 km von Sunol). Anschrift: P.O.Box 2247, Fremont, CA 94536-0247. Streckenlänge: 6,5 Meilen (11 km). Spurweite: Normalspur 1435 mm.

Lokomotiven

3	C		Porter	1911
6	1' C 1' t	ex Sierra Nr. 30	Baldwin	
	44-Tonner-Diesel	ex Santa Fé Nr. 462	General Electric	1943
200	Dieseltriebwagen	ex California	Western	

und weitere.

Fahrplan ganzjähriger Verkehr. Von Januar bis März sowie Oktober und November am ersten und dritten Sonntag des Monats, von April bis September jeden Sonntag Abfahrten in Sunol um 10.30, 12.00, 13.30 und 15.00 Uhr. Im Dezember Fahrten auf Bestellung.
Fahrpreise Erwachsene 10 $, Kinder 5 $
Information Telefon (510) 862-9063 und (510) 797-4449

Niles Canyon Railway und Museum, Sunol
Kalifornische Touristenbahn mit Dampfzügen und Eisenbahnmuseum

Rund 60 Kilometer südöstlich von San Francisco, zwischen Fremont und Livermore, liegt Sunol, Ausgangspunkt der 1986 gegründeten Niles Canyon Railway (NCRy). Der dampf- oder diesellokgeführte Ausflugszug mit Personenwagen und offenen Aussichtswagen der früheren Southern Pacific Railroad startet im Bahnhof der Stadt Sunol und schlängelt sich westwärts durch den windungsreichen, romantischen Niles-Canyon nach Niles.

TIPP

Das Niles Depot Museum im ehemaligen Southern-Pacific-Bahnhof Niles zeigt Exponate zum Thema Southern Pacific und Western Pacific Railroad sowie zwei Modellbahn-Anlagen. Adresse: 36 997 Mission Boulevard, Niles, etwas nördlich der Niles Canyon Road gelegen.

Das Museum auf der Unterwegsstation Brightside inmitten des schönen Niles-Canyons enthält Werkstätte und Fahrpark. Es beherbergt eine große Sammlung von Schienenfahrzeugen, unter anderem die Dampflokomotiven Nr. 2, eine 1'C1'-Tenderlok der Quincy Railroad, die Nr. 5 (Heisler), die Nr. 12 (Shay), der Pickering Lumber Co. sowie die 1'C'C1'-Mallet-Satteltanklok Nr. 4 der Clover Valley Lumber Co.

Mitten im Niles Canyon liegt das Museum mit vielen Fahrzeugen und einer Werkstatt

Railtown 1897 – Sierra Railway Company, Jamestown
Dampfbetriebene Touristenbahn in California

Die Sierra Railroad ist eine der weltweit bekanntesten Eisenbahnen, zumal diese Gegend ein beliebter Hollywood-Drehort ist. Über 200 Kino- und Fernsehfilme entstanden an dieser landschaftlich reizvollen Strecke, unter anderem „High Noon", „Wild, Wild West" und „Back to the Future III".

Entstanden ist die Sierra Railroad von Riverbank (140 km ostsüdöstlich von San Francisco) nach Sonora, 70 Kilometer östlich von Riverbank, im Jahr 1897. Der Staat Kalifornien erwarb im Jahr 1982 das Dampflokomotivdepot und den Bahnhof von Jamestown. Die Anlage, heute ein staatlicher historischer Park, wird vom Kalifornischen Eisenbahnmuseum zu Sacramento betrieben. Neben der Besichtigung historischen Eisenbahnmaterials im Museum kann man mit einem Dampfzug Ausflüge quer durch mächtige Eichenwälder unternehmen: Der „Cannon Ball" ist eine Stunde über eine Strecke von 5,5 Kilometer durch das anmutige Hügelland am Rande der Sierra Nevada unterwegs, der „Wine & Cheese Zephyr" oder der „Twi-Light Limited" legt in 2,5 Stunden 36 Kilometer (Hin- und Rückweg) zurück; die beiden letzteren Züge sind bewirtschaftet. Daneben gibt es weitere saisonale Sonderfahrten und Party-Züge.

Info: Zahlen und Daten

Anreise Nächste Amtrak-Station ist Riverbank (70 km) an der Strecke San Francisco – Bakersfield. Streckenlänge: 5 1/2 Meilen (9 km). Spurweite: Normalspur 1435 mm

Dampflokomotiven

2	Shay (3-truck)	ex Feather River Railway	Lima	1922
3	2'C	ex Sierra Railroad	Rogers	1891
28	1'D	ex Sierra Railroad	Baldwin	1922
24	1'D1'	ex Sierra Railroad	Baldwin	1925

und weitere

Öffnungszeiten und Fahrplan Das Freigelände ist ganzjährig von 9.30 bis 16.30 Uhr geöffnet. Dampfzüge verkehren von Mai bis September an Wochenenden, im Herbst/Winter auf Anfrage. Abfahrten stündlich von 11 bis 15 Uhr

Eintrittspreis/Fahrpreise Lokschuppen: Erwachsene 2 $, Kinder 1 $. Zugfahrt: Erwachsene 6 $, Kinder 3 $

Information Tel. (209) 984-3953 und (209) 984-1600

Lokomotive 28 kehrt mit einem Ausflugzug nach Jamestown zurück.

Reiseziele an der Pazifikküste

Roaring Camp & Big Trees Narrow Gauge Railroad, Felton
Waldbahn mit Dampfzügen in California

Tief im Herzen der großartigen Wälder der kalifornischen Santa-Cruz-Berge, nordwestlich der Mountery Bay, schlängelt sich eine der schönsten Touristenbahnen Kaliforniens durch bergiges Land. Die Geschichte der Roaring Camp & Big Trees Narrow Gauge Railroad reicht bis ins Jahr 1857 zurück. Sie ist ein seltenes Überbleibsel aus der Zeit der Goldsucher und ersten Pioniere, die in den Bergen des amerikanischen Westens ein neues Leben suchten.

Eine Shay-Lokomotive startet in Felton zur Fahrt in die dichten Wälder der Bärenberge.

Der von einer Shay- oder Heisler-Lokomotive aus der Jahrhundertwende geführte Zug verkehrt vom Ausgangspunkt Felton und fährt drei Meilen (5 km) zum Haltepunkt Roaring Camp in den Bear Mountains („Bärenbergen"). Die Strecke mit einer Maximalsteigung von 85 Promille führt mitten durch einen Riesenbaumwald mit kalifornischen Sequoien. Sie überwindet die Höhendifferenz mittels einer ausladenden Wendeschleife und zweier Spitzkehren bei Spring Canyon. An einigen Wochenenden im Hochsommer verkehrt ein „Moonlight Steam Train" für die Freunde von Nachtdampffahrten.

 Info: Zahlen und Daten

Anreise Nächste Amtrak-Stationen sind San José (35 km), von da mit Amtrak-Bus nach Santa Cruz am Pazifik. Streckenlänge: 3 Meilen (5 km). Spurweite: 914 mm.
Lage Felton liegt 90 Kilometer südlich von San Francisco und 9 Kilometer von Santa Cruz.
Dampflokomotiven

1	2-truck-Shay	Lima	1912
2	2-truck-Heisler	Heisler	1899
5	2-truck-Climax		1928
6	2-truck-Shay	Lima	1912
7	3-truck-Shay	Lima	1911,

außerdem die Diesellokomotive Nr. 40
Fahrplan ganzjähriger täglicher Verkehr. Abfahrten um 11.00, 12.30, 14.00 und 15.30 Uhr
Fahrpreise Erwachsene 18 $, Kinder 12 $
Information Telefon (408) 335–4484

TIPP
Direkt neben dem Depot der Roaring-Camp-Bahn starten die Diesel-Züge „Suntan Special" und „Redwood Express" der normalspurigen „Santa Cruz, Big Trees & Pacific Railway" zu einer zauberhaften Reise durch die Wälder des pazifischen Küstengebietes ans Meer nach Santa Cruz. Abfahrten von Juni bis August täglich um 10.30 und 14.30 Uhr, Fahrpreis Erwachsene 20 $, Kinder 15 $. Information: Telefon (831) 335–4484.

Die Schnellfahrlok 4294 mit Frontführerhaus im kalifornischen Eisenbahnmuseum Sacramento

Staatliches Kalifornisches Eisenbahnmuseum, Sacramento

Eisenbahnmuseum mit Ausflugszügen in California

Sacramento, die Hauptstadt Kaliforniens, beherbergt eines der interessantesten und didaktisch besten Eisenbahnmuseen des Landes. Es residiert in einem Rundhaus und einem restaurierten Rechteckschuppen samt historischer Bahnstation der Central Pacific Railroad von 1870. Über 30 liebevoll wiederaufgearbeitete Lokomotiven und Wagen von den Anfängen der Eisenbahn im Westen bis heute werden gezeigt. Der Museumskomplex liegt zwei Gehminuten vom Amtrak-Bahnhof Sacramento am westlichen Rand der sehenswerten historischen Altstadt am Sacramento River. Dort befinden sich außerdem das „Big Four Building", die Bibliothek und das Museum für Eisenbahngeschichte. Die dem Museum angeschlossene Sacramento Southern Railroad bietet an Wochenenden von April bis September Ausflugszüge auf einer fünf Kilometer langen Strecke entlang dem Sacramento River bis Miller Park. Abfahrten in Old

ℹ Info: Zahlen und Daten

Anreise	Sacramento ist Amtrak-Station des Westkorridors			
Dampflokomotiven				
„C.P. Huntington"	2'A2't	ex Southern Pacific	Cooke	1863
„Governor Stanford"	2'B	ex Central Pacific	Norris	1862
„Genoa"		ex Virginia & Truckee		
„Empire"		ex Virginia & Truckee		
„J.W. Bowker"		ex Virginia & Truckee		
	1'C1'	ex Santa Fé	Baldwin	1901
1010	2'D+D1'	ex Southern Pacific	Baldwin	1944
Schnellfahrlok mit Frontführerhaus				
Öffnungszeiten ganzjährig täglich von 10 bis 17 Uhr				
Eintritt und Zugfahrten: Erwachsene 8 $, Kinder von 6 bis 17 Jahren: 3 $				
Information Telefon (916) 445-7387				

Reiseziele an der Pazifikküste

> **TIPP**
> Direkt beim Museum liegen zu Restaurants umgebaute Sacramento-Flussdampfer. Eine doppelstöckige Drehbrücke für Straße (oben) und Bahn (unten) sowie eine Hubbrücke queren den Gold-Fluss. In nächster Nähe befinden sich zahlreiche interessante Museen.

Sacramento (zwei Blocks südlich des Museums in der Front Street) sind stündlich von 12 bis 15 Uhr, die Fahrtzeit beträgt 40 Minuten. Das freundliche Personal erteilt fachliche Erläuterungen. Folgende Lokomotiven sind eingesetzt: Nr. 4466 (C, Lima 1920, ex Union Pacific Railroad), Nr. 402 (SW-1, EMC 1939, ex Sacramento Northern Railway) und andere aus dem Bestand des Eisenbahnmuseums.

Eisenbahnmuseum San Diego
Museum mit Ausflugszügen in California

Die Pacific Southwest Railway Museum Association unterhält dieses große Eisenbahn-Museum an zwei Orten nahe San Diego.
In **La Mesa** kann der restaurierte Originalbahnhof von 1894 einschließlich einer Dampflokomotive samt Personen- und Güterwagen besichtigt werden.

Die Hauptsammlung befindet sich in **Campo**. Sie besteht neben den unten aufgeführten Lokomotiven aus historischen Reise- und Güterwagen sowie sonstigen Fahrzeugen und Eisenbahneinrichtungen, insgesamt mehr als 80 Exponaten.
Die San Diego & Arizona Railway betreibt täglich Dampf- und Diesellokfahrten auf der zwölf Kilometer langen normalspurigen Strecke durch duftende Eichenhaine und felsige Einschnitte bis Miller Creek. Abfahrtszeiten um 12 Uhr und 14.30 Uhr. Fahrpreis ca. 14 $. An Wochenenden werden „Golden States

Info: Zahlen und Daten

Anreise Mit dem „Pacific Surfliner" gute Zugverbindungen nach San Diego
Lage 1. La Mesa, 4695 Nebo Drive (Railroad Avenue), 9 Kilometer östlich von San Diego. 2. Campo, 72 Kilometer südöstlich von San Diego

Lokomotiven

Nr.	Typ	Herkunft	Hersteller	Jahr
2353	2' C	ex Southern Pacific	Baldwin	1912
46	1'C+C1'	ex California Western	Baldwin	1937
3	Shay	ex Hutchinson Lumber Company	Lima	1923
3	1'D1't	ex Coos Bay Lumber Company	Alco	1929
10	Ct	ex E. J. Lavino Company	Alco	1923
3	Ct	ex Mojave Northern	Davenport	1923
1366	F-M H20-44	ex Union-Pacific		1947
1809	MRS-3	ex U.S.Army, San Diego & Arizona Eastern	EMD	
7485		ex U.S.Army, SD&A		
2093	RS2	ex Kennecott Copper	Alco	1949

Öffnungszeiten
Campo und La Mesa: ganzjährig an Wochenenden von 9 bis 17 Uhr
Information Telefon (619) 595-3030; Adresse der Direktion: Santa Fé Depot, 1050 Kettner Blvd., San Diego, Ca 92101

Ab Bahnhof San Diego fährt die Straßenbahn zur mexikanischen Grenze.

Excursions" durchgeführt. Außerdem gibt es monatliche Zugexkursionen nach Old Mexico. Fahrpreis 40 $. An ausgewählten Samstagen gibt es Dinner- und Wine-Züge, an bestimmten Sonntagen Brunch-Züge (ab ca. 35 $). Für Fotofreunde werden Foto-Begleittouren zu den Zugfahrten angeboten.

Shasta Sunset Dinner Train, McCloud
Nostalgie-Schlemmerzug in California

Der 4316 Meter hohe zweigipfelige Mount Shasta, ein erloschener Vulkan, ist der beherrschende Südpfeiler des Kaskadengebirges im nördlichen Kalifornien. Der Shasta Sunset Dinner Train mit Doppelstock- und offenen Sommerwagen startet in McCloud und befährt die Route der McCloud Railway entlang dem Südausläufer des Mt. Shasta. Die Strecke weist hohe Steigungen, enge Kurven und eine Kehrschleife auf. Der Zug bietet neben ständigen Ausblicken auf den Mt. Shasta, die Spitzen der Castle Crags und die Trinity-Alpen einen Speisewagenservice der Luxusklasse mit allem Zauber des guten Genießens und erlesener Weine. Die sorgfältig restaurierten Speisewagen aus den zwanziger Jahren mit Holztäfelung wecken Erinnerungen an eine lang

Info: Zahlen und Daten

Anreise Nächste Amtrak-Station ist Dunsmuir (20 km) an der Route des „Coast Starlight". Streckenlänge: 20 Meilen (32 km). Spurweite: Normalspur 1435 mm

Lokomotiven
Nr. 36, 37 und 38 (Typ SD 38)

Fahrplan Verkehr donnerstags bis samstags. Dreistündige Dinner-Fahrten ganzjährig, Abfahrt 18 Uhr. Einstündige Ausflugsfahrten im Sommer, Abfahrt 16 Uhr

Fahrpreise – Exkursionen: Erwachsene 12 $, Kinder 8 $ – Dinner Train: 89,95 $, Murder Mystery Train 99,95 $

Information Telefon (800) 733–2141

vergangene, doch unvergessene Periode des eleganten Eisenbahnfahrens.
Ein besonderes Erlebnis sind Ausflugsfahrten in Open-Air-Wagen, gezogen von der Dampflokomotive Nr. 25.

Yreka Western Railroad
Dampfbetriebene Touristenbahn in California

Gebaut im Jahr 1888 von der Yreka Railroad Company, vermittelt diese Zweiglinie den Verkehr zwischen der Stadt Yreka im Norden Kaliforniens und der California & Oregon Railroad, die von Portland nach Sacramento führt, auf. Die Strecke verläuft durch das romantische Shasta-Tal mit seinen zahlreichen Sägemühlen, vorbei am 4316 Meter hohen, Mount Shasta und erreicht nach zwölf Kilometern die Hauptstrecke in Montague. Der in Yreka startende „Blue Goose Excursion Train" erreicht nach einer Stunde Montague. Nach kurzem Streifzug durch Montague kehrt die „Blue Goose" nach Yreka zurück. An ausgewählten Tagen finden ab 17.30 Uhr Dinner-Fahrten statt. Daneben gibt es Sonderzüge „Murder on the Blue Goose" und „Wild Goose Chase" (Wilde-Gans-Hatz).

 Info: Zahlen und Daten

Anreise Nächste Amtrak-Station ist Dunsmuir (65 km) an der Strecke Portland – San Francisco des „Coast Starlight". Streckenlänge: 7,4 Meilen (12 km). Spurweite: Normalspur 1435 mm
Dampflokomotive
19 1'D1' ex McCloud River Railroad Baldwin 1915, weiter: Diesellokomotiven EMD-SW-8 Nr. 20 und 21 von Alco 1955, MRS-1 Nr. 244
Fahrplan im Mai, September und Oktober an Wochenenden Abfahrten um 9 und 13 Uhr, von Juni bis August werktags Abfahrt um 11 Uhr
Fahrpreise Dampfzug Erwachsene 16,50 $, Kinder 7 $
Information Telefon (530) 842–4146

Die folgenden drei Reiseziele liegen im Speckgürtel von Los Angeles und lassen sich gut im Zusammenhang bereisen.

Travel Town Museum, Los Angeles
Eisenbahnmuseum in California

Das Travel Town Museum in Los Angeles liegt am nordwestlichen Rand des Griffith-Parks zwischen Santa-Monica- und San-Gabriel-Gebirge am Los Angeles River. Es ist eine der ältesten Sammlungen von Vorkriegs-Dampflokomotiven und -wagen in den Vereinigten Staaten. Mit der Lokomotive 3025, einem Geschenk der Southern Pacific Railroad,

Info: Zahlen und Daten

Anreise Von der Amtrak-Station Los Angeles, Endpunkt des „Sunset Limited" und des „Southwest Chief", mit dem Stadtbus zum 13 Kilometer entfernten Museum. Lage: 5200 Zoo Drive, Los Angeles, CA. Spurweite: Normalspur 1435 mm
Öffnungszeiten täglich von 10 bis 16 Uhr ganzjährig
Eintritt frei
Information Tel. (213) 662–5874 und (213) 485–5520

Eisenbahnmuseum in anmutiger Umgebung: Die „Travel-Town"-Fahrzeugsammlung in L.A.

begann seine Geschichte. Die Sammlung umfasst 15 Dampflokomotiven, Diesel- und Elektrolokomotiven sowie diverse Wagen, darunter den Club-Schlafwagen Nr. 701 des Union Pacific-Stromlinienzuges „City of Los Angeles" und die Schlafwagen „Rose Bowl" und „Hunters Point" des „City of San Francisco". Eine 400-mm-spurige Travel-Town-Miniaturbahn umrundet das Gelände.

TIPPS

1. Etwa 400 Meter westlich des Museums befindet sich die ausgedehnte Gartenanlage der Life Steamers von L.A., deren Lokomotiven auf einer 120-mm- und einer 190-mm-spurigen Strecke dampfen. Geöffnet an Sonn- und Feiertagen.
2. Die 470-mm-spurige Griffith Park & Southern Railroad am Südostrand des Parks befährt mit Miniaturlokomotiven einen zwei Kilometer langen Rundkurs.
3. In der Nähe befinden sich der Zoo von Los Angeles und das Griffith-Observatorium.

Die wichtigsten Dampflokomotiven

Nr. 1	2'B	Stockton Terminal	Norris	1864
85	2'C	Oahu Railway & Land	Alco	1910
2	Heisler 3-truck	Pickering Lumber	Heisler	1918
664	1'D	Atchison, Topeka & Santa Fé	Baldwin	1899
1000	1'D1'	Santa Maria Valley	Alco	1920
3025	2'B1'	Southern Pacific	Alco	1904

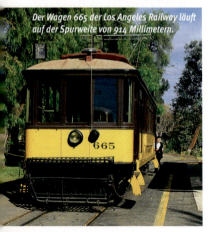

Der Wagen 665 der Los Angeles Railway läuft auf der Spurweite von 914 Millimetern.

Orange Empire Railway Museum, Perris
Eisenbahnmuseum in California

Im Jahre 1956 schloss sich eine Gruppe von Straßenbahnfreunden in Perris zur Bewahrung der Trolley-Ära zusammen. Das Museum, 1,5 Kilometer südlich des Zentrums von Perris an der South A Street Nr. 2201 gelegen, erstreckt sich über ein 26 Hektar großes Gelände. Die 3,2 Kilometer lange Bahn- oder Straßenbahn-Rundfahrt verläuft über eine Hauptlinie, die einst Teil der ursprünglichen Santa-Fé-Route nach San

Diego war, und eine Schleife innerhalb des Museumsgeländes. Die Sammlung umfasst annähernd 150 Straßenbahnwagen, Überlandstraßenbahnen, Reisezug-, Güter- und Arbeitswagen sowie verschiedene Dampf- und Diesellokomotiven. Das Museum besitzt neben Normalspurfahrzeugen auch Material der Kapspur 1067 mm und der Drei-Fuß-Spur, in letzterer zwei Straßenbahnwagen aus Los Angeles.

Info: Zahlen und Daten

Anreise Von Amtrak-Station Los Angeles Union Station (120 Kilometer nordwestlich) mit Amtrak-Anschlussbus direkt nach Perris
Streckenlänge: 2,5 km
Spurweite: Normalspur 1435 mm, Schmalspur 914 mm und 1067 mm

Lokomotiven		
2	1'C1'	ex Ventura County Railway
2564	1'D1'	ex Union Pacific Railroad
	1'C	ex Nevada Central

und weitere

Öffnungszeiten Museum täglich von 9 bis 17 Uhr
Fahrplan Züge und Straßenbahnen verkehren an Wochenenden und Feiertagen im Takt von 11 bis 17 Uhr
Eintritt Museum frei, Fahrpreis 5 bis 15 $
Information Telefon (909) 943-3020

Railway & Locomotive Historical Society Südkalifornien, Pomona
Lokomotivmuseum in California

Das Museum residiert im 1885 errichteten Bahnhofsgelände Arcadia der früheren Atchison, Topeka & Santa Fé Eisenbahn. Glanzstück der Lokomotivsammlung auf dem Freigelände ist der gewaltige Big Boy („Großer Bub") der Union Pacific, knapp gefolgt von der „Union-Pacific"-Dampflok Nr. 9000. Daneben gibt es Triebwagen, Reisezug- und Spezialwagen sowie einen Stall mit Pferdebahnwagen!

Info: Zahlen und Daten

Anreise Die schöne Bahnhofsanlage im Stadtzentrum von Pomona ist Amtrak-Station des „Sunset Limited", 50 Kilometer östlich von Los Angeles
Lage Los Angeles County Fairplex (Messegelände), Pomona CA 91769.
Spurweite: Normalspur 1435 mm

Lokomotiven			
4014	2'D'D2'	Union Pacific RR	Alco 1941
9000	2'F1'	Union Pacific RR	
3450	2'C1'	Atchison, Topeka & Santa Fé	
5021	2'E1'	Southern Pacific,	Alco 1926
3	1'D	U.S. Potash Co.	Baldwin 1903
3	3-truck-Climax	Fruit Growers Supply Co.	Climax 1909
6915	DDA40X dieselelektrisch	Union Pacific	„Centennial" EMD 1969

und weitere

Öffnungszeiten An Wochenenden 10 bis 15 Uhr
Eintritt frei (außer: während der Messe im September)
Information Telefon (909) 623-0190

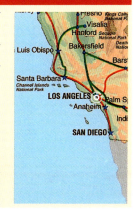

Yolo Shortline Railroad Company, Woodland
Kalifornische Touristenbahn

Die Yolo Shortline Railroad führt von West Sacramento, dem rechts des Sacramentoflusses gelegenen Stadtteil der kalifornischen Hauptstadt Sacramento,

> **Info: Zahlen und Daten**
>
> **Anreise** Sacramento ist Amtrak-Station der Strecken Seattle – Los Angeles und Chicago – San Francisco. Lage: Woodland: 1965 East Main Street/ Thomas Street, Sacramento: a) Raley's Landing (Richtung Woodland), b) South River Road/Jefferson Boulevard (Richtung Clarksburg). Streckenlänge: 14 Meilen (22 km). Spurweite: Normalspur 1435 mm
> **Information** Tel. (800) 942-6387 und (916) 666-9646

> **TIPP**
>
> Von West Sacramento aus kann man an bestimmten Samstagen um 11.30 Uhr von Raley's Landing aus mit dem romantischen Flussdampfer „Elizabeth Louise" von 1884 einen zweistündigen Ausflug unternehmen. Jeweils im Anschluss daran um 14 Uhr veranstaltet die Yolo Shortline Railroad eine Zugfahrt mit inszeniertem Räuberüberfall und Live-Musik, die „Great South Yolo Train Robberies". Die Züge fahren an der South River Road/Jefferson Boulevard in West Sacramento ab, fahren nach Clarksburg südwestlich von Sacramento und kehren um 17 Uhr zurück.

auf der Sohle des Kalifornischen Längstales über eine 1912 eröffnete frühere Sacramento Northern Interurban-Strecke bis Woodland. Der von einer Diesellokomotive, gelegentlich auch von einer Dampflok geführte Zug besteht aus Stahlwagen und einem offenen Aussichtswagen. Auf seiner Fahrt überquert er einen Nebenarm des Sacramento River auf einer 2440 Meter langen Brücke, dem bedeutendsten Ingenieurbauwerk der Strecke, und durchquert Bauernland und sumpfige Niederungen.

Die Rangierlok vom Typ S 10 steht im regulären Dienst der Güterbahn bei Sacramento.

Das Museum im früheren Depot der Southern Pacific zeigt 26 historische Dieselloks.

Portola Railroad Museum, Portola
Eisenbahnmuseum in California

Portola liegt nordöstlich von Reno/Nevada im flachen Tal des Feather River in der Sierra Nevada. Das westlich des Bahnhofs gelegene Museum ist ein ehemaliges Diesellok-Depot an der Hauptlinie Reno – Klamath Falls der früheren Pacific Railroad nahe dem Feather River Canyon. Es beherbergt die 1'C1'-Dampflokomotive Nr. 8 ex Clover Valley Lumber Co. von Baldwin 1907, eine Elektro- und 26 Diesellokomotiven, über 50 Güterwagen fast aller Typen der Westpazifischen Eisenbahn und einige Reisezug- und Spezialwagen sowie weitere Eisenbahnmaterialien in der Halle. Der Diesellokpark umfasst unter anderen zwei Alco-RS-3 von 1950, zwei GP-7 von EMD (1952) und zwei F7 von EMD. Jüngere Lok-Generationen sind mit einer DDA-40X der EMD von 1971 vertreten.

Der Dampf- oder Dieselzug fährt über eine Schleife durch einen Pinienwald der Hohen Sierra. Besucher können auch eine Lokomotive stundenweise mieten (95 $) und unter fachkundiger Anleitung selbst fahren.

Info: Zahlen und Daten

Anreise Nächste Amtrak-Station ist Reno (80 km) an der Strecke Denver – San Francisco des „California Zephyr". Streckenlänge: 1 Meile (1,5 km). Spurweite: Normalspur 1435 mm

Öffnungszeiten Mai bis Oktober täglich von 10 bis 17 Uhr, Rest des Jahres an Wochenenden

Fahrplan Zugverkehr an Wochenenden von Ende Mai bis Anfang September halbstündlich von 11 bis 16 Uhr. Die Dampflokomotive wird am zweiten Wochenende im Monat eingesetzt

Preise Eintritt frei, Fahrpreise: Erwachsene 5 $, Kinder 3 $

Information Telefon (530) 832-4131

Die 100 schönsten Bahnziele

Yosemite Mountain Sugar Pine Railroad
Kalifornische Touristenbahn mit Dampfzügen

240 Kilometer südöstlich von San Francisco am Südrand des Yosemite-Nationalparks diente von 1899 bis 1931 ein weit verzweigtes schmalspuriges Waldbahnnetz der Madera Sugar Pine Lumber Company dem Abtransport von Zuckerfichtenstämmen zur Sägemühle in Sugar Pine. Hierfür wurden holzgefeuerte Shay-Lokomotiven verwendet.
Auf einem wiederaufgebauten Streckenstück verkehren heute wieder von Shay-

Info: Zahlen und Daten

Anreise Nächste Amtrak-Stationen sind Merced und Madera (beide etwa 80 km) an der Strecke Oakland – Bakersfield. Von Merced aus verkehrt ein Amtrak-Bus zum Yosemite-Nationalpark. Streckenlänge: 2 Meilen (3,3 km). Spurweite: Schmalspur 914 mm

Dampflokomotiven

| 10 | Shay | Lima | 1928; größte schmalspurige Shay-Lokomotive |
| 15 | Shay | Lima | 1913 |

Fahrplan von März bis Oktober täglich von 9.30 bis 16 Uhr (April, Oktober 10 bis 15 Uhr). Von November bis Februar auf Anfrage
Fahrpreise Erwachsene 16 $, Kinder 8 $
Information Telefon (209) 683-7273

TIPPS
1. Ein in einem 1856 erbauten Blockhaus untergebrachtes Museum zeigt Eisenbahn-Devotionalien, Yosemite-Fotos und Relikte des Sägewerk-Milieus, eine Dampfmaschine zur Holzförderung und Rollmaterial.
2. Sehr lohnend ist ein Besuch des nahe gelegenen Yosemite-Nationalparks, eines wald- und gewässerreichen Abschnittes der Sierra Nevada mit gewaltigen Felswänden und zahlreichen Wasserfällen.

Lokomotiven geführte Züge sowie Dieseltriebwagen durch die waldreiche Bergwelt der Sierra Nevada. Die Bahn erreicht 1525 Meter Höhe und führt im Gefälle von 40 Promille zum Lewis-Creek-Canyon hinab, passiert eine ausladende Kehrschleife und endet in Slab Creek Loop. Die Passagiere fahren in offenen ehemaligen Holztransportwagen. An den Wochenenden von Mai bis Anfang Oktober verkehren Mondschein-Sonderzüge.

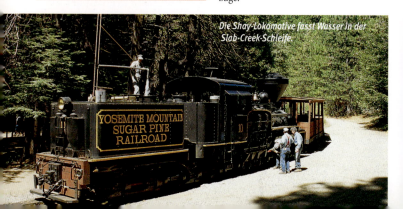

Die Shay-Lokomotive fasst Wasser in der Slab-Creek-Schleife.

Auf der letzten Zuckerbahn der Hawaii-Insel Maui dampft der „Zuckerrohrexpress".

Lahaina Kaanapali & Pacific Railroad, Maui
Dampfbetriebene Touristenbahn auf Hawaii

Auf den im nördlichen Pazifik gelegenen Hawaii-Inseln der USA gibt es eine hübsche Museumsbahn. Sie befindet sich im Norden von Maui, dem zweitgrößten Eiland der Inselgruppe.

Der Verkehr auf Hawaii wurde noch in den vierziger Jahren durch Privatbahnen bewältigt. Nach dem Zweiten Weltkrieg wurden diese Bahnen durch den Autoverkehr verdrängt. Als letzte wurde die Kahului Railroad 1966 stillgelegt. 1970

Info: Zahlen und Daten

Anreise Mit Flugzeug vom US-Festland nach Honolulu (5 Stunden). Von dort Inselflug nach Kahului (30 Minuten)

Lage 975 Limahana Pl., Ste. 203 Lahaina, HI 96761. **Streckenlänge** 6 Meilen (10 km). Spurweite: Schmalspur 914 mm

Lokomotiven

1	Anaka	1'B	ex Carbon Limestone Co.	1943	Porter	
3	Myrtle	1'B	ex Carbon Limestone Co.	1943	Porter	
45	„Oahu 45"		ex Oahu Railway		Plymouth	diesel-mechanisch

Fahrplan Zugverkehr ganzjährig täglich. Abfahrten in Lahaina um 10.15, 11.35, 13.10, 14.30 und 15.50 Uhr, jeweils 15 Minuten später halten die Züge in Kaanapali. Reisedauer Hin- und Rückfahrt 65 Minuten

Fahrpreise Tageskarte Erwachsene 18,95 $, Kinder 12,95 $, Sonnenuntergangs-Dinnerzug 76 $

Information Telefon (808) 661–0089

wurde auf der ehemaligen Zuckerbahn eine Musumsbahn eröffnet.
Der „Zuckerrohrexpress" startet in Kaanapali, einem Erholungsort an der Nordwestküste, und dampft südwärts die Küste entlang zur Hafenstadt Lahaina, ehemals Hauptstadt von Hawaii. Auf seinem Weg schlängelt er sich durch ausgedehnte Zuckerplantagen, überquert eine 120 Meter lange Fachwerkbrücke und bietet den Fahrgästen herrliche Ausblicke auf die Bergwelt und den Stillen Ozean mit den Nachbarinseln. In Lahaina besteht Anschluss mit Doppeldeckerbus zum Hafen, in Kaanapali verbinden kleine Pendelbusse die Bahnstation mit den Hotels.

Alaska Railroad Corporation
Dieselbetriebene Hauptbahn in Alaska

Die Alaska-Eisenbahn wurde 1914 gebaut. Personenverkehr gibt es auf den Strecken Anchorage – Seward (mit Snack-Service) nach Süden und Anchorage – Denali Nationalpark – Fairbanks nach Norden über den Broad Pass (mit Speisewagen). Die landschaftlich grandiose Fahrt verläuft durch Staats- und Nationalparks mit der Möglichkeit, Wildtiere wie Bären, Elche, Biber und verschiedene charakteristische Vögel zu beobachten. Ausflugsmöglich-

> ### Info: Zahlen und Daten
> **Anreise** Mit der Bahn bis Prince Rupert und weiter mit dem Schiff nach Anchorage oder mit dem Flugzeug direkt nach Anchorage. Streckenlänge: 500 Meilen (805 km). Spurweite: Normalspur 1435 mm
> **Lokomotiven** Diesellokomotiven GP 40–2 und GP-38.
> **Dampflokomotive** aus der Zeit des Bahnbaus von 1915 als Museumsstück in Anchorage
> **Fahrplan** ganzjähriger Verkehr.
> Nordwärts: Anchorage ab 8.30 Uhr, Denali 15.46 Uhr, Fairbanks an 19.45 Uhr.
> Fairbanks ab 8.30 Uhr, Denali 12.15 Uhr, Anchorage an 20.30 Uhr.
> Südwärts: Anchorage ab 6.30 Uhr, Seward 11.15/18.00 Uhr, Anchorage an 22.30 Uhr
> **Fahrpreise** – Anchorage – Fairbanks einfach: Erwachsene 148 $, Kinder 74 $
> – Anchorage – Seward und zurück: Erwachsene 103 $, Kinder 52 $
> **Information** Tel.: (800) 544–0552 und (907) 265–2429

TIPPS
Das „Transport- und Industriemuseum von Alaska" in Wasilla, 80 Kilometer nordöstlich von Anchorage, zeigt Diesellokomotiven, Dampfkräne und Triebwagen. Telefon (907) 345–5014.
2. Das „Potter Section House" im staatlichen historischen Park, zwölf Kilometer südlich von Anchorage, beherbergt ein Museum und Schienenfahrzeuge zur Geschichte der Alaska-Eisenbahn. Telefon (907) 345–5014.

keiten in spektakuläre Gebirgslandschaften gibt es von den Stationen entlang der Strecke aus. Besonders reizvoll ist die Fahrt in den Aussichtswagen des privat betriebenen „Mitternachtssonnenexpresses", die am Zugschluss mitgeführt werden.

Hawaii und Alaska

White Pass & Yukon Railway
Touristenbahn in Alaska

Info: Zahlen und Daten

Anreise 1. Mit einem Schiff der Alaska State Ferries. a) von Seattle in 66 Stunden nach Skagway. b) von Prince Rupert/Kanada in 34 Stunden nach Skagway. 2. Mit dem Flugzeug von Anchorage, Alaska aus mit Skagway Air Service nach Skagway. Streckenlänge: Skagway – White Pass 20,4 Meilen (32,8 km), Skagway – Fraser 28 Meilen (45 km), Skagway – Lake Bennett 40 Meilen (64 km). Spurweite: Schmalspur 914 mm
Fuhrpark: Dampflokomotiven Nr. 69 (1'D, Baldwin 1908) und 73 (1'D1', Baldwin 1947) sowie 8 Alco- und 11 GE-Dieselokomotiven
Information Telefon (800) 343-7373

Die White Pass & Yukon Railway wurde 1900 als erste Eisenbahn in Alaska eröffnet. Sie war ein Produkt des Goldrausches am Klondike zur Versorgung von Yukon. Später entwickelte sie sich zu einer Touristenattraktion. Die Züge starten direkt am Schiff von Skagway aus zum White Pass und nach Fraser in Britisch Kolumbien, von wo aus eine Busverbindung nach Whitehorse besteht. Die Bahn steigt von Meereshöhe in nur 32 Kilometern auf 879 Meter am White Pass an. Auf dem Weg über den Pass und weiter zum Bennett-See durchquert sie eine bizarre Felslandschaft.

Es gibt folgende Touren:

1. Dreistündige geführte Exkursion von Skagway zum White Pass mit Diesellokomotive, von Mai bis September täglich um 8.15 und 12.45 Uhr, Fahrpreis Erwachsene 95 $, Kinder 47,50.

2. Der Dampfzug zum Bennett-See, 30 Kilometer jenseits des White Pass, mit zweistündigem Aufenthalt in Bennett, Britisch Kolumbien, startet in Skagway von Juni bis August samstags um 8.00 Uhr; Fahrpreis für 8 1/2 Stunden: 180/90 $, Dieselzug sonntags und montags um 7.45 Uhr, 150/75 $.

3. Kombinierte Zug-/Busfahrt von Skagway täglich um 8 Uhr von Mai bis September nach Whitehorse, Yukon (Ankunft um 17.30 Uhr), Rückfahrt von Whitehorse mit Bus um 8.00 Uhr und Ankunft in Skagway mit Zug um 12.00 Uhr. Fahrpreis 95/47,50 $.

4. Von Mai bis September verkehrt täglich ein Wandererzug nach Denver und zum Laughton-Gletscher. Fahrpreis 30 bzw. 60 $.

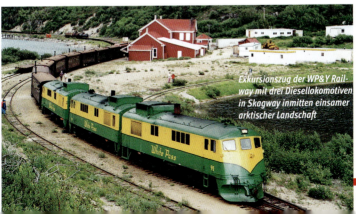

Exkursionszug der WP&Y Railway mit drei Diesellokomotiven in Skagway inmitten einsamer arktischer Landschaft

Gebirgspässe in Südkalifornien

An der Tehachapi-Schleife begegnet dem Fotografen ein Güterzug mit zehn Diesellokomotiven.

Sehenswerte Hauptstrecken in Kalifornien

Neben den im Abschnitt „California Zephyr", Seite 39, als Tipp beschriebenen beiden Gebirgsübergängen Donner-Pass und Beckwourth-Pass/Feather River Canyon gibt es am Südende des Kalifornischen Längstales zwei interessante Streckenabschnitte, die derzeit allerdings nur dem Güterverkehr dienen.

Info: Zahlen und Daten

Anreise Bakersfield, San Bernardino und Victorsville sind Amtrak-Stationen als Ausgangspunkt für die Pass-Expeditionen. Man kann aber auch von Los Angeles aus mit Mietauto die Rundreise antreten.

1. Tehachapi-Pass

Der Tehachapi-Pass liegt im Verlauf der Atchison, Topeka & Santa Fé Strecke von San Francisco nach Santa Fé und weiter zum Südosten der USA. Hinter Bakersfield erklimmt die Bahn gemeinsam mit der Straße die Tehachapi-Grenzberge, die sich am Südkessel des Pazifischen Tales erheben. Zur Überwindung des Höhenunterschiedes von über 1000 Metern wurde die Strecke zwischen Bakersfield und Mojave durch Schleifen künstlich auf das Doppelte der 85 Kilometer messenden Luftlinie verlängert. Höhepunkt im Zuge des Anstiegs zur mit 1156 Metern relativ geringen Passhöhe ist die frei liegende Tehachapi-Spiralschleife. Lange Züge kann man hier gleichzeitig auf dem unteren und oberen Abschnitt sehen. Die Strecke Caliente – Mojave wurde in den Jahren 1874 – 1876 unter der Leitung von J. B. Harris erbaut. Dabei waren 1100 Meter Höhenunterschied zu überwinden. Die durchschnittliche Steigung beträgt 22 ‰ auf 50 Kilometer Länge. Die Trasse wurde überwiegend in Handarbeit in den Fels gehauen. 18 Tunnels und 10 Brücken waren erforderlich.

Gebirgspässe in Südkalifornien

Diese Strecke ist auch Teil der Alternativlinie San Francisco – Los Angeles über Bakersfield durch das Kalifornische Längstal. Der Anstieg zum Pass war das letzte fehlende Verbindungsstück zwischen L.A. und San Francisco. Täglich verkehren etwa 30 Güterzüge.

2. Cajon-Pass

Der Cajon-Pass ist der südlichste der kalifornischen Eisenbahn-Pässe. Er liegt auf der Verbindung von Los Angeles nach Las Vegas – Salt Lake City und Chicago. In San Bernardino, Kilometer 92, biegt die von L.A. kommende Strecke nach Norden ab. Nun beginnt sie zwischen den San-Gabriel-Bergen links und den San-Bernardino-Bergen rechts zur Mohave-Wüste aufzusteigen. Die hier gebündelt verlaufenden Gleise der konkurrierenden Southern Pacific SP, Union Pacific UP und Atchison, Tepeka & Santa Fé AT&SF haben zum Teil erheblich differierende Trassen. Gegen Ende des Tales schlängeln sich die Strecken durch rotes Gletschergestein. Ab Cajon Junction beginnt der eigentliche Aufstieg mit einer Höchststeigung von 30 ‰ über zehn Kilometer Länge. Die Gleise winden sich an steilen Berghängen entlang aufwärts. Erst kurz vor dem Gipfel werden die Strecken zusammengeführt, auf der Passhöhe teilen sich die Santa Fé und die UP die Trasse, die SP verläuft höhenversetzt. Hier ist der Blick auf die bergwärts kriechenden Güterzüge mit den eisbedeckten Dreitausendern der San-Gabriel-Berge im Hintergrund besonders fotogen.

Auf der Passhöhe von 1165 Metern (Betriebsstelle Summit) verlässt die Strecke das Becken von Los Angeles, durchbricht die Gabriel Mountains und fällt nunmehr dem normalerweise trockenen Mojave-Flussbett entlang sanft ab bis zum Städtchen Victorville.

Leider bietet die Amtrak derzeit keinen Personenverkehr auf der Schiene nach Las Vegas an – gleichwohl können Reisende die Spiele-Metropole in der Wüste von Los Angeles aus mit dem Amtrak-Bus besuchen.

In Las Vegas, Nevada starten die Güterzüge zur Fahrt über den Cajon-Pass nach Los Angeles

Bildnachweis

Estler: 160
Focken: 12, 26
Gohl: 35, 36, 38, 45, 47, 53, 67, 69, 80, 81
Koch: 18, 23, 28, 32, 33, 40, 48, 57, 100, 102, 103 (Anastasio/Archiv Koch), 111 129, 173, 190
Kußmagk: 164
Lauderback/ Slg. Feldmann: 16
Niklas 167, 189
Oczko: 157, 161
Rampp: 126 oben, 142, 187
Rat: 117, 119 mitte, 119 unten, 135, 184, 185
Schulz: 109
Spitz: 168 unten, 174, 182 unten
Stemmler: alle nicht aufgeführten Aufnahmen

Umschlagbilder: Stemmler

Quellennachweis

1. Empire State Railway Museum's Tourist Trains 2006. Kalmbach Books. Waukesha, Wisconsin, 2006.
2. Internet-Auszüge 2006 über USA-Eisenbahngesellschaften und -Museumsbahnen.
3. Amtrak System Timetable, verschiedene Ausgaben.
4. Koch/Estler: Eisenbahn-Erlebnis USA. München 2002.
5. Baedekers USA, verschiedene Ausgaben. Washington D.C.
6. Röll's Enzyklopädie des Eisenbahnwesens. Berlin und Wien 1917.
7. United States Railroads. Karte 1:4 250 000. Santa Barbara 1996.
8. Diverse topographische Karten, Staatskarten, Stadtpläne und Eisenbahn- und Nahverkehrskarten aus den USA.
9. The Amtrak System. Washington 2005. (Übersichtskarte).